U0731078

福建教育学院资助出版

“福建省‘十三五’中小学名师名校长培养工程丛书”编委会

（福建教育学院培养基地）

丛书主编：郭春芳

副 主 编：赵崇铁　朱　敏

编 委 会：（按姓氏笔画排序）

于文安　杨文新　范光基　林　藩　曾广林

名校长卷

主　　编：于文安

副 主 编：简占东

编　　委：陈　曦　林文瑞　林　宇

名 师 卷

主　　编：林　藩

副 主 编：范光基

编　　委：陈秀鸿　唐　熙　丛　敏　柳碧莲

福建省“十三五”名师丛书

阅读：食色行野

张　萍　◎著

厦门大学出版社
XIAMEN UNIVERSITY PRESS
国家一级出版社
全国百佳图书出版单位

图书在版编目（CIP）数据

阅读 ：食色行野 / 张萍著. -- 厦门 ：厦门大学出版社，2022.10

（福建省“十三五”名师丛书 / 郭春芳主编）

ISBN 978-7-5615-8669-3

Ⅰ. ①阅… Ⅱ. ①张… Ⅲ. ①阅读课—教学研究—高中 Ⅳ. ①G633.332

中国版本图书馆CIP数据核字(2022)第123048号

出 版 人 郑文礼

责任编辑 郑 丹

出版发行 厦门大学出版社

社　　址 厦门市软件园二期望海路 39 号

邮政编码 361008

总　　机 0592-2181111　0592-2181406(传真)

营销中心 0592-2184458　0592-2181365

网　　址 http://www.xmupress.com

邮　　箱 xmup@xmupress.com

印　　刷 厦门集大印刷有限公司

开本 720 mm×1 020 mm　1/16

印张 16

插页 2

字数 280 千字

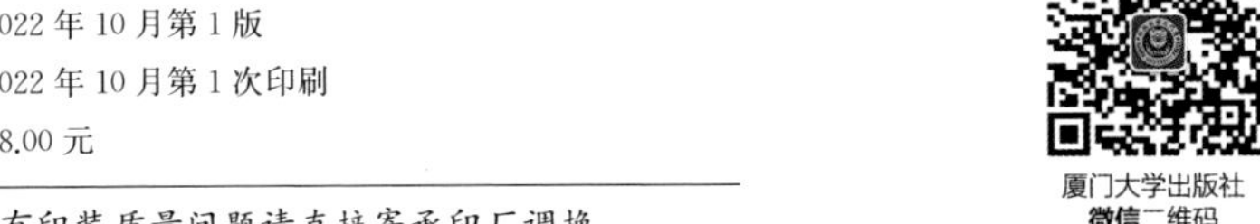

版次 2022 年 10 月第 1 版

印次 2022 年 10 月第 1 次印刷

定价 58.00 元

本书如有印装质量问题请直接寄承印厂调换

厦门大学出版社
微信二维码

厦门大学出版社
微博二维码

◎总　序

“百年大计，教育为本；教育大计，教师为本。”教师队伍建设是教育质量提升的关键。2018年，中共中央、国务院印发《关于全面深化新时代教师队伍建设改革的意见》，吹响了新时代教师队伍建设改革的集结号，提出教师队伍建设改革的目标是“到2035年，教师综合素质、专业化水平和创新能力大幅提升，培养造就数以百万计的骨干教师、数以十万计的卓越教师、数以万计的教育家型教师”。福建省委、省政府牢记习近平总书记“福建没有理由不把教育办好”的殷切嘱托，以高度责任感、使命感，坚持教育优先发展，始终将建设一支师德高尚、业务精湛、结构合理、充满活力的高素质专业化教师队伍作为基础工作，出台了一系列政策措施，激发广大教师投身教育综合改革的积极性、主动性、创造性。福建省教育厅为打造基础教育高层次领军人才队伍，实施“强师工程”核心项目——中小学名师名校长培养工程，旨在培养一批在省内外享有盛誉的名师名校长，促进我省教育高质量发展。

“十三五”期间，福建教育事业紧紧围绕“新时代新福建”发展战略，坚定不移走以提升质量为核心的内涵发展之路，着力推动规模、质量和效益的协调发展，努力让教育改革发展成果更多地惠及民生，让人民群众有更多的获得感。2017年，省教育厅会同财政厅启动实施了“十三五”中小学名师名校长培养工程，在全省遴选培养100名名校(园)长、培训1000名名校(园)长后备人选、100名教学名师和1000名学科教学带头人。通过全方位、多元化的综合培养，造就一批师德境界高远、政治立场坚定、理论素养深厚、教学能力突出(治校能力突出)、教学风格鲜明(办学业绩卓越)、教育视野宽阔、富有开拓创新精神、在省内外有较大影响力的名师名校长，为培育闽派教育家型校长和闽派名师奠定基础，带动和引领全省中小学教师队伍建设，为推进我省基础教育优质均衡发展、办好人民满意教育，为“再上新台阶、建设新福建”提供有力的人才保障。

为扎实推进福建省“十三五”中小学名师名校长培养工程，保障实现预期培养目标，福建教育学院作为本次名师名校长培养工程的主要承担单位，自接到任务起，就精心研制培养方案，系统建构培训课程，择优组建导师团队，不断创新培养方式，努力做好服务管理，积极探索符合名师名校长成长规律的培养路径，确保名师名校长培养培训任务高质量完成，助力全省名师名校长健康成长，努力将培养工程打造成全省乃至全国基础教育高端人才培养示范性项目。

在培养过程中，我们从国家战略需求、学校发展需求和教师岗位需求出发，积极探索实践以“五个突出”为培养导向，以“四双”“五化”为培养模式的基础教育高端人才培养路径。其中“五个突出”：一是突出培养总目标。准确把握目标定位，所有培养工作紧紧围绕打造教育家型名师名校长而努力。二是突出培养主题任务。2017 年重点搞好“基础性研修”，2018 年重点突出“实践性研修”，2019 年重点突出“个性化研修”，2020 年重点抓好“辐射性研修”。三是突出凝练教学主张（办学思想）。引导培养对象对自身教学实践经验（办学治校实践）进行总结、提炼、升华，用先进科学理论加以审视、反思、解析，逐步凝练形成富含思想和实践价值、具有鲜明个性的教学主张（办学思想）。四是突出培养人选的影响力与显示度。组织参加高端学术活动，参与送培送教、定点帮扶服务活动，扩大名师名校长影响。五是突出研究成果生成。坚持研训一体，力促培养人选出好成果，出高水平的成果。

“四双”：一是双基地培养。以福建教育学院为主基地，联合省外高校、知名教师研修机构开展联合培养、高端研修、观摩学习。二是双导师指导。按照理论联系实际原则，为每位培养人选配备学术和实践双导师。三是双渠道交流。参加省内外及境外高端学术交流活动，积极承办高水平的教学研讨活动，了解教育前沿情况，追踪改革发展趋势。四是双岗位示范。培养人选立足本校教学岗位，同时到培训实践基地见学实践、参加送培（教）活动。

“五化”：一是体系化培养。形成“需求分析—目标确定—方案设计—组织实施—效果评估”的培养链路，提高培养专业化、精细化、科学化水平。二是高端化培养。重视搭建高端研修平台，采取组织培养人选到全国名校跟岗学习、参加国内高层次学术会议和高峰论坛、承担省级师训干训教学任务等形式，引领推动名师名校长快速成长。三是主题化培养。每次集中研修，都做到主题鲜明、内容聚焦，坚持问题导向和结果导向，努力提升培养的针对性和实效性。四是课题化培养。组织培养对象人人开展高级别课题研究，以提升理性思维、学术素养和科研水平，实现从知识传授型向研究型、从经验型向专家型的转变。五是个性化培养。坚持把凝练教学主张（办学思想）作为个性化培养的核心抓手，引导培养人选提炼形成系统的、深刻的、清晰的教育教学“个人理论”。

通过三年来的艰苦努力，名师名校长培养工作取得了显著成效，积累了丰硕成果，达到了预期目标。名校长培养人选队伍立志有为、立德高远的教育胸襟进一步树立，办学理念、政策水平和管理能力进一步提升，立功存范、立论树典的实践引领能力进一步提高，努力实现名在信念坚定、名在思想引领、名在实践创新、名在社会担当。名师培养人选坚持德育为先、育人第一的教育思想进一步树立，教书育人责任感、使命感和团队精神进一步强化，教育理论素养进一步提升，先进教育理念进一步彰显，教育教学实践和创新能力进一步增强，独特教学风格和教学主张逐步形成，教育科研和教学实践均取得了丰硕成果。一是专项研究深。围绕教学主张或教学模式出版了38部专著。二是成果级别高。84位名校长人选主持课题130项，其中国家级6项；发表CN论文239篇，其中核心16篇；53位名师培养人选主持省厅级及以上课题108项，其中国家级7项；发表CN论文261篇，其中核心81篇。三是奖项层次高。3位获2018年教育部基础教育国家级教学成果奖二等奖；15人获得2017年、2018年福建省基础教育教学成果奖，其中特等奖3位、一等奖7位、二等奖5位；1位评上国家级“万人计划”教学名师；34位培养人选评上正高级职称教师；13位获“特级教师”称号；2位获“福建省优秀教师”称号。四是辐射引领广。开设市级及以上公开课、示范课203节；开设市级及以上专题讲座696场；参加长汀帮扶等“送培下乡”活动239场次；指导培养青年骨干教师442人。

教育是心灵的沟通，灵魂的交融，思想的碰撞，人格的对话，名师名校长应该成为教育的思想者。在我省名师名校长培养对象即将完成培养期时，福建教育学院培养基地组织他们把自己的教学(办学)思想以著作的形式呈现给大家，并资助出版了"福建省'十三五'名校长丛书""福建省'十三五'名师丛书"，目的就是要引领我省中小学教师进一步探究教育教学本质，引领我省中小学校长进一步探究办学治校的规律，使名师名校长培养对象成为新时代引领我省教师奋进的航标，成为办人民满意教育的先行者。结束，是下一阶段旅程的开始，希望我省名师名校长培养对象不忘立德树人初心，牢记为党育人、为国育才使命，积极投身新时代新福建建设，为福建教育高质量发展再建新功。是为序。

福建教育学院党委书记、教授、博士

郭春芳

2020 年 8 月

自序

让语文教学走向“食色行野”

——我的“阅读·阅美”教学主张

阅读路上的别样释解

阅读是什么？阅读的作用和意义是什么？庞德在他的《阅读 ABC》中这样看待“阅读”的作用：文学作为一种自发的值得珍藏的力量，它的功能恰恰是激励人类继续生存下去；它舒解心灵压力，并给她给养，我的意思确切地说就是激情的养分①。这种“激情的养分”如果说对人类具有普泛的有效性，那么对于语文教育中人的“阅读”，则更多涉及学生审视自我、主体、生命成长等更具哲学意义的命题。这种“自我”的省思氛围，是一种雕刻时光般对岁月思考所留下的缓慢刻痕。真正的阅读，似乎也因为这种与岁月和历史的缓慢的对话而有了更高的价值。伊格尔顿在《文学阅读指南》中告诉读者，看似深奥的文学分析也“可以是快乐的”，这堪称一种快乐的阅读哲学。

2010 年，我获赠王慧茹博士编著的《抢救阅读理解》一书，封面颜色鲜红，字体醒目，特别抓人。那一刹那，“阅读”以一种特殊的方式嵌入我的脑海。

阅读，可以从文本解读开始。我们生活的世界，是一个语言的世界。解读作品言人人殊，诠释空间多元，标志着作品的深度和密度，每一次真诚地面对文本，都可能有不同于往昔的感动与启发。文本解读看似一种知性之思，其实还包含感性的体会感受。这是阅读的深趣。文本解读首重文句表面的解释，其次是意义的拣择判断，读出弦外之音，最后才能谈到文学的

---

① 吴晓东.梦中的彩笔[M].北京：北京大学出版社，2018：第一版自序.

鉴赏与运用。精心准备，认真体悟，为学生解读文本，这是很精彩的一点。从我做起，从现在做起，把“阅读”当成生活世界的穿衣吃饭一般，顺顺当当，自自然然。与生命趣味真诚贴近，就能开启另一个“阅美”的世界。

语文阅读教学是一种沟通，是一种对话，是一种行旅，是一种开拓。阅读是与生命趣味真诚贴近，阅读中的食、色、行、野就像穿衣吃饭一样自然。

教学主张：阅读·阅美

内涵：“阅读·阅美”以阅读为原点，与生命趣味真诚贴近，从“食色行野”四个维度探秘阅读：阅读之“食”即解读阅读资源，激活审美情思，它包括语文教材在内的课内外、校内外一切有利于语文课程教学目标达成的资源。阅读之“色”即交融阅读形态，领略审美情感，它指一种形态各异的文本，一种与时代俱进的阅读形态。阅读之“行”即邂逅阅读意象，培育审美情致，它指在不同时间与不同课堂中遇见诗歌、散文、小说等文本意象与生本意象。阅读之“野”即拓展阅读视野，生长审美情趣，它指一种滋养本心的视界、生长审美的视界。

教育目标：“阅读·阅美”教育的目标就是烘焙学生最灵动的语言，交融学生与文本的激情，发现学生捕捉美的眼睛，打开学生渴望的未知世界。这是一个以阅读为轴心的四维空间——“阅食·阅美”“阅色·阅美”“阅行·阅美”“阅野·阅美”。阅读中的“食色行野”就像穿衣吃饭一样自然，与生命趣味真诚贴近；阅读中的“食色行野”是一种沟通，一种对话，一种寻找，一种开拓，最终达到“阅读·阅美”之人生。《普通高中语文课程标准（2017年版2020年修订）》（以下简称《高中语文课标》）明确指出语文学科核心素养的内涵：语言建构与运用；思维发展与提升；审美鉴赏与创造；文化传承与理解。“阅读·阅美”正与语文学科核心素养相映成趣，阅读是美丽与美丽的邂逅，激情与激情的交融，灵魂与灵魂的对话，思想与思想的碰撞。

理论与践行：《高中语文课标》第8条、第9条是针对培养学生鉴赏品味和审美情趣的语文课程目标提出来的，而阅读正是实现审美与鉴赏最美的方式，它能为学生全面发展和终身发展奠定基础。“阅食·阅美”分别从“诗歌语言”“散文语言”去理解运用“言语秘妙”；从现代诗、古典诗中去品读“言语秘妙”；从叙事诗、抒情诗中去探析“言语秘妙”；从散文中去寻获“言语秘妙”。正是这样通过文本去引发学生对作品的真实体验，引导学生与文本沟通，引领他们去感受语言意识，创设语言图景，释解语言内涵，探寻文本中真正的言语秘妙。

阅读能带给人丰富的人生体验。索莱尔斯说：“每个文本都与若干文本有联系，并起着复读、强调、浓缩和深化的作用。”因此，“阅色·阅美”正是积极探索信息化背景下“教”与“学”方式的转变：《乡土中国》整本书阅读，《红楼梦》《论语》主题阅读，唐诗宋词群文阅读……在不同形态的阅读教学中，我们丰富了学生的阅读体验，丰满了学生的审美情感。

审美意象需要交流和共鸣。在“阅行·阅美”篇章中，《迷娘曲》诗歌的意象，《消失的故乡》《夏感》散文中的意象，《语言色彩》中的语言意象……这些意象正期待着与阅读主体的相遇，每一位阅读主体对审美意象的理解和接受都是一种再创造。历史的残缺与完美，现实的动荡与平静，世界的无奈与精彩，生活的苦涩与醉人，无一不在阅读中相互融合又相互分离。阅读是一段以文字作舟的漂泊，我们可在这场旅行中邂逅美的意象。在奥地利哲学家马丁·布伯的教育思想中，“相遇”是个核心原则，“相遇”引发学生、教师与文本之间交互式的“对话”。通过“对话”，教师统筹、引导和支持学生潜能的发展。

《高中语文课标》要求增加学生阅读量，扩大阅读面，即扩大阅读视野。而这一领域包含了文学、科学、历史、哲学、艺术等方方面面。皮亚杰说：“认识既不能看作是在主体内部结构中预先决定了的——它们起因于有效和不断地建构，也不能看作是在客体的预先存在着的特性中预先决定了的，因为客体只是通过这些内部结构的中介作用才被认识的。”① 我认为这里的“内部结构”指的是一种阅读思维，阅读中由何种“内部结构的中介作用”建构而成，意义尤为重大。正如一个圆圈，圈内装着人已知的知识，而圈外是未知领域，那我们的视野边界便是这个圆的周长。书读得越多，圆的面积就会越大，圆的周长即视野的边界便会随之增长，人才能越发清晰地认识到自己知之甚少。“阅野·阅美”篇中，有音乐之野、自然之野、故事之野、经典之野、社会之野、全球之野……由此带领学生在不同作品的阅读中拓展视野，提升审美。在品读与习作中体悟美的众生相，生长学生的审美情趣。

阅读·阅美的四个维度——食色行野

1. 阅食·阅美——阅读资源

阅食是一种沟通，是一种与文本的沟通，是一种与阅读资源的沟通，是

① 皮亚杰.发生认识论原理[M].北京：商务印书馆，1985：23.

一种与人生世界的沟通。民以食为天，把生活中的“食”放在阅读教学上来看，我以为，如果把“食”当作名词，那就是阅读资源；如果把“食”当作动词，那就是阅读方法。这一点，在《高中语文课标》中也可找出与其契合之处：高中语文课程是以语文学科核心素养为纲，以学生实践活动为主线，以语文学习任务群为主要呈现方式，以自主学习、合作学习、探究学习为主要学习方式的课程。它由必修、选择性必修、选修三类课程及18个学习任务群组成。这三类课程共同承载着实现课程目标的任务，因此，对于语文教育者与学生而言，这种阅读资源与任务是必需的，也是最重要的。我们不要忽略了身边的宝库。从小学到中学毕业，12年的语文课，我们和学生一起读过无数文字，学过许多的文章。我们的校园里有那么多的“诗情画意”，乃至一幢建筑，一草一木，都是我们培养人文精神、健全人格的极好资源。

而阅读理解，看似一种知性之思，其实还包含感性的体会感受。理解文本，首重文句表面的解释，烘焙其语言；其次是意义的拣择判断，探出语言之味，必须读出弦外之音；最后才能谈到文学鉴赏与运用。理解正是帮助我们诱发生命的一点灵明、开启清明之智的桥梁。要与文本真诚相遇、亲切交往，才能达成理解的可能。因此，阅食可以摆脱平庸，帮助我们从平庸的队伍中站出来。阅食可以找到自己，帮助我们从迷蒙的人生图像中，激活审美情思，绘出生命姿彩。阅食不只关注文本，同时也是一种对待人生、看待世界的方式。

2. 阅色·阅美——阅读样态

阅色是一种对话，与不同文本对话，与形态各异的同类文本对话，与时代俱进阅读形态对话。生活是五彩斑斓的，而阅读教学的样态与方法也可以活色生香。《高中语文课标》指出：对于学科核心素养的研究，不应只是课程内容层面，还应涉及教学与模式方法的革新①。基于核心素养的教学，需要根据学生的发展需求，围绕学习任务群创设包含重要学科内容，能够引导学生广泛和深度参与的学习情境，将传统的学习内容目标转化为学生的行为表现，引发学生自主的学习；需要站在学习者的立场上，多角度设计任务情境，借助能让学生去“做”的真实情境，为学生展示学科素养提供“舞台”，以此为“杠杆”撬动学生学习的支点，提升其素养。同时，也要积极探索信息化背景下“教”与“学”方式的转变。

---

① 中华人民共和国教育部.普通高中语文课程标准(2017年版2020年修订)[M].北京：人民教育出版社，2020.

然而，阅读看似很简单，但对于作品精义不一定能把握，此间牵涉的层面很广。阅读习惯需要培养，阅读品味也需要培养，更重要的是，要保持阅读的趣味，扩大自己的阅读范围，接受不同的阅读方式，才能轻松地阅读，即悦读。在阅读过程中，“尚友古人”，和作家、作品对话，由意义的把握与鉴定、理解诠释与欣赏、价值的体会和创造，步步顿开，召唤未开发的心灵，找到另一个不同凡响的可能。

因此，阅色就在于用丰富的阅读形态来拓展学生认知世界、提升阅读量和速度、提高提取信息与提炼问题的能力、领略审美情感、培养比较鉴赏与反思批判能力。

3. 阅行·阅美——阅读行旅

《说文解字》中对“行”的解释是：“行，人之步趋也。”阅行是一种寻找，对自己的寻找，对自我共鸣的寻找，对心灵声音的寻找。对于语文教育者来说，阅读行旅，在于我们的生活，在于我们生活的当下，在于我们生活的时代。每一处阅行的驿站，都会留下阅美的印迹。王慧茹博士在《文学光廊》中说：“阅读文学，是另一种行踏。”透过文学家的眼睛和他们笔下呈现的真实与想象交融的世界，我们看到本来看不到的事物，感受到本来感受不到的情境，体悟到本来体悟不到的悟境。有人在菜根的咀嚼和食材的烹饪中，发现了源源不绝的生活乐趣；有人在人伦血脉的传承中感受到命运的微妙和传奇①。……于是，感官文学、亲情文学、怀旧文学、乡土文学、生态文学、传记文学、报告文学、科普文学、网络文学，一篇篇作品，都是作者一字一字、一笔一笔，不断透过各种体验寻找、叩问自己的过程。当我们阅读而感欣于所遇，那是某一部分已成形的自我获得了共鸣；当我们阅读而觉顿开茅塞之时，那是尚未开发的自我接收到诱发及召唤。

阅读，有在平野之上仰头观看众星罗列的欣慕，也有在大江之畔俯视水月涌现的欢腾。阅读，让我们仿佛进入一道闪耀着光芒万丈的光廊，目眩沉迷其中，流连忘返其中，而有不虚此行、丰盈于心的愉悦。

4. 阅野·阅美——阅读视界

《诗经》有云：“之子于归，远送于野。”欧阳修所作《醉翁亭记》中也记载：“野芳发而幽香，佳木秀而繁阴……朝而往，暮而归，四时之景不同，而乐亦无穷也。”显然，阅万物，自生长，这是教学相长之道。阅野是一种开

---

① 王怡芬，王慧茹，熊瑞英. 文学光廊[M]. 台北：南一书局企业股份有限公司，2009：第一版自序.

拓，视界的开拓，滋养本心视界的开拓，生长审美情趣视界的开拓。

阅读理解，是诠释与应用的结合。文学吸引人之处，首先在于它的广度——或是音乐文本，或是自然文本，或是社会文本；其次在于它的深度——这也是现代文学除去文言文障蔽之后，论者仍感语之不慊，应试时难以准备之故。几种不同的文本，一个新的观察角度，在理解诠释的过程中，可以分享文学的妙蕴，亦可以开阔视域，滋养本心，生长审美情趣。潘知常先生在《中国美学精神》中说："中国美学精神是一个精神的家园，属于你，属于我，属于他，属于我们这个东方的古老世界。它仿佛一首无声的歌，幽幽的、淡淡的，让你在其中去回味、去憧憬、去爱、去恨、去理解、去原谅、去寻觅美、去拥抱世界；它又仿佛一座闪光的纪念碑，清纯得几乎透明，美丽得令人忧伤，黄皮肤黑头发的我们匆匆地从远方赶来，拜下去，然后，站起来，一瞬间，世界竟如此斑斓。一轮皓月、一抹风絮、一丝细雨、一脉小溪、一株垂柳……都浸染着无数的秘密，你的目光一旦触及，心灵便会幸福地颤栗。它还仿佛一首永远也读不完的诗。"①这是中国美学的精神家园，我想这也应该是阅读最美的世界。

张萍

2021年9月

【专家点评】

张萍老师多年来关注学科教学本质问题的研究，力图从"阅读"入手，寻找本质化的"阅读"，寻找"阅读"背后的"阅美"故事，提出了"阅读·阅美"的教学主张。"阅读·阅美"就是要告诉我们的教育工作者、我们的学生："读"不只在"读"，更重要的是"读"出"文本主体""作者主体"的思想情感，"读"出自己的思想情感，寻得"激情与激情的交融，灵魂与灵魂的对话，思想与思想的碰撞"，实现"烘焙学生最灵动的语言""打开学生渴望的未知世界"，从而使学生自觉、自主、习惯地步入"阅读"，使得阅读成为生活的一种必需。"阅读·阅美"是在目的层面的凝练，以"美"为本，确立主张的科学价值；"阅读·阅美"是在学科教学层面的凝练，以"美"为功，助力教学的至真至善，至"美"的伸展；"阅读·阅美"是在教育实现层面的凝练，以"美"为导，引领学生穿越"阅食""阅色""阅行""阅野"的"沟通""对话""寻找"

① 潘知常.中国美学精神[M].南京：江苏人民出版社，2017：4.

“开拓”的世界，与“美丽邂逅”，催生学生新的学习生活，呼唤学生新思想、新情感、新世界的出现，从而尽享越“读”越“美”，为光灿的人生奠基。由此，“阅读·阅美”形成了一个教育教学价值取向鲜明、研究路线清晰、指导策略凸显的比较完备的思想体系，这必将支撑着张萍老师不断地探索、前行、蜕变。

点评专家：林藩，教育部国培专家，福建教育学院教授，福建省中小学名师名校长培养工程专家委员会副主任。

目　录
CONTENTS

绪言

食色行野 探秘阅读

★践行的理念：阅读是美丽与美丽的邂逅，激情与激情的交融，灵魂与灵魂的对话，思想与思想的碰撞。

★阅读・阅美：解读阅读资源，激活审美情思；体味阅读形态，领略审美情感；邂逅阅读意象，培育审美情致；拓展阅读视野，生长审美情趣。

★探秘阅读：阅读之食，阅读之色，阅读之行，阅读之野。

一、阅食·阅美——阅读资源

(一)“食”之来历

食(拼音:shí,sì,yì)会意字。此字始见于商代甲骨文,其古字形下部像盛满食物的器皿,上部像盖。一说上部像口,会张口就食之意。食的本义有动、名两用:作动词时指进食,吃;作名词义是食物,主要指饭食、粮食。《诗经》中就有记载:“硕鼠硕鼠,无食我黍。”《尚书·益稷》中所记载的:“奏庶艰食鲜食。”其中“艰食”指谷类,“鲜食”指肉类。“食”由吃义引申为享受,又由比喻而引申为日食、月食(表时间),并进一步引申为亏损。以上诸义都读 shí。由使动义引申为对人的供养和对动物的饲养,这要读 sì,后来写作“饲”。“食”字在古人名字上还保留旧读 yì,如汉人郦食其(Lì Yìjī)[①]。

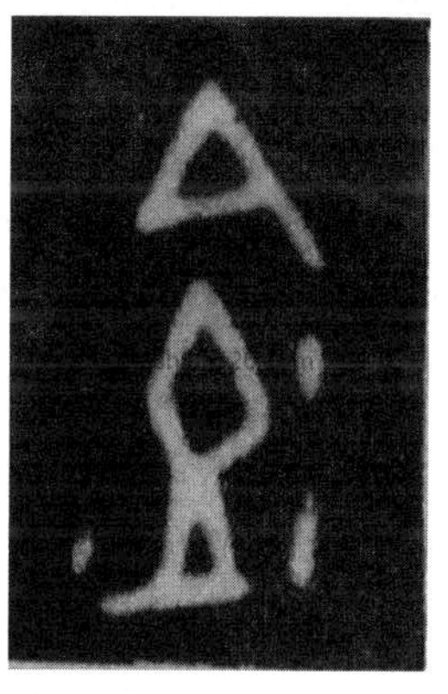

甲骨文“食”

资料来源:甲骨文拓片.祭祀狩猎涂朱牛骨刻辞.河南安阳 2019 年出土。

① 食[EB/OL].[2022-04-03]. https://baike.baidu.com/item/%E9%A3%9F/3865928? fr=aladdin.

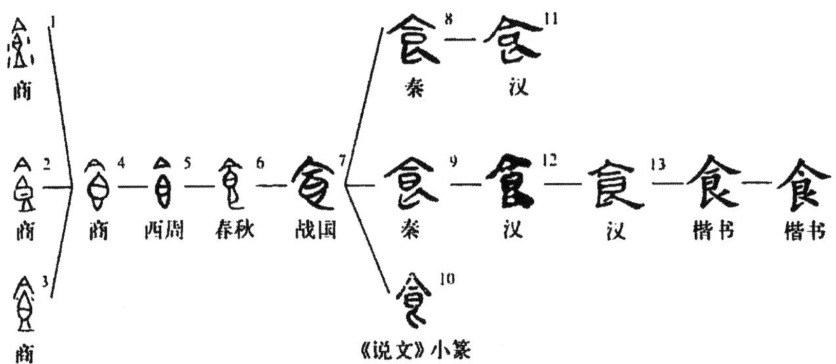

1～4《甲文编》237 页。5、13《甲金篆》329 页。6《金文编》356 页。7《楚系简帛》407 页。8、9《睡甲》75 页。10《说文》106 页。11《银雀山》182 页。12《马王堆》206 页

“食”字书写演变图

资料来源：百度百科。

(二)阅食之食——一种沟通

阅食是一种沟通，是一种与文本的沟通，是一种与阅读资源的沟通，是一种与世界的沟通。

《汉书·郦食其传》记载：“民以食为天。”人民以粮食为自己生活所系，说明民食的重要性。把生活中的“食”放在阅读教学上来看，笔者以为如果把“食”当作名词，那就是阅读资源；如果把“食”当作动词，那就是阅读方法。这一点，在《高中语文课标》中也可找出与其契合之处：高中语文课程是以语文学科核心素养为纲，以学生实践活动为主线，以语文学习任务群为主要的呈现方式，以自主学习、合作学习、探究学习为主要学习方式的课程。普通高中语文课程由必修、选择性必修、选修三类课程构成。这三类课程分别安排 7～9 个学习任务群，共同承载着实现课程目标的任务。因此，对于语文教育者与学生而言，这种阅读资源与任务是必需的，也是最重要的。我们不要忽略了身边的一座宝库：从小学到中学毕业，12 年的语文课，我们和学生一起读过无数的文字，学过许多的文章。我们的校园里有那么多的“诗情画意”，乃至一幢建筑，一草一木，都是我们培养人文精神、健全人格的极好资源。

而阅读理解，看似一种知性之思，其实还包含感性的体会感受。理解

文本首重文句表面的解释，烘焙其语言。其次是意义的拣择判断，探出语言之味，必须读出弦外之音。最后才能谈到文学鉴赏与运用，而理解正是帮助我们诱发生命的一点灵明、开启清明之智的桥梁。只有与文本真诚相遇，亲切交往，才能达成理解的可能。

王慧茹等在《文学光廊》中说："文学（文本），嘹亮了梦想，繁华了寂寞，是烘暖了生命阴冷的光……"[①]是的，文本（教材），把行万里路和读万卷书融于一卷之中，把文学欣赏和语文教育合于一书之内，编者的用心可感，读者的收获可期。展读选修与必修教材，让我们的眼睛、身体和心灵，可以更加延展；让我们的感情、理智和思考，可以更加清澈澄明。

因此，阅食可以摆脱平庸，帮助我们走出平庸的队伍；阅食可以帮助我们从迷蒙的人生图像中，激活审美情思，绘出清晰的生命姿彩。阅食不只关注文本，同时也是一种对待人生、看待世界的方式。

二、阅色·阅美——阅读样态

（一）"色"之来历

《说文解字》：色（sè，shǎi），颜气也。从人从卪。凡色之属皆从色。《诗经·大雅·烝民》："令仪令色，小心翼翼。"《诗经·大雅·皇矣》："不大声以色。"《说文解字注》：此字不应从人为伍，而应从卪。卪，jié，瑞信也。象半分之形[②]。按此解释，上部不为"刀"而为"人"，即所谓"从人"。下部半分之形为人两者眉心分开处之状，是谓"心达于气，气达于眉间是之谓色"[③]。笔者认为此意较为准确。

---

① 王怡芬，王慧茹，熊瑞英. 文学光廊[M]. 台北：南一书局企业股份有限公司，2009：封面.

② 色[EB/OL]. [2022-04-03]. https://baike.baidu.com/item/%E8%89%B2/16176?fr=Aladdin.

③ 许慎. 说文解字注[M]. 段玉裁，注. 上海：上海古籍出版社，1988：431.

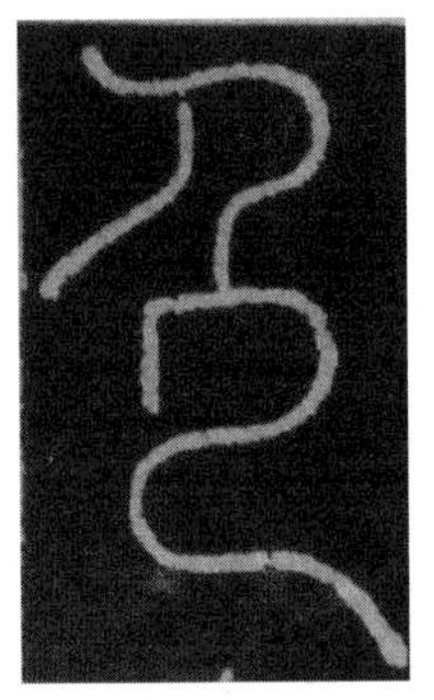

(唐)李阳冰小篆“色”

“色”字从甲骨文到隶书的演变(由右到左)

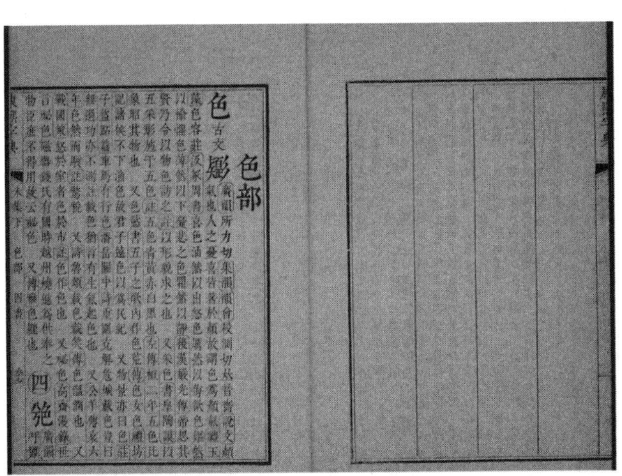

《康熙字典》“色”字页

(二)阅色之色——一种对话

阅色是一种对话，是一种与不同类文本的对话，是一种与形态各异的同类文本的对话，是一种与时代俱进阅读形态的对话。

《高中语文课标》指出：语文课程作为一门实践性课程，应着力在语文实践中培养学生的语言文字运用能力，应运用祖国语言文字的资源和实践增强学生学习语文、用语文的自觉意识，促进学生学习方式的转变。注重时代性，构建开放、多样、有序的语文课程。把握信息新特点，积极利用新技术、新手段，激发学生学习兴趣和潜能，在跨文化、跨媒介的语文实践中开阔视野[①]。

美国应用心理学家古德曼说："阅读是一种心理语言的猜测游戏。"[②]从另一角度看，这种猜测游戏就是在阅读中读者与不同形态文本的一种对话。正如张辉在《如是我读》一书中所说，阅读就是"一组关于书与人的赋格曲"，它"关乎读，关乎书，关乎人"[③]。

孙绍振教授认为，文本的结构并不是单层次的。因此，作为教师必须有丰厚的积淀才能带着学生与不同形态文本对话。在文本显性的感知下，捕捉作者潜在的"意脉"变化、流动过程，帮助学生走进隐性文本；最后带领学生用多维角度打开文本的深邃内涵，踏入真正的文本世界里。花落无声，花落有情。"读"物美之所在，"读"物美之所现，读"物"美之所悟。我想这种阅色式的对话，应该是一种真实的阅读状态。

---

① 中华人民共和国教育部.普通高中语文课程标准(2017年版2020年修订)[M].北京：人民教育出版社，2020.

② 陈爱国.古德曼阅读理论与模式介绍[J].外语与外语教学，1986：3.

③ 张辉.如是我读[M].北京：商务印书馆，2015：10.

三、阅行·阅美——阅读行旅

(一)“行”之来历

(秦)李斯《会稽刻石》之“行”

《说文解字》:“行,人之步趋也。从彳、从亍。凡行之属皆从行。户庚切。”[①]另《说文解字注》:“彳,小步也;亍,步止也。”所以“行”一字表示走走停停,小步慢走。

“行”的本义是路、道路,读作 háng。例如,《诗经·豳风·七月》:“女执懿筐,遵彼微行。”引申为行列、队伍。《楚辞·九歌·国殇》:“凌余阵兮躐余行。”还读作 xíng,引申为行走。李商隐《瑶池》:“八骏日行三万里。”又引申指从事、干,如“他为人行事不错”。还特指路程,如“千里之行,始于足下”[②]。

---

① 许慎.说文解字[EB/OL].[2022-04-03].https://baike.baidu.com/item/%E8%A1%8C/2672431? fr=aladdin.

② 行的字义[EB/OL].[2022-04-03].https://www.pinshiwen.com/yuexie/shuojie/20200803283478.html.

从左到右分别为：甲骨文、篆书、隶书、楷书、行书、草书

"行"字六体书演变

之形余制切庑延㕣皆以爲聲今篆體各異非也厂延庑㕣古音在十六部故大雅施于條枚呂氏春秋韓詩外傳新序皆作延于條枚延音讀如移也今音以然切則十四部

文二

行 人之步趨也 步行也趨走也二者一徐一疾皆謂之行統言之也爾雅室中謂之時堂上謂之行堂下謂之步門外謂之趨中庭謂之走大路謂之奔析言之也引伸爲巡行行列行事德行 从彳亍 彳小步也亍步止也戶庚切古音在十部 凡行之屬皆从行

術 邑中道也 邑國也引伸爲技術 从行术聲 食聿切十五部

街 四通道也 風俗通曰街攜也離也四出之路攜離而別也按此以疊韵爲訓 从行圭聲 古膎切十六部

衢 四達謂之衢 釋宫文釋名曰四達曰衢齊魯間謂四齒杷爲欋欋杷地則有四處此道似之也按中山經宣山桑枝四衢少室山木曰

《说文解字》"行"字页

(二)阅行之行——一种寻找

阅行是一种寻找，是一种对自己的寻找，是一种对自我共鸣的寻找，是一种对心灵声音的寻找。

君不见大诗人李白《行路难》的感叹："行路难，行路难，多歧路，今安在？"对于语文教育者而言，在繁忙的课业压力下，在有限的阅读时间内，阅行之路是"乱花渐欲迷人眼"。而"阅读文学，是另一种行踏。透过文学家的眼睛和他们的笔下呈现的真实与想象交融的世界，我们因而看到本来看

不到的事物，感受本来感受不到的情境，体悟本来体悟不到的悟境”[①]。正如有人在菜根的咀嚼和食材的烹饪中，发现了源源不绝的生活乐趣；有人在人伦血脉的传承中感受到命运的微妙和传奇……

《高中语文课标》指出：要引导学生学习思辨阅读和表达，发展实证、推理、批判与发现的能力，增强思维的逻辑性和深刻性，认清事物的本质，辨别是非、善恶、美丑，提高理性思维水平[②]。

对于阅读，每个人都可以说出一百种理由。在众多的理由中，笔者以为阅读最美妙的理由就是寻找自己，寻找有思想的自己。不怕难、不怕烦、不计代价！因为在阅读中能找到自己，所以乐此不疲。

阅行，是欣羡，是欢腾，也是愉悦。阅行山，阅行水，阅行人物，阅行天地，可以在我们贫乏、单调的人生中，聆听心灵的声音，丰富自己的生命内涵。这是一种生命的行踏，走遍千山，行过万水，所视者多，所见者自广。邂逅阅文意象，培育审美情致。

四、阅野·阅美——阅读视界

(一)“野”之来历

野的甲骨文和金文皆由“林”和“土”组成，犹如一幅野外风景画。发展到篆书时便去掉了树木，改为田野，变成“从田予声”的形声字。在文字发展中篆书为左右结构，到隶书为上下结构，楷书又变回左右结构。

《说文解字》卷十三《里部》：“羊者切(yě)野，郊外也。从里予声。古文野从里省，从林。”《说文解字注》：“野，郊外也。”《诗经·召南》《诗经·邶风》传皆曰：“郊外曰野。”《诗经·郑风》传曰：“野，四郊之外也。”《论语》：

① 王怡芬，王慧茹，熊瑞英.文学光廊[M].台北：南一书局企业股份有限公司，2009：封面.

② 中华人民共和国教育部.普通高中语文课程标准(2017年版2020年修订)[M].北京：人民教育出版社，2020.

“质胜文则野。”包咸曰：“野如野人。言鄙略也。”①

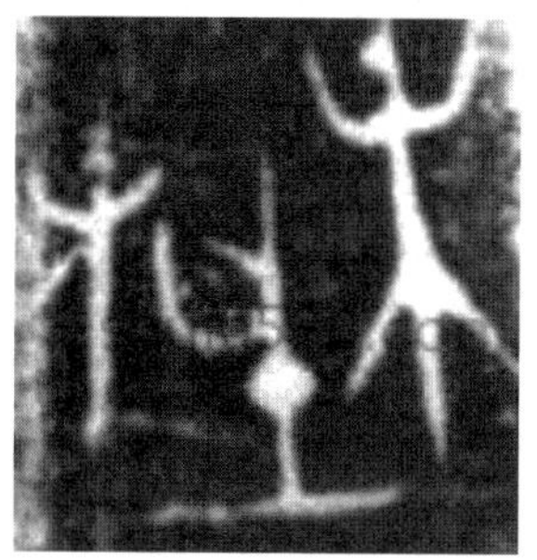

甲骨文——野

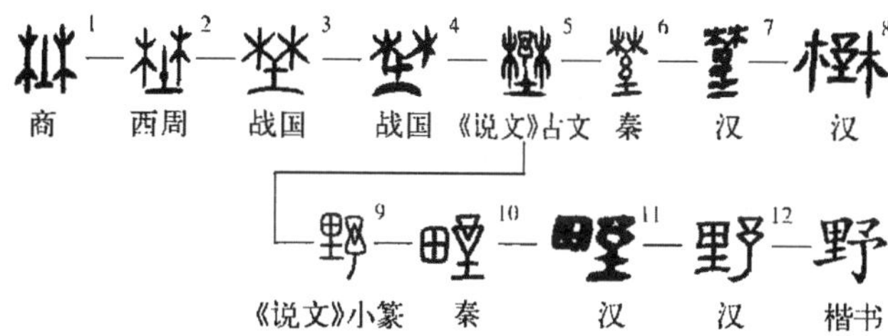

1《甲骨文字典》1465 页。2、3《金文编》891 页。4《郭店》186 页。5、9《说文》290 页。6《睡甲》203 页。7、11《马王堆》556 页。8、12《甲金篆》955 页。10《甲金篆》954 页

“野”字书写演变图

资料来源：百度百科。

(二)阅野之野——一种开拓

阅野是一种开拓，是一种视界的开拓，是一种滋养本心视界的开拓，是一种生长审美情趣视界的开拓。

“之子于归，远送于野。”这是《诗经》对“野”的远足。“野芳发而幽香，佳木秀而繁阴……朝而往，暮而归，四时之景不同，而乐亦无穷也。”这是欧阳修对“野”的静摹。阅万物，自生长。这是阅读之道。

《高中语文课标》指出：“要引导学生阅读古今中外诗歌、散文、小说、剧

① 野[EB/OL].[2022-04-03]. https://baike.baidu.com/item/%E9%87%8E/10925822?fr=Aladdin.

本等不同体裁的优秀作品，使学生在感受形象、品味语言、体验情感的过程中提升文学欣赏能力，并尝试文学写作、撰写文学评论，借以提高审美鉴赏能力和表达交流能力。"[1]因此在阅读教学中必须增加阅读量，扩大阅读面，这一领域包含文学、科学、历史、哲学、艺术等。

文学吸引人之处，首先在于它的广度。或是音乐文本，或是自然文本，或是经典文本，或是社会文本……每一次真诚地面对文本，都可以有不同于往昔的感动与启示，这是阅读的深趣。其次在于它的深度。几种不同的文本，一个全新的观察角度，一处多元的诠释空间，一种独特的分享妙蕴，亦可以开阔视域，滋养本心，生长审美情趣。

当我们栖息于阅读的美好之中，就会以惊奇、陌生的目光，注视我们曾经的天地、宇宙、人生。

里尔克在其生命的最后一年，曾经充满深情地吟咏："我的使命就是把这个羸弱、短暂的大地深深地、痛苦地、充满激情地铭记在心，使它的本质在我们心中再一次'不可见地'苏生。我们就是不可见地的蜜蜂。我们无休止地采集不可见的东西之蜜，并把他们贮藏在无形而巨大的金色蜂巢中。"[2]

毫无疑问，美正是那"无休止地采集不可见的东西之蜜"（内在生命的意义）的"蜜蜂"，使生命在人类心中再一次"不可见地苏生"，这是一种神奇，一种永远的诱惑，这正是美学的天命[3]。我想：这也正是"阅读·阅美"的真谛。

---

① 中华人民共和国教育部.普通高中语文课程标准（2017年版2020年修订）[M].北京：人民教育出版社，2020：5.

② 里尔克.杜依诺哀歌[M]//二十世纪的诗心.北京：北京大学出版社，2010：289.

③ 潘知常.生命美学[M].郑州：河南人民出版社，1991.

第一章

阅食·阅美，这是一世美的语言

★阅食·阅美：解读阅读资源，激活审美情思。

★本章重点：探寻阅读文本中的言语秘妙。

★沟通文本：解读语言价值，领略语言魔力，揣摩语言色彩，寻求语言美境。

★沟通生本：阅美习得，阅美经验，阅美情思，阅美乐趣。

巴西教育家弗莱雷认为，教育具有对话性，教学应该是对话式的，对话是一种创造活动。教学就其本质而言，是交往的过程，就是言语的活动，是通过言语在交往与沟通的活动中共同创造意义的过程。

《高中语文课标》指出："美的表达与创造。能运用祖国语言文字表达自己的审美体验，表达自己的情感、态度和观念，表现和创造自己心中的美好形象；讲究语言文字表达的效果及美感，具有创新意识。"[①]这是针对培养学生鉴赏品味和审美情趣的语文课程标准的要求提出来的。

潘新和教授在《语文：表现与存在》中曾说：人的言语欲求、言语意识、言语才情、言语智慧、言语能力、言语抱负和言语信仰，是从每一个人的鲜活自由的内在生命中成长、绽放出来的花朵。语文教育的整个过程就是致力于帮助学生了解并建立人的生命活动和言语表现之间的紧密联系。因此语文教师是语言奥秘的探索者、解密者、思想者，是学生亲近语言、热爱语言的引领者[②]。

所以，在对文学作品进行审美观照时，语文教师应促使读者（学生）"眼到""口到""心到""手到"[③]，阅赏字词之美、阅领言语之思、阅感语言之态，这样才能激活读者（学生）的审美情思。因此，阅食·阅美须从烘焙最灵动的语言出发。

第一节　诗歌语言的叙事价值

《孔雀东南飞》是刘兰芝和焦仲卿的爱情悲歌，它揭示了封建社会长期而普遍的婚姻与爱情的问题，因此具有深刻而普遍的社会意义。在诗学上，它的现实主义色彩、叙事性与抒情性的结合、兴的应用以及悲剧艺术深值研究。《孔雀东南飞》通过完整性的故事情节，以戏剧性的对白（语言）来展示刘兰芝和焦仲卿的爱情悲剧，可以毫不夸张地说，其成就是叙事超前

---

① 中华人民共和国教育部.普通高中语文课程标准（2017 年版 2020 年修订）[M].北京：人民教育出版社，2020.

② 潘新和.语文：表现与存在[M].福州：福建人民出版社，2004.

③ 胡适.胡适文存三集：卷二[M].北京：首都经济贸易大学出版社，2013.

成熟的奇迹。[①]

一、《孔雀东南飞》意象与形式的语言表现

长篇叙事诗《孔雀东南飞》创作于东汉末年，被称为我国文学史上最长的一部叙事诗，同时也是我国民间文学中的光辉诗篇。其与《木兰辞》均被树为汉乐府诗和叙事长诗的典范。《孔雀东南飞》又名《古诗为焦仲卿妻作》，大体上道出了其内容：建安时期，庐江小吏焦仲卿娶妻刘兰芝，后刘氏被仲卿母所遣，自己发誓不嫁人，在家人逼迫下投水而死，仲卿听说后自缢。

《孔雀东南飞》一诗体现我国古代劳动人民的集体智慧，体现了人民杰出的文学创作水平，在我国古代文学史上有重要地位，其教育作用和审美意义堪称经典。全诗 1785 个字，是现实主义杰作，其结构如下：

开端——兰芝被遣 发展——夫妻惜别（再发展——兰芝抗婚） 高潮——双双殉情 尾声——告诫后人

（一）对话为胜

刘兰芝对焦仲卿、焦母、小姑子，对生母、对哥哥等讲话的语气和态度不同，从中可以感悟她的性格：勤劳、善良、受欺、反抗、外柔内刚；还可以看出刘兰芝忠于爱情、是非分明，但在封建家长制下，迫于婆母的威逼而软弱，追于势利兄长的威逼而后退的性格也表现得鲜明。比如兰芝和仲卿死前，仲卿见兰芝，兰芝假意同意再嫁，仲卿与其母诀别，符合实际生活，符合人物身份。

（二）行动简洁

该诗人物行动简洁，体现了鲜明的形象；穿插抒情，使全诗羽翼丰满，情韵丰厚。例如，从“鸡鸣外欲曙，新妇起严妆。著我绣夹裙，事事四五通”

① 吕进.中国现代诗学[M].重庆：重庆出版社，1991.

中可以看出，刘兰芝欲曙即起，不愿在焦家，严妆辞婆表达抗议与示威；事事四五通，即对焦仲卿的爱还在，欲去不忍；“却与小姑别，泪落连珠子”，体现兰芝与小姑子关系融洽，与焦母的不融洽形成对照。动作刻画笔墨不多，却极精粹。例如“揽裙脱丝履，举身赴清池”“徘徊庭树下，自挂东南枝”，寥寥几笔，已极传神；“举手长劳劳，二情同依依”“生人作死别，恨恨那可论”，更是画龙点睛之笔，水到渠成，不着痕迹。全诗的感情得以很好地烘托。

（三）比兴手法

“兴”是我国传统诗歌的一种表现手法。诗歌中体现“兴”的句子，称为“兴句”。“兴”者先言他物，再以引起所咏之辞也，增强诗歌表现力。如“关关雎鸠，在河之洲”是兴，与“窈窕淑女，君子好逑”表达的兴奋之情，完全相同。兴句和其他句子内容上没有联系，但情感表现作用完全一样。

我国古代民歌传统手法之一就是借鸟起兴。《孔雀东南飞》在此基础上进而细化为孔雀失偶，徘徊反顾，一种笼罩全篇的悲剧气氛陡然形成，同时也为全篇定下深沉悲哀的基调，起提纲挈领、暗示全篇的作用。开头的“孔雀东南飞，五里一徘徊”运用比兴手法，刘兰芝与焦仲卿相顾相恋，布下基调。结尾“枝枝相覆盖，叶叶相交通。中有双飞鸟，自名为鸳鸯。仰头相向鸣，夜夜达五更”，刘、焦合葬地，松柏梧桐，覆盖相交，鸳鸯双双，日夕和鸣，象征爱情的不朽，是悲愤，也是控告。刘、焦的形象具有浪漫主义色彩，有了理想的光辉，起到质的飞跃。

（四）艺术典型

在古代文学史上，刘兰芝虽是劳动妇女，但有别于璩秀秀；虽是被驱遣回家，但与李翠莲有别；虽是以死殉情，但与尤二姐不同；虽是投水而亡，但与杜十娘不同。典型之所以成为典型，是艺术的力量，是刻画的明确个性，刘兰芝是勤劳的，是善良的，是聪明的，是美丽的，是坚贞不屈的，是性情刚烈的。她的形象让人有了控诉和鞭挞之欲，生无限同情之感[①]。

---

① 张萍.孔雀东南飞诗学价值探究[J].语文建设，2014(10):61-62.

二、《孔雀东南飞》叙事性与抒情性的语言表现

《孔雀东南飞》是一首叙事诗，其有较多叙事成分。但是我们知道诗歌中实现叙说事件的同时，激发出来的是情感。诗歌离不开抒情，叙事是为了服务于抒情。西方对此划分明确些，比如有抒情诗、叙事诗和戏剧诗等。[①] 在笔者看来，叙事诗歌同样兼有情感性。抒情是诗的本质，叙事是诗的表现手法，二者都需要通过语言来表现。

诗歌之中的叙事常被称为诗性叙事，如果夹有历史事件则称为史性叙事。前者目的是抒发感情，可以随意改变事实或凭想象叙事；后者是为了记录事实。上文已经谈到《孔雀东南飞》中，占了大量篇幅的是对话，这些对话，是作者根据当时的情形模拟出来的，不反映历史真实，只是为了表达和抒情的需要。显然这种主观想象是一种“创造”，有时也可能违反事实逻辑，如“新妇初来时，小姑始扶床；今日被驱遣，小姑如我长”。仅“共事二三年”，“小姑”的生长发育不可能那么快。但不影响读者阅读理解，所叙之事的真伪，读者不一定特别关注，也不会在意焦仲卿和刘兰芝这两个人在历史上是否真有，他们真正家住哪里。当然这在历史叙事中不会出现。人们的审美视角就成了其所表达的基本情感的载体，人们怀着一种悲伤的心情去审美，这是本诗的共鸣。叙事有时间、地点、人物和事件，序中粗略提到时间，地方也不精确，只能大体上知道是在焦家或在刘的娘家。人物和事件围绕焦仲卿和刘兰芝两人，所有出场的人物和事件皆为表现焦、刘两人饱受摧残的真挚爱情。作者刻画出来的爱情，有巨大的艺术震撼力。

《孔雀东南飞》作为叙事诗，全诗 364 句，除了人物对白，只有 128 句属于连叙述带铺张排比的抒情句。《木兰辞》虽与其齐名，恰恰相反通篇叙述，修辞手法运用较少。中国古典诗歌讲究比兴，此种情况很是罕见。换言之，是不是可以这样说，这首叙事诗以戏剧性对白为主，叙事语句大都有过渡性的交代，如“府吏得闻之，堂上启阿母”“阿母谓府吏”“府吏长跪告”“府吏谓新妇”“新妇谓府吏”等作用是串连对白。偶有细节描写，如“阿母大拊掌，不图子自归”，“阿母得闻之，槌床便大怒”，可谓凤毛麟角。这也是此诗的独到之处。

---

① 赵毅衡.诗神远游：中国如何改变了美国现代诗[M].上海：上海译文出版社，2003.

三、《孔雀东南飞》悲剧性的语言表现

在我国文学史上，悲剧性的作品还是有相当比重的。汉乐府诗《孔雀东南飞》被称作我国悲剧诗的典范，因为它：一有严肃完整的情节；二有人物行动和语言；三有表达效果引发的怜悯与恐惧。《孔雀东南飞》由四大情节构成，一是“遣归”，有兰芝诉苦、仲卿求情、焦母遣归、夫妻话别等场景；二是“离别”，有新妇严妆、辞别婆母、哭别小姑子、夫妻盟誓等场景；三是“逼嫁”，有县令求亲、太守求亲、刘兄逼嫁、筹备婚礼等情节；四是“殉情”，有密订死约、仲卿别母、自杀殉情、死后合葬等情节。这些情节只有“新妇严妆”“筹备婚礼”“死后合葬”三处描写动作表情，语句连缀。开端、发展、高潮、结局跌宕多姿。剪裁之合理，详略之得当，时而浓墨重彩，时而轻描淡写，令人叹为观止。这就是悲剧诗的结构语言之美。字法、章法、句法、格律、音律、节奏等毫不造作①。

《孔雀东南飞》的主人公是悲剧的主人公，刘兰芝与焦仲卿各具鲜明个性，诗中焦母的暴虐、刘兄的专横、刘母的软弱、太守的张狂，以及俗吏媒人的趋附均让作品乍泣、乍惧，男女主人公生命的毁灭引起人们的怜悯与恐惧。

刘兰芝本是三从四德的典范，有良好的家庭教育，又吃苦耐劳，知书达礼，且相貌姣好，语言得体，可以说是完美得很，但其婆母捕风捉影遣归。同样焦仲卿是忠于职守、忠于爱情、恪守孝道的人，值得讴歌。这正是引起人们同情的地方。这对同命相怜的夫妻，任人拆合、摆弄，但他们不甘心当泥偶，于是有了与封建家长特权的冲突，这是社会悲剧的典型。

封建家长制的传统在东汉不可动摇，刘、焦两个小人物的抗争显然是微不足道的，悲剧似乎是一种必然。这是符合实际的，有性格悲剧的成分。

中国的悲剧往往是只写悲哀，不写抗争②。《孔雀东南飞》中刘自请遣归就是反抗；辞别婆母时，言辞有礼有节，不卑不亢；对兄逼婚，兰芝不辩解，不乞怜，外顺从，内赴死，自作新衣骄傲地死去。这是刘兰芝的沉静和果断，表现出她的自尊自爱和沉毅刚强。与此相比，焦仲卿的性格体现出一定的发展变化，忠诚孝道的他为刘兰芝向母长跪求情，遭母叱后默默无

① 朱光潜.诗论[M].北京：生活·读书·新知三联书店，1998.

② 余虹.中国文论与西方诗学[M].北京：生活·读书·新知三联书店，1999.

声，在向妻子解释时哽咽不语，在爱情与孝道冲突中陷入两难之境，这时仲卿是懦弱的，是无能的。而后又敢于向母亲声言终老不复娶，向妻承诺誓天不相负，后密订死约，得知兰芝死讯，自挂东南枝，结束了年轻的生命。焦仲卿发出了最后的抗争，诗歌自此呈现悲剧的光芒。

正所谓历史的必然要求，实际上的不可能实现，这之间的悲剧性冲突就展示出来了。

《孔雀东南飞》故事结构完整，首尾照应，情节起伏跌宕。它的出现标志着我国叙事诗的创作进入到一个新的阶段，作者在叙事上的高超技巧是难能可贵的。诗歌个性化的语言，有特色的对白，比兴、夸张、排比等修辞手法，精当的细节描写，塑造出众多鲜明的艺术形象，可以说是我国古典文学中不朽的典型，值得我们借鉴。

《孔雀东南飞》继承和发展了《诗经》和乐府诗中的现实主义，有较高的思想价值与艺术价值，千百年来，为人们珍视和喜爱，对后代诗人影响很大，不仅对诗歌，也对小说和戏剧的创作产生巨大影响。这是来自民间的智慧，这是来自民族精神和生活的标记。诗歌不能从生活中割离开来，《孔雀东南飞》再现了当时的社会背景，再现了当时的感情状态。其叙事价值，值得我们学习。

第二节　诗歌语言的变幻魔力

生活在当今世界的我们，可以通过现代诗表达我们对生活的感悟。

附文本：

远和近

顾　城

你，
一会看我，
一会看云。
我觉得，
你看我时很远，
你看云时很近。

《远和近》是朦胧派诗人顾城的诗作。这一首诗歌只有24个字。这首诗可以作为朦胧诗的代表。

【魔力篇】

魔力一：无规则、无定数、无押韵

朦胧诗分行排列，每行的字数没有固定的限制，没有规则的押韵格式。从诗行建构来看，顾城这首《远和近》，仅两节6行24个字。如此短小的篇幅中，“你”字却独占一行，这不得不引起读者的注意，从而起到了突出强调的作用。“我觉得”也独占一行，在形式上与第一行“你”呈现一种呼应，同时暗示了“我”的一切内心活动和感觉都是以“你”为中心的，“我”从你的动作和飘忽的眼神中读出了“你”的内心。从字数上看，每行有1个字、3个字、4个字、6个字，没有固定的限制，可多可少。从押韵上看，“你”“我”

"云""得""远""近"，也是毫无韵律，毫无规则可言。这与自《诗经》以来的古典诗歌通常都有固定的字数、格式与韵律有着强烈的反差。因为这种反差，使得现代诗歌本身就附着"自由"的魔力，没有了束缚，随心所欲。

魔力二：瞬间感知、即兴自发，具有非预设的现代气质

古典诗歌在悠久的传统中形成了公式化的固定联想，如"夕阳"常用于表达悲哀、怀旧或类似的意境，"登高"时往往会有忧郁的哀婉等。而现代诗歌主张一种新的诗歌态度，将诗歌作为发掘自我和世界的工具，流露出瞬间的感知，即兴的自发，非预设的现代气质。

顾城的这首《远和近》，对其解读历来存在普遍争议，很多人直喊读不懂，而那些略微捋出些头绪的人又往往只侧重其中的一个方面，诸如单纯从爱情、哲学、历史反思的角度去解读，结果往往顾此失彼。

王朝闻在《欣赏、"再创造"》中有这样一段描写："看不见林中的庙宇，看得见溪边的和尚；看不见路边的酒店，看得见林梢的酒旌；看不见赶路的行人，看得见待渡的小船。"因此乐山乐水，见智见仁，有所视才有所不视，有所弃才有所取。诗人的所取、所求、所亲、所近，无不凝结着诗人的卓识，诗人的灵视。

顾城是个很可爱的人，他总是戴着一顶帽子，他的帽子很像牛仔裤上剪下来的一截裤管。所以大家就要问他为什么总戴着这么一顶帽子？他曾这样说："我好像平生做的唯一一件，完全由我选择的事，就是做了这顶帽子，并且戴到了脑袋上。没想到被洞察出来。那么我不知道这个帽子是一个贡献呢，还是一个扰乱。人家质问我这个帽子的时候，我不想令人失望——我回答这是我的家，我老待在家里很安全；我生气的时候，这是烟囱；今天，要是谁乐意往里面放钱，也并不太坏。"[①]由此，我们可以读出诗人是一个没有安全感又极度任性的人。因而，他的瞬间感知、即兴自发、非预设性的现代气质也就扑面而来。

顾城说他想"用心中的纯银，铸一把钥匙，去开启那天国的门，向着人类"。可是"时间的马，累倒了"。即使在他最好的美丽诗篇里，他的悲伤和失望也淡淡地透露出来。

---

① 顾城.顾城文选：卷二：思忆朦胧[M].香港：中国文化出版社，2005：336.

魔力三：主动接受，读者参与创造诗歌的意义

现代朦胧诗歌则要求读者一起参与诗歌意义的创造，而不是被动地接受。现代诗的读者往往是学养、观念迥异的个人，对一首诗歌的理解也是千差万别的。

顾城是20世纪80年代中国诗坛出现的一个著名诗歌流派——朦胧诗派的代表人物之一。这一类诗歌，从形式上看，追求整体象征，其意象多具有不透明性和多义性；从内容上看，追求自我价值，常有对历史、传统的批判意识和忧患意识。朦胧诗正因为其意象本身的不透明性及组合时的片段性，而产生众多空白点和不确定性，也给读者预留了众多的想象空间和思考余地，让人常读常新。它以平凡简单的意象，朴实平易的语言，简短的诗行结构，给读者展现出最大的想象空间，赋予诗歌无限的张力。①

【鉴赏篇】

鉴赏一：你可以从意象几何学的角度去欣赏

这是一个三角几何的意象。诗中的“你”“我”“云”三个意象都具有一定的象征意义。“你”“我”都生活在客观现实中，同属于社会的组成人员，“云”则象征着美丽淳朴的大自然。“你看我时很远”，这是地近心远，“咫尺天涯”；“你看云时很近”，这是地远心近，“天涯若比邻”。诗人这种“人远天涯近”的辩证感情方式已成为人审美理想的发展方式，即“由客体的真实，趋向主体的真实，由被动的反映，趋向主观的创造”。

鉴赏二：你可以从人际几何学的角度去探秘

《远和近》一诗，诗人所写的是一种非正常的生活，是一种被扭曲了的人际关系。在这扭曲了的关系中，一切都颠倒了。本应相亲相近的人与人的关系，由于心的阻隔而疏远了，显得那么孤寂而不可接近；因为人际关系的疏远，人与自然反而拉近了距离，显得十分亲近。也许，正是由于人与自然的亲切、可近，更进一步显示出人的孤寂；也许，正是这孤寂，常使顾城想到梦的天国。可顾城应该知道，在这个充满矛盾的世界上，梦的天国是不存在的。

---

①　张萍.从顾城《远和近》谈现代诗歌魔力[J].中学语文，2016(12)：140-141.

鉴赏三：你可以从距离几何学的角度去思考

这首诗很像摄影中的推拉镜头，利用“你”“我”“云”主观距离的变换，来显示人与人之间习惯的戒惧心理和人对自然原始的亲切感。这组对比并不是毫无倾向的，它隐含着“我”对人性复归自然的愿望[①]。在诗歌中顾城表达了人对于“远”“近”的哲理思考，以及人和自然、人和人关系的思考。这种关系充满了一种辩证的距离、一种美和对爱的得失的痛苦。近处的爱人却是远在天边，天上的云却在心灵近处。爱人可近却不可能真正地接近，自然被隔离在远方却在爱人的心旁。诗歌里表现出一种透明的美、纯净的美、神奇变幻的美，带有一种痛苦的思辨的忧伤。

鉴赏四：你可以从爱情几何学的视角去揣摩

顾城的《远和近》，视角的落点不仅在人文终极关怀，也在自我纤细情感的抒发。诗作本身好似一位腼腆大男孩的心灵独白。他爱慕一位女子，但羞于向她表白，甚至连目光都不敢和女孩的目光相交，他只能趁女孩的目光转向别处时偷偷地望上一眼，并为他“螳螂捕蝉，黄雀在后”的小举动窃喜了一把。在目不转睛、如饥似渴的观望中，他悲哀地发现自己是那么怯懦，那么无助，那么自卑，爱情的热焰没能燃烧他内心的羞涩，他不敢让目光泄露他内心的焦灼心思[②]。

你看诗的语言，那么幽怨又那么平淡，那么深情又那么淡漠，那么焦急又那么彷徨，字里行间饱含着濡润的气息，湿润我们的情感荒漠。

鉴赏五：你可以从自我几何学的态度去品读

换个角度来说，看侧面是很自我的欣赏态度，让自己“摆”出一种随意的侧面姿态也是一种智慧。这种方式可以让人领略自己不经意但近乎天然的美丽，或是凝视的美丽，或是沉思的美丽[③]。没有了刻意的注视，就更添了自然的气质，省略了对评价者本人的关注，行为就纯粹成了自我的真实表达，更易体现美的原则和本真。很多新闻、艺术摄影作品都是捕捉瞬间影像的，一瞥、一回眸、一惊愕、一锁眉，都有丰富的含义。正面是作者的

---

① 顾城.顾城文选：卷一[M].哈尔滨：北方文艺出版社，2005：247.

② 顾城.远和近[EB/OL].[2021-07-05].https://baike.baidu.com/item/%E8%BF%9C%E5%92%8C%E8%BF%91/2928543?fr=aladdin.

③ 张萍.从顾城《远和近》谈现代诗歌魔力[J].中学语文，2016(12)：140-141.

主观阐释，侧面是人物本身的坦然发言。

无论哪个角度，《远和近》都能给我们很多联想，唤起我们很多共鸣。它短小精悍的外质包裹着丰富的内涵，附着无边的魔力。可以这么说：一千个读者就有一千个“我”和“你”，就有一千个“远”和“近”。

第三节　诗歌语言的意蕴色彩

《短歌行》是语文版高一语文必修四第二单元“阅读与鉴赏”第七课“魏晋诗三首”中的一首抒情诗歌，出自曹操之手。本单元标题为“诗言志”，出自《尚书·虞书·尧典》。原句是：“诗言志，歌永言。声依咏，律和声。”阅读重点在于理解这首抒情诗中所表达的作者的人生感受及求贤若渴的政治情怀。阅读难点在于理解曹操“忧”的内涵。

附文本：

短歌行　其一

曹　操

对酒当歌，人生几何！譬如朝露，去日苦多。
慨当以慷，忧思难忘。何以解忧？唯有杜康。
青青子衿，悠悠我心。但为君故，沉吟至今。
呦呦鹿鸣，食野之苹。我有嘉宾，鼓瑟吹笙。
明明如月，何时可掇？忧从中来，不可断绝。
越陌度阡，枉用相存。契阔谈讌，心念旧恩。
月明星稀，乌鹊南飞。绕树三匝，何枝可依？
山不厌高，海不厌深。周公吐哺，天下归心。

一、运用语言诵读，走进诗歌人物“忧”之世界

朱自清在《朗读与诗》中指出：诵读就是要“玩索意蕴”“吟味节奏”。而语文阅读鉴赏教材的主题更是这样，尤其是古诗。《高中语文课标》对这部分，也要求学生能在反复诵读中不断充实精神世界，完善自我人格，提升人生境界。这也充分体现重视语文学科特有的人文内涵和文学作品中蕴含的生命关怀。因此应加强吟诵，在反复吟咏中体会诗中感情，让学生吸取

诗中积极的精神营养，丰富自己的情感世界。《短歌行》是最能体现曹操诗歌思想艺术风格的名篇之一。因此，本片段的教学就是遵循文本阅读的原则，运用诵读解析法，结合名著走进诗歌人物世界。

1. 诵读要把握基调、节奏、轻重音

对酒/当歌，人生/几何？譬如/朝露，去日/苦多。
慨当/以慷，忧思/难忘。何以/解忧，唯有/杜康。

2. 诵读要控制语速，渗透情感

青青/子衿，悠悠/我心。但为/君故，沉吟/至今。
呦呦/鹿鸣，食野/之苹。我有/嘉宾，鼓瑟/吹笙。

3. 诵读要标识关键字词，涵咏诗中韵味

对……人……；譬……去……；慨……忧……；何……唯……。
青……悠……；但……沉……；呦……食……；我……鼓……。
明……何……；忧……不……；越……枉……；契……心……。
月……乌……；绕……何……；山……海……；周……天……。

二、探明对话对象，理解诗歌人物“忧”之内涵

在阅读教学中应该为每个对话主体（即教师、学生、文本）创造合适的对话语境，使他们实现较充分的对话，从而产生教学意义。文本阅读其实就是一种对话，教学中通过诵读与解析、自读与范读等师生共同的对话，来进行文本阅读。结合《短歌行》内容，做如下设计：

1. 学生与文本的对话

挖掘此诗的“诗眼”并领悟诗的感情基调。“何以解忧？唯有杜康”，“忧从中来，不可断绝”，“慨当以慷，忧思难忘”，“忧思”贯穿全诗，抓住此诗眼便能牵一发而动全身。

教学过程展示：

①提出问题：找出文本中最能体现诗人情感的“诗眼”或“主旨句”。

②学生回答：学生自读文本后结合文本诗句解答。

③师生讨论明确：

板书

短歌行

曹　操

何以解忧？唯有杜康
忧从中来，不可断绝　} 忧
慨当以慷，忧思难忘

2. 与曹操的对话

在特定的历史背景中来解读文本，与曹操对话，把握曹操的“忧”思；从诗歌中分析他因何而“忧”，从而进一步解读他的“忧”不是表层意义上的消极悲悯，而是一种建功立业的慷慨之气；最后深入“忧”的内涵：忧人生的实质是重人生，忧人才的实质是重贤才，这种“忧”有一股慷慨之气。

教学过程展示：

①教师范读第一节（教师有感情地范读，感受基调，感染学生）。

②明确诗中所运用的修辞及其意义：

朝露——比喻人生苦短
杜康——借代美酒

③结合苏轼《赤壁赋》穿插历史背景讲解。

苏子愀然，正襟危坐，而问客曰：“何为其然也？”客曰：“月明星稀，乌鹊南飞，此非曹孟德之诗乎？西望夏口，东望武昌。山川相缪，郁乎苍苍，此非孟德之困于周郎者乎？方其破荆州，下江陵，顺流而东也，舳舻千里，旌旗蔽空，酾酒临江，横槊赋诗；固一世之雄也，而今安在哉？”

——苏轼《赤壁赋》

3. 师生共同对话

阅读者通过彼此间的对话，有利于加深对作品的理解，并对作品的阅读产生现实意义。

教学过程展示：

①教师总结全诗的感情基调——昂扬、慷慨。

②结合《短歌行学案》，师生共同阅读文本，领略感情，走进作品中人物的世界。

4. 文本与文本的对话

从“忧”的角度，比较阅读下面四首诗歌的思想内容。不同的文本，相同的主题。

教学过程展示：

①教师选择四首诗歌，与学生一起阅读。

古诗十九首　其十五

生年不满百，常怀千岁忧。
昼短苦夜长，何不秉烛游？
为乐当及时，何能待来兹？
愚者爱惜费，但为后世嗤。
仙人王子乔，难可与等期。

长歌行

青青园中葵，朝露待日晞。
阳春布德泽，万物生光辉。
常恐秋节至，焜黄华叶衰。
百川东到海，何时复西归。
少壮不努力，老大徒伤悲。

观沧海

曹　操

东临碣石，以观沧海。
水何澹澹，山岛竦峙。

树木丛生，百草丰茂。
秋风萧瑟，洪波涌起。
日月之行，若出其中；
星汉灿烂，若出其里。
幸甚至哉，歌以咏志。

龟虽寿

曹　操

神龟虽寿，犹有竟时；
腾蛇乘雾，终为土灰。
老骥伏枥，志在千里。
烈士暮年，壮心不已。
盈缩之期，不但在天。
养怡之福，可得永年。
幸甚至哉，歌以咏志。

②品析文本中“忧”的诗句，从而理解曹操这个人物形象。

【课堂实录】

滚滚长江东逝水
——《短歌行》课堂实录

一、导入

“滚滚长江东逝水，浪花淘尽英雄。是非成败转头空。青山依旧在，几度夕阳红。白发渔樵江渚上，惯看秋月春风。一壶浊酒喜相逢。古今多少事，都付笑谈中。”是啊，长江滚滚，历史的意志不会动摇，浪花淘尽，英雄的命运难以抗拒。

话说东汉末年，天下大乱，豪杰并起，最终形成了三国鼎立的局面。俗话说：“乱世出英雄。”说到三国英雄，人们往往首先想到周瑜、孙权、诸葛亮等人。苏轼推崇周瑜：“遥想公瑾当年，小乔初嫁了，雄姿英发。羽扇纶巾，谈笑间，樯橹灰飞烟灭。”（《念奴娇·赤壁怀古》）。辛弃疾崇拜孙权：“千古江山，英雄无觅孙仲谋处。”（《永遇乐·京口北固亭怀古》）。唐代大诗人杜甫仰慕诸葛亮，他在《蜀相》中这样赞美诸葛亮的功绩：“三顾频烦天下计，两朝开济老臣心。”陆游也以诸葛亮自况：“出师一表真名世，千载谁堪伯仲间。”周瑜等人固然称得上英雄，但人们忽略了一个重要人物——曹操。

曹操在东汉末年“挟天子以令诸侯”，讨董卓、杀吕布、伐袁术、灭袁绍，特别是官渡之战后，他成为中国北方的实际统治者，在当时是一个叱咤风云的人物。他堪称英雄，但历来得到的评价并不高。易中天教授在《百家讲坛》中概括了人们对他的三个称谓：英雄、奸雄、奸贼。易教授评价曹操是可爱的奸雄。我本人很赞同易教授的看法。

但历来人们对他毁誉参半。当年，汝南名士许劭（东汉人物鉴赏家）称他为“治世之能臣，乱世之奸雄”。陈寿在《三国志》中说他：“抑可谓非常之人，超世之杰矣。”戏曲舞台上常把曹操塑造成白脸奸臣，是一个阴险、残忍、狡诈、狠毒的人物。

那么曹操到底是一个什么样的人呢？

我们应站在历史的高度看待曹操这一历史人物，承认他对历史的推动作用，肯定他的贡献。把握他的三个称谓：政治家、军事家、文学家。今天语文课，咱们就主要分析作为文学家的曹操的一面，同时他的作品中必然会反映他作为政治家的抱负和情怀。

我们不是政治家，我们不了解曹操；我们不是军事家，我们更不了解曹操；但我们可以从文学的角度出发，学习其《短歌行》，走近曹操。正如古语云：“窥一斑而见全豹，望半爪而见巨龙。”

二、初读文本——看曹操简介

强调曹操的称谓：政治家、军事家、文学家。

强调曹操的诗风：建安风骨——慷慨悲凉。

结合语文版高一语文必修一《赤壁赋》中“横槊赋诗”文段介绍背景。

附文本：

苏子愀然，正襟危坐，而问客曰：“何为其然也？”客曰：“月明星稀，乌鹊南飞，此非曹孟德之诗乎？西望夏口，东望武昌。山川相缪，郁乎苍苍，此非孟德之困于周郎者乎？方其破荆州，下江陵，顺流而东也，舳舻千里，旌旗蔽空，酾酒临江，横槊赋诗；固一世之雄也，而今安在哉？”

——苏轼《赤壁赋》

三、再读文本——看诗歌节奏

(1)通读(全班)。

(2)点读(2个学生：女生、男生各1个)。

学生点评，教师总结，结合正音。结合诵读的提示。

四、三读文本——找诗歌之眼

问题：找出文本中最能体现诗人情感的“诗眼”或“主旨句”。

提问：学生1、学生2、学生3。

教师明确：如果能用一个字来归纳，那就是“忧”字。因为诗歌有这样的三个句子：“忧思难忘”“何以解忧”“忧从中来”。

五、分析文本

(一)教师范读第一节并讲解

明确：忧。忧人生之短。而且短得就像朝露。

比喻：杜康——借代。

曹操的人生苦短，并不是及时行乐。

明确：有人举杯邀明月，因为孤单；有人借酒浇愁，因为苦闷；有人把酒问青天，因为无奈。“何以解忧？唯有杜康”，从表面看，曹操的人生态度是消极的。但联系曹操的一生，我们不难做出判断，曹操是积极进取的，看似及时行乐，实则把深沉的情感隐藏在酒中。况且，这是大战前夕鼓舞士气、壮军威的辞令。

学生齐读第一节。

(二)教师范读第二节

曹操急于实现人生理想，深感人生有限。他要实现理想，迫切需要什么条件？君子生非异也，善假于物也。他迫切需要人才的辅助。

问：诗人如何表达对人才的渴盼？

明确：借用《诗经》中的句子“青青子衿，悠悠我心”。原句是表达一个姑娘对情人的思念，曹操把它借用过来，表达对贤才的渴求。姑娘对情人的深深思念，正切合曹操的心境。借用得天衣无缝，准确生动。那青青的衣领，我悠悠的心，因为你的原因，我一直沉默到现在。还可以这样说：青青的是你的衣襟啊，悠悠的是我的真心，只是你的原因啊，让我思念到如今。此外，美丽的鹿鸣叫着，悠闲地吃草，我有很多朋友，能够欢聚一堂，演奏着迷人的音乐。作者写得何等美丽！诗中用典、用比的手法信手拈来，更显曹操文学底蕴，写出一个深情款款的曹操。

师问：曹操如何对待人才？从何处可以看出其对人才的态度？

生："呦呦鹿鸣，食野之苹。我有嘉宾，鼓瑟吹笙。"这里引用《诗经·小雅·鹿鸣》中的四句，描写宾主欢宴的情景，意思是说只要你们到我这里来，我是一定会待以"嘉宾"之礼的，我们是能够欢快融洽地相处并合作的。

明确：用典。比：比者，以彼物比此物也；兴：兴者，先言他物以引起所咏之辞也。

例如：

(1)《诗经·周南·关雎》："关关雎鸠，在河之洲。窈窕淑女，君子好逑。"

《关雎》首章就有"关关雎鸠，在河之洲。窈窕淑女，君子好逑"的句子，以河洲上和鸣的鸟兴起淑女是君子的好配偶，而二者之间多少有一些意义、气氛上的关联处，又接近于比。

《诗经·卫风·氓》："桑之未落，其叶沃若……桑之落矣，其黄而陨。"写"桑之未落，其叶沃若"，先以葱茏的茂盛的桑树写照自己的青春，继而又以诱人的桑葚比喻令人沉醉的爱情，把恋爱中的少女比作贪食而快乐的小鸟，谆谆告诫之：不能沉溺于爱情，否则，结局悲惨，悔之晚矣。第四章紧承上节，开头就是"桑之落矣，其黄而陨"，以树木的枯萎凋零比拟流年带走了的青春，曾经光彩照人的少女在岁月中蹉跎了美丽的容颜，再加上婚后长期过着贫困的生活，被弃的命运此时自然降临到了她的头上。

(2)《孔雀东南飞》："孔雀东南飞，五里一徘徊。"

如《孔雀东南飞》开头用"孔雀东南飞，五里一徘徊"起兴，用具体的形象来激发读者想象，不由得人不从美禽恋偶联想到夫妻分离，这样就给全诗笼罩上一种悲剧气氛，起了统摄全诗、引出下面故事的作用。

学生读第二节。

（三）教师范读第三节

明确："越陌度阡，枉用相存。契阔谈讌，心念旧恩。"

（要求学生用自己的语言说一说这几句的含义，其实就是在翻译。）

师：曹操面对满座嘉宾，感谢他们的到来。看着众多的贤才，曹操内心有什么样的感情变化？当然是满心喜悦。那他为什么还要"忧"呢？

明确：曹操虽然已经拥有许多人才，但他并不满足，还希望有更多的人才到他这里来。因为他所做的是一项伟大的事业，自然需要大量的人才。

这一“忧”一“喜”正好深刻揭示了曹操求贤若渴的心情。

板书：

忧——求贤若渴——四部曲

思才——思未来之才
礼才——礼已到之才
念才——念远来之才
劝才——劝犹疑之才

可见曹操对人才的渴望。

学生读第三节。

（四）教师范读第四节

然而曹操依然“忧从中来，不可断绝”，为什么？因为功业未就，曹操思贤之心才会如此强烈。曹操渴求人才，天下人才也不是仅仅在等待，他们也在寻找自己的用武之地，从哪可以看出来？

明确：“绕树三匝”句。“良禽择木而栖，贤臣择主而事”①。

师：“绕树三匝”句，指鸟儿为什么找不到可以栖落的枝头。

生：没有贤主。

师：回答得很好！这话从曹操口中说出，有没有弦外之音？其实这是诗人发出的一个召唤：天下贤才到我这里来吧，我时刻在恭候着你们！

师：诗中充满对人才的渴盼，一片谦恭之气，但有同学说其中又有一种霸气。从哪些句子可以感受到？

师明确：“周公吐哺，天下归心。”借周公的典故，既表达了对人才的谦敬，又委婉地流露出其吞吐天下的雄心壮志，气势是宏大的，意义是深远的。“山不厌高，海不厌深”，诗人正是为了成为高山、成为深海，才如此虚怀若谷。对，心里没有霸气的人，笔下便没有霸气。（这里可以补充周公“一沐三握发”“一饭三吐哺”的典故）

师问：“诗言志”，结合曹操的忧，说说诗人抒写了什么“志”？

① 罗贯中.三国演义[M].北京：中华书局，2005.

板书：

忧——功业未就

志

广纳人才

建功立业

天下归心

表达曹操的“志”：天下贤士诚心与我协力同心，共举大业，定当达到四海安定，天下统一。

学生读第四节。

（五）拓展延伸

过渡语：毛泽东曾这样点评，贤主与智谋之士相遇，道合而志同，志同而情亲，治世的大道才可彰明。有人说三国之争实为人才之争，最后魏蜀吴之所以能三足鼎立，某种程度上就是因为他们各自拥有一大批才智过人的能臣与骁勇善战的武将。可以说人才得失，生死攸关。

（1）学生补充材料：曹操礼遇人才的故事。

（2）教师补充材料。

材料一：许攸

许攸年轻时与袁绍、曹操相友善，后来成为袁绍的谋士，多次为袁绍出谋划策均不被听从，深感不满。官渡之战之际，许攸因家人犯法被收治而投奔曹操，提供了重要情报，建议曹操偷袭乌巢，结果大获全胜。官渡之战后，许攸跟随曹操平定冀州，立有功劳，但许攸傲慢无礼，口无遮拦，最终触怒曹操，被杀。

《三国演义》原文：时操方解衣歇息，闻说许攸私奔到寨，大喜，不及穿履，跣足出迎，遥见许攸，抚掌欢笑，携手共入，操先拜于地。攸慌扶起曰：“公乃汉相，吾乃布衣，何谦恭如此？”操曰：“公乃操故友，岂敢以名爵相上下乎！”攸曰：“某不能择主，屈身袁绍，言不听，计不从，今特弃之来见故人。愿赐收录。”操曰：“子远肯来，吾事济矣！愿即教我以破绍之计。”①

① 罗贯中.三国演义[M].北京：中华书局，2005.

材料二：曹操五大谋士之一——郭嘉①

郭嘉之“弱冠隐居”

郭嘉少年时已有远见，见汉末天下将会大乱，于弱冠（二十岁）后便隐居，秘密结交英杰，不与世俗交往，所以没有太多人知道。此前曾北见袁绍，了解袁绍的器度后，对其谋臣辛评、郭图说：“夫智者审于量主，故百举百全而功名可立也。袁公徒欲效周公之下士，而未知用人之机。多端寡要，好谋无决，欲与共济天下大难，定霸王之业，难矣！”于是离开远去。郭嘉二十七岁时，被司徒赵温辟为府吏；后郭嘉得曹操谋士荀彧的推荐，代替早逝的戏志才，曹操与郭嘉讨论天下大事后说：“使孤成大业者，必此人也。”而郭嘉出门后，亦高兴地说：“真吾主也。”便被表为司空军祭酒。

郭嘉之“出谋献策”

刘备被吕布袭击，依附于曹操。谋士程昱向曹操建议杀死刘备，以绝后患，曹操便问郭嘉有何意见，郭嘉认为：“的确。但曹公举剑起义兵，为百姓除暴，推出诚信用以招揽英雄俊杰，恐怕仍未做到。现今刘备有英雄名声，他在穷途末路时投靠我们，而我们将他杀害，这是杀害贤士的恶名，那智者、将士都会自疑，再次考虑选谁作主人，那曹公要和谁平定天下？所以除掉一人之患，而危害到您四海的声望，安危的选择，不可以不明察！”曹操亦有感于此，便决定不杀刘备。

不过，郭嘉亦认为刘备有关羽、张飞跟随，而刘备得人心，不会为人之下。所以向曹操上谏：“古人有说：‘一日放纵敌人，便成数世的祸患。’宜早些建立恰当的位置。”意思就是要软禁刘备，但曹操不接纳软禁刘备的计谋，为了使他心服于自己，反而对刘备更亲近。198年，曹操东征吕布，吕布固守城池，曹军疲乏，曹操有意退兵，但郭嘉与荀攸都认为吕布必败，建议用水计强攻，果然攻克吕布。不久，刘备借口攻打袁术而离开曹操的势力中心，程昱、郭嘉曾再劝阻曹操：“放走刘备，会生变数！”但当时刘备已走，而且果然夺了下邳，对抗曹操，曹操大叹不应放走刘备，便决定在与袁绍开战前，先东征刘备，众将领都担心袁绍会南下，但曹操不认同，郭嘉亦认为先东征较为务实。最后曹军大破刘备，解决了东边的问题。

---

① 罗贯中.三国演义[M].北京：中华书局，2005.

郭嘉之“算尽袁家”

官渡之战前，曹操担心势力不及袁绍，郭嘉与荀彧便分析出曹袁间的十胜十败，令曹操信心大增。开战后，两军于官渡对峙，江东之主孙策有意北上，攻击曹操根据地许都，曹营众人皆感恐惧，但郭嘉研判孙策喜欢轻骑单出，必为刺客所害。果然，孙策在一次狩猎中被仇敌许贡的食客所杀。

200年，曹操大败袁绍。不久袁绍死去，曹操出兵讨伐袁绍儿子袁谭、袁熙、袁尚，节节胜利，众人都认为应该乘胜追击，唯独郭嘉认为应退兵，令其自相残杀，曹操从计，南击刘备。袁谭、袁尚果因争夺冀州而开战。可是袁谭为袁尚所败，出走平原，并派遣辛毗向曹操求降。曹操便进攻邺城，将袁尚赶向北走。不久曹军又击败袁谭，平定冀州。郭嘉被封为洧阳亭侯。

曹操继续北上，讨伐袁尚及外族乌桓，曹营中都怕荆州的刘表会派刘备偷击许都，但郭嘉又认为刘表与刘备实是不和，所以应尽快解决北方事宜，更建言要兵贵神速，宜留辎重，轻骑兼程，出其不意，果然大破敌军，斩杀蹋顿，一路追杀袁尚。袁熙、袁尚前去投奔辽东太守公孙康，公孙康将他们杀死，表示归附曹操，曹操成功统一北方。

郭嘉之“惜哉奉孝”

当曹操自柳城北还时，郭嘉得了重病，曹操非常担心，不断前去探望。可惜，回天乏术，郭嘉死时三十八岁。曹操到其丧礼时，大感哀痛，对荀攸等说：“各位年纪都是我的一辈，唯独奉孝最年少。当天下定了后，想嘱托他后事，但他中年夭折，真是天命呀！”谥郭嘉为贞侯，其子郭奕继嗣。208年，曹操于赤壁之战大败，大叹：“郭奉孝在，不使孤至此。”而后也经常怀念起他，曾言：“哀哉奉孝！痛哉奉孝！惜哉奉孝！”

262年，因功而受到曹奂于曹操庙庭祭祀的礼遇①。

郭嘉来之前，曹操是战战兢兢，步履维艰；

郭嘉来之后，曹操一帆风顺，一路凯歌；

郭嘉死之后，曹操一塌糊涂，屡战屡败。

① 罗贯中.三国演义[M].北京：中华书局，2005.

（六）放录音

放录音再一次感受读的魅力。

（七）结语

有人说《短歌行》具有一箭三雕的作用。

其一，作为军事家的曹操深谙兵法。中国兵法认为，国无智谋之士不强，君无智谋之士不立，事无智谋之士不成，兵无智谋之士不胜。

其二，作为政治家的曹操具有博大的胸襟，远大的抱负。他海纳百川，有容乃大，周公吐哺，天下归心。

其三，作为文学家的曹操才华横溢，诗书满腹，慷慨悲凉，一代风骨。

（八）板书设计

短歌行
★曹操——政治家、军事家、文学家
★忧——人生短暂、求贤若渴、天下归心
★思未来之才—礼已到之才—念远来之才—劝犹疑之才

（九）附《短歌行》诵读学案

1. 诵读解析（▲表示重读；/表示停顿）

短歌行

曹　操

对酒/当歌，人生/几何！譬如/朝露，去日/苦多。
慨当/以慷，忧思/难忘。何以/解忧？唯有/杜康。
青青/子衿，悠悠/我心。但为/君故，沉吟/至今。
呦呦/鹿鸣，食野/之苹。我有/嘉宾，鼓瑟/吹笙。
明明/如月，何时/可掇？忧从/中来，不可/断绝。
越陌/度阡，枉用/相存。契阔/谈讌，心念/旧恩。
月明/星稀，乌鹊/南飞。绕树/三匝，何枝/可依？
山不/厌高，海不/厌深。周公/吐哺，天下/归心。

提示：诵读要把握基调，读清轻重，控制语速，渗透情感。

2. 按照下面的提示背诵、默写全诗

对……人……；譬……去……；慨……忧……；何……唯……。

青……悠……；但……沉……；呦……食……；我……鼓……。

明……何……；忧……不……；越……枉……；契……心……。
月……乌……；绕……何……；山……海……；周……天……。

3. 对比阅读

从“忧”的角度，比较阅读下面四首诗歌的思想内容。

古诗十九首　其十五

生年不满百，常怀千岁忧。
昼短苦夜长，何不秉烛游？
为乐当及时，何能待来兹？
愚者爱惜费，但为后世嗤。
仙人王子乔，难可与等期。

长歌行

青青园中葵，朝露待日晞。
阳春布德泽，万物生光辉。
常恐秋节至，焜黄华叶衰。
百川东到海，何时复西归。
少壮不努力，老大徒伤悲。

观沧海

曹　操

东临碣石，以观沧海。
水何澹澹，山岛竦峙。
树木丛生，百草丰茂。
秋风萧瑟，洪波涌起。
日月之行，若出其中；
星汉灿烂，若出其里。
幸甚至哉，歌以咏志。

龟虽寿

曹　操

神龟虽寿，犹有竟时；
腾蛇乘雾，终为土灰。

老骥伏枥，志在千里。
烈士暮年，壮心不已。
盈缩之期，不但在天。
养怡之福，可得永年。
幸甚至哉，歌以咏志。

4. 走近名著

读《三国演义》，写出曹操求贤若渴的三个故事。

第四节　散文语言的美学追求

阅读是搜集处理信息、认识世界、发展思维、获得审美体验的重要途径。文本阅读教学是教师、学生与文本之间对话的过程。《高中语文课标》指出，阅读是学生的个性化行为，教师应该引导学生钻研文本，在主动积极的思维和情感活动中，加深理解和体验，有所感悟和思考，受到情感熏陶，获得思想启迪，享受审美乐趣。要珍视学生独特的感受、体验和理解。

编入语文版高中语文必修五第二单元的《汉家寨》，是作家张承志的散文。本单元标题为“对存在进行深思”，截取的是捷克小说家米兰·昆德拉所写的《小说的艺术》一书中所说的话。昆德拉称小说家为“存在的勘探者”，他把小说的使命确定为“通过想象出的人物对存在进行深思”，“揭示存在的不为人知的方面”[①]。借用“对存在进行反思”做单元标题，很明确地告诉我们：在阅读理性散文作品时，理解作品的思想内涵，探索作品的丰富意蕴，加深对社会、人生的认识；了解理性散文的基本特点和主要表现手法；品味语言，体会精彩语句的表现力。

张承志在我国当代文学中是一位颇有争议的作家。他一贯奉行“为人民”的宗旨，真诚地相信世界上最美好的东西存在于生活的底层。他不屑做生活的简单的反映者，也不渴望自己的散文获得很多的读者。但他那充满震撼力的凌厉的文字传达出一种精神的力量。他希望自己的散文所展示的不是一种新的技巧，而是一种新鲜的发自内心的生命冲动，是自己精神的旅程和心灵图景。可以说，“回归心灵”是张承志散文的主要特点和美学追求。基于这一点教学考量，本节选用多种方法，从不同角度对《汉家寨》进行阅读，这样能更好地引导学生走进作家的心灵世界，由此获得思想启迪，享受审美乐趣。

---

① 米兰·昆德拉.小说的艺术[M].董强，译.上海：上海译文出版社，2004.

一、文本语言引读法

赞可夫曾说过："艺术作品首先要激发儿童的思想感情，其余的工作都应当是这些思想感情的自然结果。"[①]文本引读，也可以说是导课，就是要求在上课起始时，教师能创设某种具体生动的情境，唤起学生的情感体验，引起他们激动的情绪。它是学生内心美丑善恶的道德评价的情感呼吁。

> **文本引读：（投影）**
>
> **庄周濮水**
>
> 庄子钓于濮（pú）水，楚王使大夫二人往先焉，曰："愿以境内累（lèi）矣！"
>
> 庄子持竿不顾，曰："吾闻楚有神龟，死已三千岁矣，王巾笥（sì）而藏之庙堂之上。此龟者，宁其死为留骨而贵乎？宁其生而曳尾于涂中乎？"
>
> 二大夫曰："宁生而曳尾涂（tú）中。"庄子曰："往矣！吾将曳尾于涂中。"
>
> ——《庄子·秋水》

本课借用《庄周濮水》这则记载在《庄子·秋水》篇中的故事做文本引读。这是由超凡绝俗的大智慧中生长出来的清洁的精神，又由这种清洁的精神滋养出拒绝诱惑的惊人内力，与作家张承志何其相似。庄子宁愿在污泥中曳尾，因为曳尾污泥，那是在与大自然肌肤相亲。由《人间世》到《养生主》，到《齐物论》，再到《逍遥游》，庄子以自己特有的方式，与现实抗争，宁愿在清风明月之中，独守一方净土；以独有的豁达去穿越生死大限，只为一个单纯的愿望——漠视权位，轻狂人生，笑对人世[②]。

这与张承志的美学追求——"回归心灵"完全契合，在此基础上可以唤起学生们相同的情感体验和内心美丑恶的道德评价。

---

① 赞可夫.教学论与生活[M].俞翔辉，杜殿坤，译.北京：教育科学出版社，2001.

② 庄子.在我们无路可走的时候[EB/OL].[2021-07-25].https://baike.baidu.com/item/庄子：在我们无路可走的时候/10571652？fr=aladdin.

二、文本语言摘读法

“兵家读之为兵，道家读之为道，治天下国家者读之为政，无往不可。”（清·薛雪《一瓢诗话》）“阅读是学生的个性化行为，不应以教师的分析来代替学生的阅读实践。”①文本摘读，可以说是直接摘取文本关键性的语句加以品读，这样开门见山，直入主题。

文本摘读：（投影）

1.“从宋至今，汉家寨至少已经坚守着生存了一千多年了。”（27段）

2.“千年以来，人为着让生命存活曾忍受了多少辛苦，像我这样的人是无法揣测的。我只是隐隐感到了人的坚守，感到了那坚守如这风景一般苍凉广阔。”（31段）

3.“我强忍住心中的激动，继续着我的长旅。从那一日我永别了汉家寨。也是从那一日起，无论我走到哪里，都在不知不觉之间，坚守着什么。”（33段）

《汉家寨》选自张承志的文集《清洁的精神》。这篇散文所传达的“坚守”的主题相当深刻，在当时足以振聋发聩，惊世警人。在这篇散文中有三句话直接点明“坚守”这个主题。

通过对这篇文章摘读句子的细致阅读，不难发现“坚守”绝不仅仅局限于汉家寨于不毛之地中坚守着生存，更指的是一个人，乃至一个民族对“信仰、精神、传统”的执着的守候。更深地讲，作者从汉家寨的存在，从汉家寨人千年来的生存状态的描写，进行民族文化的深层反思：那就是，坚守精神与汉家寨、与汉民族天衣无缝的契合，与民族精神的水乳交融。通过有选择的摘读，学生可以把握文本的主旨，对这样的关键性语句进行个性化的阅读。

三、文本语言研读法

《高中语文课标》要求“教师应创造性地理解和使用教材”，而文本研

① 中华人民共和国教育部.普通高中语文课程标准（2017年版2020年修订）[M].北京：人民教育出版社，2020.

读，正是教师架起课标与教学内容之间的桥梁。教材是承载课程标准理念的主要载体，是主要的教学资源，也是教与学的主要凭借。教师应该以怎样的视角透视文本并做出相应的教学处理呢？

文本研读①

1. 走近汉家寨，环境怎样？我的感觉呢？
2. 走进汉家寨，环境怎样？我的感觉呢？

在《汉家寨》文本研读——坚守之境中我设计了“文本研读①”中的两个问题，清晰与明朗。通过学生的讨论回答，师生共同得出：作者从渐行渐近汉家寨到零距离接触汉家寨，一路走来，满眼看到的是大地从繁盛到荒僻，写的是荒凉的景，抒的是寂寥的情；再到渐行渐远地离开汉家寨，却再也无法忘记汉家寨。作者通过对一路行来所见到的自然景观的客观描述，创造了一种奇异的视觉效果，向读者传达了一种苍凉、广袤、寂寞无边、慷慨悲凉的情绪。永别了汉家寨悲凉严峻的风景，却深味了汉家寨人坚守的精神。

文本研读②

人物	走进汉家寨			离开汉家寨
我	我想了想，指着一道戈壁问道：——它通向哪里？	我又指着另一道：——这条路呢？	犹豫了一下，我费劲地指向最后一条戈壁滩。	我回首。
老汉	老人摇摇头。	微微摇了一下头。	突然钻进了泥屋。	那无言的老人再也没有出现。
小女孩	不眨眼地盯着我。	还是那么盯住我不眨眼。	一动不动，她一直凝视着我。	我看见了那堆泥屋的黄褐中，有一个小巧的红艳身影，是那小女孩的破红棉袄。

在《汉家寨》文本研读——坚守之人中我设计了这样一张表格（见文本研读②），通过学生填表研读，师生共同总结出：在汉家寨这样荒芜死寂的环境出现这样怪异的人物——两个木讷而近乎静态的人物形象（老人、小女孩），小姑娘的"破红棉袄"和"黑亮"的眼睛，都是独特的象征形象。小女孩虽然稚嫩，但终究给了这块土地生生不息的繁衍的希望。汉家寨人坚守生存的理想、信念和行为给现代文明中的人强烈的震撼和鼓舞。作者用红色给文章深沉悲凉的氛围营造一点亮色，使全文的格调慷慨悲壮但不至于伤感。小女孩不仅是汉家寨在如此恶劣自然环境坚守生命存活，对生命尊重的证明，还是汉家寨未来生命延续的希望。

四、文本语言思读法

子曰："博学之，审问之，慎思之，明辨之，笃行之。"（《礼记·中庸》）"慎思"正居于整个阅读过程的中心位置。可见，"阅读反思"是"阅读期待"与"阅读批判"的中介，是联系"接受性阅读"与"创造性阅读"的桥梁，是从"入书"到"出书"的必由之路。文本思读就应该是感悟深化和升华。

> **文本思读：（投影）**
> 1. 我们从他们身上看到了什么？
> 2. 他们坚决守卫的是什么？

在《汉家寨》文本思读——坚守之意中我提出了"文本思读：（投影）"中的两个问题。通过学生小组讨论，师生共同得出：第一点，汉家寨是他们的家，是他们的根，不管它是贫瘠还是富饶、美丽还是丑陋，都不忍舍弃。所以他们有一种守护家园的责任感。第二点，他们已经适应了这里的生活，哪怕这里的土地是那么的贫瘠，这里的生活是那么的困难、与世隔绝，他们也安于现在的生活，不会过于奢求。第三点，因为他们有坚强的意志，所以能守住这片家园。第四点，他们要让他们的文化、他们特有的文明传承下去。

这两个看似简单而朴实的问题，却涉及文本多层面的内涵。师生通过共同的文本思读，理解了坚守的含义，也就理解了汉家寨。

五、文本语言拓读法

扩大阅读教学的“生存空间”。这是《高中语文课标》中提出的阅读理念。高效利用语文课堂内外的时间，在日常教学中不断确认阅读教学延伸拓展的内容。文本拓读也就成了语文教师开阔学生的视野，丰富学生的知识，提高学生的阅读能力的另一种方法。

（一）相关链接拓读——横向拓读

在《汉家寨》文本拓读中，我这样安排相关链接的拓读。

链接的材料是王安忆、王蒙、蔡翔对张承志作品特点的概括。因为他们同是这个时代的作家，都了解作者，理解了这一点，可以帮助学生了解张承志散文的风格，从而更好地鉴赏课文。

相关链接拓读①

如何表达心灵是张承志将终其一生的大问题。他写过的所有东西其实都为一件事，那就是表达心灵。他曾经为心灵找到许多替代物，比如草原上的黑骏马、蒙古额齐、北方河流、金牧场、疲惫的摇滚歌手等。张承志所找到的心灵的替代几乎全部带有悲怆的表情，承受无边的孤独。“孤旅”是他常用的词，它使这些替代全都带有漂泊天涯的形迹。

——王安忆

我们可以看到一个执着的精神追求者，一个精神领域的苦行僧、跋涉者，一个严肃到了特立独行、与俗鲜谐地步的作家。

——王蒙

与其说，张承志为我们提供了一种深刻的思想，不如说，他为我们提供了一种立场，一种姿态，一种饱满的激情，一种对神圣职责的捍卫，一种正义和良知的自我呈现，一种与庸俗现状永不妥协的战斗品格。

——蔡翔

（二）迁移文本的拓读——对比阅读

“操千曲而后晓声，观千剑而后识器。”比较，是人们认识、鉴别事物的一种有效方法。在《汉家寨》迁移文本拓读——对比阅读中，我选用周国平先生的散文《坚守精神的家园》。

迁移文本拓读：（投影）

坚守精神的家园

周国平

现代世界是商品世界，我们不能脱离这个世界求个人的生存和发展，这是一个事实。但是，这不是全部事实。我们同时还生活在历史和宇宙中，生活在自己唯一的一次生命过程中。所以，对于我们的行为，我们不能只用交换价值来衡量，而应有更加开阔久远的参照系。在投入现代潮流的同时，我们要有所坚守，坚守那些永恒的人生价值。一个不能投入的人是一个落伍者，一个无所坚守的人是一个随波逐流者。前者令人同情，后者令人鄙视。也许有人两者兼顾，成为一个高瞻远瞩的弄潮儿，那当然就是令人钦佩的了。

“人是要有一点精神的。”——在一切“最高指示”中，至少这一句的确不会过时。

在如今崇拜金钱的氛围中，我又想起了这句话，并且给它加上新的注解：人不该只求物质奢华，把自己的灵魂淹没在花花绿绿的商品海洋里。

世事无常，潮流变迁。相同的是，凡潮流都可能（当然不是必定）会淹没人的那一颗脆弱的灵魂。因此，愿我们投入任何潮流时都永远保持这一种清醒：“人是要有一点精神的。”

天下滔滔，象牙塔一座接一座倾塌了。我平静地望着它们的残骸随波漂走，庆幸许多被囚的普通灵魂获得了解放。

可是，当我发现还有若干象牙塔依然零星地竖立着时，禁不住向它们深深鞠躬了。我心想，坚守在其中的不知是一些怎样奇特的灵魂呢。

休说精神永存，我知道万有皆逝，精神也不能幸免。然而，即使岁月的洪水终将荡尽地球上一切生命的痕迹，罗丹的雕塑仍非徒劳；即使徒劳，罗丹仍要雕塑。那么，一种不怕徒劳仍要闪光的精神岂不超越了时间的判决，因而也超越了死亡？

所以，我仍然要说：万有皆逝，唯有精神永存。

世纪已临近黄昏，路上的流浪儿多了。我听见他们在焦灼地发问：物质的世纪，何处是精神的家园？

我笑答：既然世上还有如许关注着精神命运的心灵，精神何尝无家可归？

世上本无家，渴望与渴望相遇，便有了家。

人类精神始终在追求某种永恒的价值，这种追求已经形成为一种持久的精神事业和传统。当我也以自己的追求加入这一事业和传统时，我渐渐明白，这一事业和传统超越于一切优秀个人的生死而世代延续，它本身就具有一种永恒的价值，甚至是人世间唯一可能和真实的永恒。

人生境界的三项指标：生活情趣，文化品位，精神视野。

通过这种对比阅读，学生可以有意识地将触觉从课内延伸至课外，在比较探究质疑中形成自己的观点，从而达到拓宽阅读面，提高语文阅读能力、欣赏能力、思辨能力。

无论是文本的引读法、摘读法、研读法，还是文本的思读法、拓读法，这种多元方法产生于对文本的阅读，教师与学生共同参与使文本变得活跃起来。这种变化犹如物质和色彩——文本恰如无色的本色世界，多种阅读恰如阳光，当无色的文本遇到阅读的阳光之时，立刻就变得丰富多彩起来。就如狄金森的《篱笆那边》，在独在状态下，诗中的“草莓”只是“草莓”，一旦投入阅读中，具体的读者必然会将它的隐喻和象征转化为某些“实在”。正如鲁迅先生关于读书曾说过这样一段话：“必须如蜜蜂一样，采过许多花，这才能酿出蜜来，倘若叮在一处，所得就非常有限，枯燥了。”这句话点中了语文教学的关键——不同方法解读文本，这是语文教师解读文本的真正内蕴所在。

第二章 阅色·阅美，这是一处美的交融

★阅色·阅美：体味新时代的阅读新样态，领略审美情感。

★本章重点：解读新样态文本中学生的阅读体验。

★融合文本：整本书阅读，大单元阅读，群文阅读，项目阅读。

★融合生本：阅美感知，阅美陶醉，阅美共鸣，阅美情感。

美国女诗人艾米莉·狄金森说："没有一艘非凡的战舰，能像一册书，把我们带到浩瀚的天地。"阅读的美丽在于灵魂的自由感，书中有远方的人和事，有不曾看过的风景，有石破天惊的思想，也有润物无声的抚慰。阅读能使人突破个体的局限与社会束缚，去接近自由。阅读是审美与鉴赏的一项重要活动，能带给人最丰富最真实的人生体验。

《高中语文课标》中多次指出"体验"，如 18 个学习任务群中的整本书阅读与研讨、当代文化的参与、跨媒介阅读与交流、思辨性阅读与表达等。网络、新媒体的发展一定程度上改变了人们的阅读习惯。在这种情况下，文学的社会功能就会有所转化。在当今社会问题凸显价值多元的环境下，文学也恰是当今多元价值的承载者。因此阅读教学应积极探索信息化背景下教与学方式的转变：整本书阅读、主题阅读、单元阅读、群文阅读、项目阅读……在不同形态的阅读教学中，拓展学生的认知世界，培养他们的鉴赏与思辨能力，丰富他们的阅读体验。

第一节　整本书阅读

"整本书阅读"并非新生事物，而是旧话重提。1923 年，叶圣陶、胡适负责起草制定的《新学制课程标准纲要》中就有"略读整部的名著"设想。1931 年夏丏尊先生提出"整册的书的阅读"。这大概是我国语文教育史上最早提出整本书阅读的教学概念。1941 年，叶圣陶先生也明确提出要"读整本的书"。老一辈语文教育家还对"读整本书"教学进行了一系列思考与探索，这些思考中包含"整册的书"的阅读范围、阅读方法及阅读意义、培养目标、选择标准、指导原则等重要内容。

《高中语文课标》用"学习任务群"的形式重构了高中语文课程的内容系统。"整本书阅读"位列 18 个任务群之首，第一次以正式课程的形态进入语文课程内容体系①。

吴欣歆在《培养真正的阅读者》中指出：整本书阅读面涵盖文学、科学、

① 中华人民共和国教育部.普通高中语文课程标准(2017 年版 2020 年修订)[M].北京：人民教育出版社，2020.

历史三大领域，其中文学经典是整本书阅读的核心内容领域，是学生思想发育的重要平台[①]。我们常说阅读本身通向伟大的思想，同样重要的是，它也连接我们自己的世界，关于行走、想象、发现、情感和美。整本书的阅读是一种真正的互动，同时它也能充实我们的生命。

此外整本书阅读可以提供相对的文化场域，浸润在整本书提供的文化场域中，学生可以吸纳更为丰富的文化信息，获得更全面的文化印象，对特定文化场域形成完整的认识。其次，可以推动认识过程的逐渐完善。随着整本书阅读内容的展开，学生能够体验自身认识发展变化的过程，这种体验有助于反思性知识的形成与丰富。整本书阅读容量大，时间跨度长，因此需要促进阅读策略的综合运用。整本书阅读活动涉及的能力要素在阅读过程中同时发挥，是发展学生综合能力的良好载体。

随着数字化时代的到来，信息呈几何级数增长，无论是学生阅读的场所、时间、介质、体量还是兴趣，都发生了变化，这就要求语文阅读要赶快转型，整本书阅读也不例外，必须跟上时代发展的步伐。数字化时代，单一的媒介已经无法满足社会的多种需求，各类媒介已打破原有各自封闭的状态。每个人都可以成为信息的撰写者与发布者，同时也可以成为信息的发现者、接受者、评价者。学生语文生活与信息技术的关系越来越紧密，数字化背景下“语文”的内涵与外延都发生了变化，经典名著的阅读视野更加广阔，整本书阅读也将激发出新的生命力。因此，我们要从发展学生主体精神，培养学生良好的学科素养、传媒素养，精心指导经典阅读，加强数字化与整本书阅读教学的融合。

数字化时代如何设计整本书阅读视野？

——《红楼梦》整本书阅读实践活动

《高中语文课标》为高中语文必修“名著导读”内容选了 10 部中外名著，每册安排 2 部。导读内容包括“背景介绍”、“作品导读”和“思考与探究”3 个栏目，希望能激发学生的阅读兴趣，帮助学生养成良好的阅读习惯，提高思考能力与欣赏水平。《红楼梦》“整本书阅读与研讨”安排在部编高中语文必修下册第七单元。如何引导高中学生来阅读这样一部文化含量丰厚的经典名著，如何在数字化背景下设计经典名著整本书阅读视野？这

① 吴欣歆.培养真正的阅读者[M].上海：上海教育出版社，2019.

是一个非常值得探讨的问题。

一、红楼有约——“跨”媒介融合《红楼梦》相关信息

在数字化背景下，理解跨媒介，重点在“跨”。“跨”意味着融合，在互联网以及各种信息辅助工具广泛应用背景下，语言文字、音频、视频、阅读与表达、单向信息传递与多向观点互动，在很多信息场景中已经融合在一起①。

红楼有约，给学生推荐各种媒介。除传统媒介如报纸、杂志、广播、电视等，还推荐计算机网络、手机及各类移动终端等诸多新媒介所共同构成的大众媒介。布置学生利用暑期时间跨媒介阅读经典名著《红楼梦》。

红楼有约，给学生设计阅读主题。让学生有针对性地阅读名著，并让学生做好读书笔记。《红楼梦》阅读主题如：

第一周主题：《红楼梦》中林黛玉和贾宝玉的爱情里谁付出得更多？
第二周主题：在《红楼梦》里王熙凤到底是好人还是坏人？
第三周主题：贾府由盛及衰，谁之过？
第四周主题：大观园中谁的形象最令你动容？

这样，学生在暑期时间，通过纸媒、视听、数字及互联网等媒介，渐渐走近贾宝玉、林黛玉、薛宝钗三人之间的爱情悲剧，慢慢揭开金陵十二钗神秘的面纱，逐步进入这部伟大作品的艺术世界。

二、红楼笔谈——“跨”媒介撰写《红楼梦》相关文本

在数字化背景下，因为跨媒介，使得表达形式更加多样化、个性化。书面表达的工具多样化，多媒体表达、书面表达与口头表达交织、文字表达与多媒体表达交织的混合文本和超链接文本，都是跨媒介时代的产物②。

---

① 王宁，巢宗祺.普通高中语文课程标准解读 2017 年版[M].北京：高等教育出版社，2018.

② 张萍.数字化背景下关于经典名著主题阅读视野的设计[J].课堂内外：教师版，2019(7)：42-45.

红楼笔谈，可以给学生多介质的现场作文写作方式。可以书面写作，可以多媒体写作，可以文字与多媒体的混合文本或超链接文本呈现等。红楼笔谈，还可以给学生确定主题的写作。如确定写作主题一：任选一个红楼人物，我想对你说……写作主题二：任选一个角度，谈谈对《红楼梦》的认知。我所知道的《红楼梦》等。红楼笔谈还可以给学生时间与字数要求。如字数1000字左右，时间90分钟不等。

从红楼笔谈活动中，我们可以读到学生写作的文本。从这些风格迥异的文章中可以看到当代学生在阅读经典名著中独特的视角。正如程琳同学《致一只失翼的凡鸟》、纪鸿瑜同学《曹雪芹，我想对你说》、林瀚《花气袭人知昼暖》、袁黄黄《只叹太匆匆》、蔡心怡《"平"最是真》、王炜煜《为有暗香来》等，本次活动中共有36位学生脱颖而出，活动作品合集以《红楼梦》金陵十二钗封册，增添文学趣味性。其中许熙凌同学的文章《三笔一人生》，文笔流畅，一气呵成，有自己独特的理解与钟爱，是"红楼笔谈"中的佳作。另一方面，从获奖学生的拟题上看，绝大部分学生文章的题目都具有"红楼"色彩，很深情、很细腻、很文学。

三、红楼漫谈——"跨"媒介梳理《红楼梦》相关专题

在数字化背景下，通过跨媒介，建设跨媒介学习共同体，并将其作为支持语文学习的手段。在网络时代，不管是获取语言知识、培养语言能力，还是把自己的信息输送出去，都离不开跨媒介的环境，离不开信息技术和信息产品①。因此语文学习也增添了一些新时代的特点：例如纸媒、视听、数字及互联网媒介的特征；媒介信息存储、呈现与传递的特点；利用不同媒介获取信息、处理信息、应用信息；不同类型的媒介对表达主题、传递信息、促进交往所产生的影响；运用多种媒介展开有效的表达、交流和对话等。

红楼漫谈，可以听名家说红楼。关于《红楼梦》的解读，从视听的角度也是名家云集，流派各异。如《百家讲坛》上的《刘心武揭秘〈红楼梦〉》、《周汝昌揭秘〈红楼梦〉》、《周汝昌新解〈红楼梦〉》；喜马拉雅FM在线听书电台《蒋勋细说〈红楼梦〉》等。

红楼漫谈，可以看各家演红楼。无论电影还是电视，经典总是永流传

① 张萍.数字化背景下关于经典名著主题阅读视野的设计[J].课堂内外：教师版，2019(7)：42-45.

的。1962 年上映的越剧电影《红楼梦》，由上海海燕电影制片厂和香港今声影业公司联合出品。“天上掉下个林妹妹”，这个唱词几乎全中国的人都很熟悉。一部戏，便贯穿了一个戏种的历史；一部戏，就几乎容纳一个戏种的全部精妙①。

1989 版电影《红楼梦》，由北京电影制片厂出品，由谢铁骊导演。该电影不仅是中国有史以来最长的电影，而且如此空前绝后的演员阵容堪称影视史上的绝唱。电影表现手法细腻，熔现实、虚幻于一炉，见典雅、豪放于一色，称得上是改编之作的巨制②。

1987 年央视版《红楼梦》由中央电视台和中国电视剧制作中心出品。由王扶林先生导演，周汝昌、王蒙、周岭、曹禺、沈从文等多位红学家参与制作。该剧播出后，得到了大众的一致好评，重播千余次，被誉为“中国电视史上的绝妙篇章”和“不可逾越的经典”③。

红楼漫谈，可以开设各专题红楼讲座。教师可以借助媒介进行讲解，与学生实时交流，促进不同主体间交互与分享。如讲座专题有：“现代视角下的贾宝玉”“两种生命存在的方式——林黛玉与薛宝钗”“曹雪芹与红楼梦”“红楼梦前五回的妙处”“红楼梦人物关系解读”“金陵十二钗与判词的解读”“红楼食谱探秘”等。

四、红楼雅谈——“跨”媒介审视《红楼梦》相关内涵

“跨媒介学习与交流”强调的是在跨媒介传播背景下，引导学生对跨媒介传播时语言文字的不同表现形式进行体认及辨析，然后根据所表达内容需要，进行跨媒介表达与交流④。下面就以课题组“情溯群芳，才参红楼——红楼讲堂之十二钗雅谈《红楼梦》活动”为案例来“跨”媒介审视《红楼梦》的相关内涵。

---

① 红楼梦[EB/OL].[2022-04-07]. https://baike.baidu.com/item/%E7%BA%A2%E6%A5%BC%E6%A2%A6/10578472? fr=aladdin.

② 红楼梦：1989 年电影[EB/OL].[2022-04-07]. https://baike.baidu.com/item/%E7%BA%A2%E6%A5%BC%E6%A2%A6/10578552? fr=aladdin.

③ 红楼梦：1987 年电视剧[EB/OL].[2022-04-07]. https://baike.baidu.com/item/%E7%BA%A2%E6%A5%BC%E6%A2%A6/10578542? fr=aladdin.

④ 张萍.数字化背景下关于经典名著主题阅读视野的设计[J].课堂内外：教师版，2019(7):42-45.

“红楼雅谈”第一阶段：“跨”媒介审读学生的演讲稿。学生以抽签的形式，抽取“金陵十二钗”中的一个人物，准备演讲稿。学生可以借助微博、电子邮件、微信与教师交流；师生可以运用各类文字处理工具（如 WPS、Word 等），虽然看似非“跨”媒介，但他们运用工作协同功能，将目标、任务相同的人联结在一起，亦能达到传统纸质媒介所无法比拟的高效率。

“红楼雅谈”第二阶段：“跨”媒介审听学生的演讲视频。学生可以把演讲的视频、录音发给相关的老师。教师要在学生感兴趣的媒介应用领域，创设应用场景，引导学生在实践中了解自己，并归纳分析、形成学习成果。

“红楼雅谈”第三阶段：“跨”媒介审评学生演讲活动。在审读和审听之后，举行“情溯群芳，才参红楼——红楼讲堂之十二钗雅谈《红楼梦》”演讲活动。本次活动参加对象为全体高一学生。整个活动流程有：红楼有约——回顾《红楼梦》主题阅读活动的历程；红楼雅谈——学生现场答题及演讲；红楼评话——嘉宾评委点评及颁奖。

活动皆以《红楼梦》中的花名、人名为奖项的名称，如艳冠群芳——牡丹，瑶池仙品——芙蓉，联春绕瑞——桃杏等，这样的奖项名称增加了活动的趣味性，让学生印象深刻。一方面契合《红楼梦》主题阅读内容，另一方面也能让学生获得审美的愉悦感。

五、《红楼梦》整本书阅读实践与案例的启示

启示一：阅读视野的拓展——跨介融合

在互联网以及各种信息辅助工具广泛应用背景下，语言文字、音频、视频、阅读与表达、单向信息传递与多向观点互动，在很多信息场景中已经融合在一起[①]。

在“跨媒介传播”的背景下，引导学生去应对语言文字传播与交际所呈现的新现象、新问题。特别在经典名著的阅读上，融合各介质的资源，学习者可以汲取大数据背景下鲜活有力的语言、文化资源，参与到自身语言素养的养成中去，为学习者拓宽了视野，丰富了经典名著阅读的多维角度。

启示二：阅读习惯的转变——循序渐进

主题阅读是新课程教材建构的思路。可以围绕课程标准从不同出版

① 张萍.数字化背景下关于经典名著主题阅读视野的设计[J].课堂内外：教师版，2019(7)：42-45.

社的教材，以主题单元的形式重组文本。一方面，我们通过一定数量的具有内在关联的文本材料，促使学生在围绕主题的不断阅读对话和探讨中获得整体的阅读经验和情感体验[①]。另一方面，也可以以一本书为主要阅读文本，设置相关的阅读主题，让学生在不同的阅读主题中走进文本，发现文本内在的关联。正如在《红楼梦》主题阅读中，教师设计相关的阅读主题，在阅读实践中坚持以"读"为主线，让学生充分地读，在读中整体感知《红楼梦》的内容。在读中有所感悟，在读中培养语感，珍视学生独特的感受、体验和理解。主题阅读教学的新思路：这种阅读策略从文本、从影视、从网络等不同介质多维角度出发，显得较为厚实，且更具饱满的力度。这样学生的阅读将从"浅阅读"向"深阅读"转化。

启示三：审美体验的别样——融会贯通

主题阅读的新定位：探究阅读教学的本义，是教师、学生、文本之间情感交流、心灵沟通的过程，是学生体会揣摩、交流研讨、总结提高的阅读实践过程[②]。《红楼梦》主题阅读实践：从"红楼有约""红楼笔谈""红楼漫谈""红楼雅谈"四个层面，循序渐进，听说读写融会贯通，注重学生的阅读体验和情感共鸣，因而学生在"红楼笔谈"中佳作不断，在"红楼雅谈"中妙语连珠。因此，语文主题阅读教学在文本内容理解的层面上，要在阅读实践中让学生进行主动积极的思维和情感活动，加深理解和体验，获得感悟和思考，受到情感熏陶，得到思想的启迪，享受审美的乐趣[③]。这种主题阅读一方面建构学生独特的理解，促进生命成长，另一方面也实现了语文素养的全面提升。从学生阅读经典名著中，我们倾听到语文的声音。

附："红楼笔谈""红楼雅谈"活动获奖作品

三笔一人生——评《红楼梦》之薛宝钗

厦门外国语学校石狮分校　高二(1)许熙凌

若将薛宝钗的世界比作画卷，宝钗本人就是一个参与度不高的画家。

---

① 窦桂梅.影响孩子一生的主题阅读[M].南京：江苏文艺出版社，2016.

② 褚树荣，毛刚飞.跨界之美：跨媒介阅读与交流[M].上海：上海教育出版社，2018.

③ 张萍.数字化背景下关于经典名著主题阅读视野的设计[J].课堂内外：教师版，2019(7)：42-45.

看过了大观园的繁华，怀必死之心以微笑度日。没有别的路径供她选择，于是只三笔便画完一生。然画卷开笔前，她走在宝黛二人之前，画到最后，她却没两人体验深刻。

起笔：雪洞无晴

四十回，太君游园。探春开朗，黛玉灵巧，而宝钗居于雪洞之中。在戏园里，她迎着贾母点热闹戏文、甜饮点心，单她的屋子不为众人前来而可以修饰。贾母皱眉，嫌她没有人间气，她不辩一句，入世中给自己留一自保之寸。

华林生雾，遍体生凉。感受到这凉意的，贾母一个，宝玉一个，黛玉一个，探春一个，宝钗一个。贾母闭眼听筵间喧闹；宝玉以为凉意来自流水落花处；黛玉担心自己落瑛何处；探春以为一番革新可变天地。宝钗立于水中，感受这寒意如冷香丸一般寸寸侵肤、认知世界。至于自己会不会死在水里，不重要；叫醒别人逃出去，也不重要。

她于这世间隔了一层水，一直视自己为外人。湘云怨道："可恨宝姐姐，妹妹天天说亲说热……如今却弃了咱们，自己赏月去了。"

无情吗？相反。

若宝钗见尼采抱住驴子哭，应该只会笑。太容易理解他人的处境和需求，一旦移情，难免伤己。枯形寄空木，诸子为粪壤，碧江平不动，春花满正开。对自己的命运都看淡，何况他人。

如"热毒"与"冷香丸"衬比之意，彻底无情的不可能动人。一朵牡丹，最美的不是僵立，而是在风里微微摇动却端立自矜之时。明知自己心底有情而克制，表面波澜不惊，却在垂眉敛目时漏出些微荡漾。那种丰富的层次，才是端方动人之处。无情，无非只是姿态罢了。

运笔：宝遇差待

看熟西厢，都知世故。宝玉是那个年纪的好男孩子，有点皮，黏人，宝钗却没动过心。难动，也不敢。

山中高士晶莹雪，世外仙姝寂寞林。男子之心，只字可窥。黛玉是女人，至情至性。宝钗隔了性别，便通透冰凉。

宝钗知道宝玉并不爱她，外人心急，她却不惊慌，因为没有期待，即便贾府衰落，她也不意外。飘雪的日子，远处争吵哭闹声此起彼伏，小厮慌慌张张跑入门。在开口吩咐下人前，她抬头看了一眼，天色青灰，雪花翻卷如旧春里的日子。

而宝钗二人，人们一直热衷于对比。黛玉残雨听荷直对生死的激烈。宝钗对人间事视如粪土的冷静，皆属万物有灵、同出一源。月夜联诗，若是钗黛二人就不会轰轰烈烈。宝钗知诗闸一开，不知会泄出什么情绪来。她不会开那个闸。

钗黛灵性之不同源于家庭环境。黛玉门庭高贵，爱她的父母逝后寄人篱下，从小与宝玉相伴；宝钗有一个有心无力的母亲，一个草包哥哥，家族生意下滑，亲朋关系离散，下人欺瞒。她若介意，最终也只有说："这个地方住不得了。"

因此她看黛玉，就像看以前的自己，也唯有她才能理解黛玉的笑话。正如十五之前是黛玉，十五之后颦颦之姿隐去，脸上多了一分笑意，周身却绕了一层冷意。

落笔：画里画外

黛玉困于情死于情，王熙凤困于贪死于贪，宝玉苦于痴。妙玉局限于傲，终究高洁受辱；探春的能力终究无力救助她在乎的人。袭人囿于忠，晴雯死于枉。

每个人的价值观与性格，是什么让他们成为他们，他们就困于什么死于什么。较近为易经生耗病死，较远是太极鱼图的世界；上至《红楼梦》，下至《金瓶梅》，讲的依然。

宝钗的局限性在于冷，结局应当是冷眼见着一切离去，终于免不了心痛。她一直当自己是观众，命运又让她在这个方向走得更远从而让她痛苦——活着，还在这里，看着一切衰败。

我们能看到宝黛的成长，是因为他们在精神上高度共鸣。宝钗自始至终都在旁观，作为一个旁观者看到了她所能看到的一切，缺乏热度，亦止步于此。

数字时代如何打造整本书阅读共同体？

——《论语》新说唱阅读实践活动

据报道：以"帮助3亿国人养成阅读习惯"为使命的樊登读书会，在2019年"双十一"前夕发起了"万人读《论语》"活动，并刷新了一项吉尼斯世界纪录——一个阅读活动中收到的最多宣誓。2019年11月8日，吉尼斯世界纪录认证官杨绍鹏亲临樊登读书会，现场公布并颁发了这一殊荣，并向樊登读书赠送了《中国骄傲》一书，对此次樊登读书会发起的活动初心与挑战过程表示高度肯定与认同。活动开启当天就吸引了数万用户前来签下共读《论语》挑战吉尼斯世界纪录称号的承诺书，开启一场横跨2000多年的交谈。联合微博读书同步发起的"一起读书"活动也得到了大家的积极响应，最终阅读数量突破1.3亿，讨论数突破10.3万。万人共读《论语》，微博"一起读书"活动借助"樊登读书会""微博读书"等自媒体平台，都在告诉我们，数字时代下经典名著"阅读共同体"已经走进生活，走向成熟。

新一轮课程改革中，"整本书阅读"成为热点学习任务群。而中华传统文化经典作品阅读和文言阅读经验的积累与梳理，是培养汉语语感、汉语表达能力和民族审美趣味的根基，是形成学生对祖国文化的理解和认同感的重要途径。它强调学生应当在文化特质形成和发展的图景中，吸收更为丰富的文化信息，获得更为全面的文化印象，对特定文化场域形成完整的认识。古人云："半部论语治天下。"这次"万人共读《论语》活动"的领读者之一莫言谈道："可见《论语》这本书在国人心目中的地位。将《论语》与当代现实结合，将会焕发新的生机。""万人共读《论语》活动"致力于让更多的人关注《论语》这部国学经典，将古贤人智慧运用到日常生活中来，以挑战世界纪录的形式唤起大家对《论语》的思考，传承中国文化的精髓。如何在新时代传承经典"旧学问"，如何指导学生阅读经典，任重而道远。下面就以"《论语》新说唱阅读活动"来谈谈数字时代如何打造经典名著整本书阅读共同体的话题。

一、第一阶段：跨媒介，助力《论语》之听

在数字化背景下，"语文"的内涵与外延都在发生变化，需要引起我们的正视。《高中语文课标》强调："语言文字的运用，包括生活、工作和学习中的听说读写活动以及文学活动，存在于人类社会的各个领域。"与此同时，"数字原住民"一代正在校园里成长。基于这样的时代背景，教师可以借力央视"百家讲坛"、国内知名的音频分享平台喜马拉雅等媒介，每天让学生听读、跟读国学经典《论语》一至两则，以培养学生阅听的能力。

此阶段为学生确定阅读目标：了解《论语》在我国思想文化的重要地位；感受《论语》的内容、语言。

《论语》作为我国古代一部典范的语录体著作，其语言很值得后人深入探讨、学习与借鉴。清朝赵翼解释说："语者，圣人之语言，论者，诸儒之讨

论也。"圣人之语言，诸儒之讨论，那些"语言"，那些"讨论"所承载的呼吸、情感与灵魂，才与我们有着真正深入骨髓的关系。在那里，我们可以寻获一个民族乃至这一民族中每一个个体的生命密码。此外，《论语》在篇章结构上，在章节上给读者一种节奏美感。《论语》主要是语录体式的"略无华饰，取足达意而已"的小短文，可以说是一首"孔子心曲"。20 篇 512 章，篇幅都很简短，读之很有规律性。

"语言是人类文化成长的关键"，"语言是文化现象流传广远和长久的工具"，并且，"语言是文化的代码，每一种语言都有它的文化背景。"[①]所以，在指导学生阅读国学经典《论语》中应把听读、跟读作为第一阶段的阅读目标。

二、第二阶段：跨媒介，助力《论语》之说

在数字化时代，语文阅读教学的情境创设反映在可视化、多样化的资源呈现引发学生的情感共鸣。例如，音频、视频、文本、图片、网页链接、二维码等形成的一体化资源，增加了学生的学习兴趣，丰富了教学的内容与形式，补充了教学资源，也拉进了学生与所学内容之间的距离，建构出开放的问题解决环境。

在当前的线上网课、云空间上，教师可以借力钉钉家校本等媒介，让每个学生每天朗读、自读并翻译一至二则，记录学习《论语》的收获。《论语》语言能给人一种音乐美感。《论语》美在节奏音韵，读之琅琅上口；美在整齐句式，诵之津津有味；美在叠句重语，令人寻绎不尽。

例一：

①《论语》中四、三(44.33.33)言结合运用，整齐畅达、节奏分明。

如：知者乐水，仁者乐山。知者动，仁者静。知者乐，仁者寿。(《雍也第六》)

②《论语》中四、三、二(44.2232.3332)言结合运用为主，交错有致、语言简洁流畅。

如：益者三友，损者三友。友直，友谅，友多闻，益矣。友便辟，友善柔，

① 游汝杰.中国文化语言学引论[M].北京：高等教育出版社，1993：4.

友便佞，损矣。(《季氏第十六》)①

《论语》作为我国古代一部语录体著作，各章短小质朴，句式的表达上丰富多样，长短、整散结合，不拘一格，极大地提高了语言的魅力，也有助于学生的朗读、译读的记忆。

例二：

①视其所以，观其所由，察其所安。人焉廋哉？人焉廋哉？(《为政第二》)

②噫，天丧予！天丧予！(《先进第十一》)

③凤兮！凤兮！何德之衰(《微子第十八》)

《论语》颇有《诗经》中重章叠句之余风。《论语》中“叠词”的使用，不但有状貌作用，而且还使句子音韵和谐，读来琅琅上口。它常常用于表现人物的一种回环往复的强烈感情，给人以“百转千回”“绕梁三日”的感受。这样的《论语》可以让学生在朗读、译读中产生强烈的艺术魅力。

此阶段为学生确立阅读目标：能够借助拼音、借助句式、借助修辞正确朗读《论语》；能过借助注释，准确翻译《论语》。教师引导学生阅读经典，不仅要引领学生读完整本书，而且要引导他们养成阅读的习惯，让学生在阅读过程中找到能够陪伴自己终身的书，常读常新。在不同的年龄获得不同的滋养②。中国古代经典，尤其像《论语》这样经典中的经典，真正有价值的东西是蕴藏于其中永恒的东西——中国人理想的伦理观念③。在数字化时代，语文阅读教学的情境创设是帮助教师将学生的“阅读”行为转化成为“做事”行为，并在“做事”行为的过程中去选择合适的阅读策略，以此来深入文本。例如，教师可利用钉钉家校本布置《论语》每天的朗读、译读的阅读任务，组织《论语》相关的阅读资源学习或将阅读活动前置，有效地组织《论语》阅读的学习。根据家校本上学生反馈的学习情况，教师可以聚焦典型的问题，返回课堂与学生交流研讨，将教学重点放在深度学习上。

---

① 浅析《论语》语言音乐美[EB/OL].[2022-04-03].https://www.doc88.com/p-9082656583381.html.

② 吴欣歆.培养真正的阅读者[M].上海：上海教育出版社，2019.

③ 刘华.究竟应当用什么去“迷”学生[J].中学语文教学，2003(8)：23-24.

三、第三阶段：跨媒介，助力《论语》之读

“当代世界也许是平庸和愚蠢的，但它永远是一个脉络，我们必须置身其中，才能够顾后或瞻前。阅读经典作品，你更容易确定自己是从哪一个‘位置’阅读的，否则无论是读者或文本都会容易漂进无始无终的迷雾里。因此，我们可以说，从阅读经典中获得最大利益的人，往往是那种善于交替阅读经典和大量标准化的当代材料的人。”①

阅读经典是我们的必然姿态。正是基于这样的一种阅读理念，教师可以借力纸媒，为学生“选书”。首先可以提供《论语》相关信息，引起学生关注，向学生推荐优质的版本。比如可以向学生推荐中华书局新版《论语译注》(杨伯峻译注，简体字本)。杨伯峻先生在精研《论语》的基础上，对《论语》二十篇进行了精确细致的注释和翻译。每章分为原文、注释、译文三部分，注释精准，译文流畅明白，不但给专业研究者提供了若干研究线索，更便于普通读者来阅读。其次可以向学生推荐南怀瑾先生代表作《论语别裁》，成一家之言，弥合人类的苦难与沧桑，从另一个高度来解读《论语》，走近孔子。当然，也可以根据学情来做调整。

除此之外，还可以推荐与《论语》相关的阅读书目，如：《左传》《史记》《战国策》等。学生通过对比阅读、联结阅读，选择儒家思想的典范人物，讨论分析《论语》对他们的影响。教师也可以从《论语》中选择合适的篇目，为学生设置相关的研讨主题。

对比、联结阅读案例一：

案例：《论语·学而》原文：

1.10 子禽问于子贡曰：夫子至于是邦也，必闻其政，求之与？抑与之与？子贡曰：夫子温、良、恭、俭、让以得之。夫子之求之也，其诸异乎人之求之与！

设计联读问题：

“夫子强调温、良、恭、俭、让，这也是儒家提倡的待人接物的标准，你

---

① 张萍.数字化背景下关于经典名著主题阅读视野的设计[J].课堂内外：教师版，2019(7)：42-45.

是怎样体会的？现实生活中碰上不如意的事，你怎样用你的温度包容它化解它？你如何用你的温度，去真正用心地爱生活，友爱地对待身边的每一个人？如何做一个有温度的人？恭敬心，是想起才会有，还是时刻保持的呢？怎样做到自发的减少各种物欲，从而享受内心充实、生活勤俭所带来那种发自内心的喜悦？生活中会有很多时候，是我们要礼让或是退一步的，而此时，内在的想法与外在的行为是不是一致的呢？我们是否真的做到了谦逊？”

对比、联结阅读案例二：

案例：《论语·学而》原文：

1.11 子曰：父在，观其志。父没观其行。三年无改于父之道，可谓孝矣。

设计联读问题：

“父在观其志，父没观其行。三年无改于父之道，可谓孝矣。”父母健在时，我们如何对待他们对我们的期待和要求？是否真的去遵循他们的意愿？对于祖辈留下的良好家风，我们真的用心传递与发扬了吗？我们用实际行为给孩子做好榜样了吗？将祖辈留下的良好家风传递发扬，仅仅是三年的事吗？该如何做到终身将良好的家风往下传递？

此阶段为学生确立的阅读的目标：理解《论语》在我国传统文化中的地位和价值；理解《论语》在我国文人精神形成的意义和价值。通过比读、联读以培养学生阅读能力。阅读《论语》，可以让我们接近智慧的圣人们，修习静定之功。可以学习先哲如何忙而不乱，如何痛而不言，如何安之若素，如何荣辱不惊。阅读《论语》能够帮助学生站稳中国文化的脚跟。《论语》彰显的是以人为中心的儒家伦理范式，用日常的经验和理性的语言。阅读《论语》形成的精神烙印能够让学生面对不同的文化思想，有思考、有辨别，从而做出理智的判断和理性的选择。

四、第四阶段：跨媒介，助力《论语》之写

在数字化背景下，语文阅读教学已经打破教室的空间界限，走向了线

上线下一体化的教学实施。教师的职能已经由一个知识传授者和引导者转变为学生学习活动的设计者、支持者、管理者、评价者。

2020年春天，受疫情影响，线上教学、空中课堂如火如荼开展，这正处在学习约束弱化的时期，媒介对于共读、促读的作用主要体现在能扩大“阅读共同体”的场效应，以群体压力替代纪律约束，促使学习继续进行。可以借力QQ群，建立班级共读群，开设微信公众号“同读一本书”活动，以及开展简书“共读《论语》”活动等，在班内实行小组管理制；利用问卷星，在学生群发布读《论语》的细则，确保每组每人知晓具体的操作办法；利用问卷星，在家长微信群发布督促邀请，动员落实力量；学生自建相册并归属于小组，原则上每天上传阅读和背诵进展。对于中学生来讲，整本《论语》阅读有难度，更需要利用应用软件建立“阅读共同体”扩大“场效应”。在居家学习期间，应用软件对于共读整本书的作用还体现在能持续监控和督促“小目标”的完成。整本《论语》可拆分，整块时间能切分，“小目标”就可“打卡”完成。教师监督并管理学生学习的进程，对学生的阅读感悟、小论文，利用微信公众号予以评点。学生在简书文集评论区提交自己阅读《论语》的小论文，组长统计作品与评论数量。

此阶段阅读的目标为：形成阅读共同体，推动阅读共行。加强阅读交往，扩大阅读场效应。通过共读、促读，可以培养学生阅写能力。这样，学生就有可能认真对待阅读，上传优质读书成果，形成良性互动的循环，把阅读和写作联结起来。因此，社交软件是满足阅读者被关注的有效媒介，是“阅读共同体”动力链快速建立的重要基础。这些交互可以解决阅读疑惑，也可交流阅读偏好，还可打磨阅读成果……不一而足。这样就能把阅读引向深入，使阅读变成“悦读”。

五、第五阶段：跨界阅读，悦享《论语》之魅力

习近平在十八届中央政治局第十二次集体学习时的讲话中上指出：“中华文化是我们提高国家文化软实力最深厚的源泉，是我们提高国家文化软实力的重要途径。”中华优秀传统文化中蕴含着解决当代人类面临的难题和重要启示。参天之树，必有其根；怀山之水，必有其源。为弘扬传统文化，品味名著经典，我校高一语文备课组举办了“与圣贤为友　和经典同行——‘《论语》新说唱’主题阅读活动”。

此次活动是继“《论语》之听”“《论语》之说”“《论语》之读”“《论语》之

写”主题阅读之后的又一次的经典分享活动。活动以班级为单位，采用朗诵、情景剧、小品、舞蹈等多种艺术形式，这是一次跨界阅读的新尝试，对《论语》做了全新的演绎，有助于学生立体品评人物，加深对经典的理解，有助于客观地、多角度地评价《论语》的文化内核。

表 2-1　“与圣贤为友　和经典同行——‘《论语》新说唱’整本书阅读活动”节目单

章次	节目名称	演出形式	表演班级	表演者	人数
1. 天地人之道	欲居九夷 天地为声	多语种朗读	高一(2)	林乙鑫、陈力行、江健等	10
2. 心灵之道	孔子弟子 大 PK	情景剧	高一(5)	高景儒、许真利、高銮崟等	20
3. 君子之道	高山流水 君子之风	配乐朗读	高一(1) 高一(3)	石凌、李菁菁、章婧等	6
4. 人生之道	以苦作乐 学在囧游	小品朗读	高一(4)	邱怡彤、温流煜、卢振宇等	17
5. 为学之道	杏坛泽畔 玉汝于成	情景剧	高一(7)	吴嘉雯、刘树文、周嘉鑫等	8
6. 理想之道	乘桴游海 弦歌鼓琴	情景剧	高一(8)	李佳乐、张赐华、郭熙雯等	7
7. 处世之道	譬如北辰 众星拱之	朗诵＋舞蹈	高一(6)	刘轩彤、蔡霖霖、蔡筱曦等	10

此次“与圣贤为友　和经典同行——‘《论语》新说唱’整本书阅读活动”，我们以于丹《论语》心得中的七个主题：“天地人之道”“心灵之道”“君子之道”“人生之道”“为学之道”“理想之道”“处世之道”给学生命题演出。演出形式各班级自行申报。学生申报的表演形式有多语种（英语、日语）朗读、情景剧、小品、配乐朗诵、舞蹈等。在表演中，各班级按照事先的抽签顺序依次上台表演，时而手挥筝弦、轻拢慢捻，时而衣袂飘飘、抑扬顿挫；更有插科打诨、引人发笑；观众席不停鼓掌，舞台上气氛热烈。

品悟先贤哲思，弘扬传统文化，运用不同的表演艺术形式，跨界阅读，悦享《论语》智慧，这样就能丰盈语文“教”“学”的思想。《论语》不论是从文字，还是从蕴含的道理上，对学生们来说，理解和感悟都有一定难度，《论语》新说唱活动，让经典走向学生，走向生活。在这样的阅读表演过程中来品读《论语》，细读《论语》，才能更好地领悟两千多年前孔子的智慧。

在数字化时代，无论借力媒介的《论语》之听、《论语》之说，《论语》之读、《论语》之写，还是《论语》新说唱活动，都是笔者在指导学生阅读经典中尝试使用的阅读策略，以求为学生提供真实的帮助。这不仅仅是语文教师的事，所有的学科教师都应担负起阅读指导的责任，让阅读活动成为校园生活的重要组成部分，在日常的阅读活动中融入阅读策略的应用，共同努力帮助学生尽早养成良好的阅读习惯。潘光旦说："教育的唯一目的是在教人得到位育，'位'的注解是安其所，'育'的注解是遂其生，安所遂生，是一切生命的大欲。"①文化的传承，是语文教育的核心价值之一。因此，选读体现传统文化思想精华的代表作品，加强理性思考，促进对中华文化核心思想理念和中华人文精神的认识和理解，这是体会中华文化创造性转化和创新性发展的趋势②。

---

① 汤润千.管蠡集[M].石家庄:河北人民出版社,2007:386-402.

② 中华人民共和国教育部.普通高中语文课程标准(2017 年版 2020 年修订)[M].北京:人民教育出版社,2020:27.

第二节 大单元阅读

《高中语文课标》明确了学科目标从知识点的了解、理解与记忆，转变为学科核心素养的关键能力、必备品格与价值观念的培育，这要求教师必须提升教学设计的站位，即从关注单一的知识点、课时转变到大单元设计。大单元设计能够改变学科知识点的碎片化教学，实现教学设计与素养目标的有效对接。指向学科核心素养的大单元设计是学科教育落实立德树人、发展素质教育、深化课程改革的必然要求，也是学科核心素养落地的关键路径。

崔允漷教授认为："大单元设计"与原来的教材内容单元有所不同，"最大的差异在于划分单元的依据不只是内容，而是立足学科核心素养，整合目标、任务、情境与内容的教学单位。或者说，一个单元就是一个指向素养的、相对独立的、体现完整教学过程的课程细胞。"①统编教材体现了课程整合的理念，创新了单元内部组织方式，使语文学习更接近真实的语文时间生活。以学习任务为核心，强调真实情境下的语文活动，追求结构化的任务设计。这在一定程度上体现了新课标强调教学整合，提倡专题教学，或者说就是大单元设计的理念。

王宁教授指出：大单元学习任务群是在真实情境下，确定相关的学习主题，设计多样的学习任务，这些任务涵盖学生生活、学习和日后工作需要的各种语言活动类型，提出的问题是学生所思所想、能思能答、应知应会的问题，所以是真实情境。真实的情境指向学生语文生活的真实需要②。

如何介入真实情境与任务？指向素养的学习必须是真实学习。此处的"真实"有三层意思：第一，把真实情境与任务背后的"真实世界"直接当作课程的组成部分，以实现课程与生活的关联。第二，只有学以致用、知行

---

① 崔允漷.如何开展指向学科核心素养的大单元设计[EB/OL].[2022-04-07].https://baijiahao.baidu.com/s? id=1628424331158178240&wfr=spider&for=pc.

② 语文学习任务群的"是"与"非"——北京师范大学王宁教授访谈[J].语文建设，2019(1):4-7.

合一的学习才是真实的学习，中小学生对于知识的意义的感受与理解往往是通过在真实情境中的应用来实现的。第三，评估学生是否习得核心素养的最好做法就是让学生“做事”，而“做事”必须要有真实的情境①。

《高中语文课标》倡导大单元、大情境、大任务教学。每个单元由单元导语、选文、学习提示和单元学习任务四个部分组成。单元导语交代本单元的人文主题、选文选收意图、单元核心任务及主要教学目标。选文分析主要根据学习任务群的要求和人文主题进行组合，突破文体限制，以单篇加多篇的方式组合成单元教学资源。学习提示包含每课简短的学习提示，设定学习情境，激发学习兴趣，提示学习要点和方法，更值得注意的是一课一提示。单元学习任务一般设计有 3～4 个学习活动，分别从课文内容、写法特点、单元写作等不同角度引领学生进行思考、探究和交流。

青春是一棵开花的树
“文学阅读与写作”任务群单元整体教学设计
——以部编版高中语文必修上册第一单元为例

部编版高中语文必修上册第一单元归属“文学阅读与写作”任务群，人文主题是“青春”。所选文本有诗歌《沁园春·长沙》《立在地球边上放号》《红烛》《峨日朵雪峰之侧》《致云雀》，小说《百合花》《哦，香雪》。部编版高中语文必修上册第一单元指向“文学阅读与写作”任务群，它由创作于不同时期的五首诗歌和两篇小说所构成，教材编写在一定程度上做了整合，五首诗歌分成两课，两篇小说整合在一课。七篇选文包含现、当代中外作者对青春的抒写。本单元所选诗歌、小说都是对青春的吟唱，体现了“青春价值”的人文主题。

本单元的学习，应紧密联系学生自己的生命体验于思考，学会解读诗歌的意象，体会诗歌的节奏于韵律；学会分析小说的人物、情节于主旨，重视自己的阅读体验，提出自己的独特看法并尝试用诗歌来抒写自己的青春。

① 崔允漷.如何开展指向学科核心素养的大单元设计[EB/OL].[2022-04-07].https://baijiahao.baidu.com/s? id=1628424331158178240&wfr=spider&for=pc.

一、大单元阅读构成

本单元由单元导语、选文、学习提示和单元学习任务四部分组成。

单元导语：交代本单元的人文主题、选文选收意图、单元核心任务及主要教学目标。两点值得关注：其一，导语交代这个单元的一个整合点就是“青春的价值”。因此我们在教学中要引导学生结合自己的体验，敞开心扉，追寻理想，拥抱未来。其二，导语对写作提出明确的要求，要理解诗歌运用意象抒发感情的手法，获得审美体验，尝试用诗歌抒写自己的青春。这一要求体现了统编教材强调的读写结合、读写统一的编写思想。

选文分析：主要根据学习任务群的要求和人文主题进行组合，突破文体限制，以单篇加多篇的方式组合成单元教学资源。

第一单元选文分析：粗略地分，本单元就是五首诗歌和两首小说；细分单元如下：

第一课：词——《沁园春·长沙》，本单元唯一单篇成课的教读篇目，抒发了伟大领袖毛泽东青年时期在民族危难之时所显现出来的担当精神。

第二课：诗——《立在地球边上放号》《红烛》，现代诗歌的教读篇目。《立在地球边上放号》是郭沫若诗集《女神》中的代表作，表达了五四时期蓬勃进取的精神；《红烛》是闻一多同名诗集的序诗，化用“蜡炬”这一古典意象，赋予时代新意，是融合了东西方文化的代表诗作；《峨日朵雪峰之侧》《致云雀》，当代诗歌的自读篇目；一首中国当代诗，一首外国诗，增强了单元学习内容的丰富性。

第三课：小说——《百合花》《哦，香雪》，一篇教读篇目，一篇自读篇目。两篇小说都具有“诗化小说”的特点。

学习提示：每课安排简短的学习提示，设定学习情境，激发学习兴趣，提示学习要点和方法，更值得注意的是一课一提示。

如《沁园春·长沙》的“学习提示”中可以得到以下信息：

简介课文内容：面对“万类霜天竞自由”的壮丽秋景，毛泽东填写了这首词，抒发昂扬向上的青春激情，表达雄视天下的凌云壮志。

提出学习重点：阅读时注意领略毛泽东以天下为己任的胸怀，品味其中意象的活泼灵动、意境的丰盈深邃。

提示阅读策略：要反复诵读，仔细揣摩，体会这首词炼字选词的精妙之处。

指导拓展阅读：老一辈无产阶级革命家的很多诗词都能引发我们对青春的思考，可以课外阅读毛泽东《水调歌头·游泳》、周恩来《赤光的宣言》、朱德《太行春感》、陈毅《赣南游击词》等，感受他们的情怀。

明确背诵要求：背诵课文。

单元学习任务：一般设计有3～4个学习活动，分别从课文内容、写法特点、单元写作等不同角度引领学生进行思考、探究和交流。

第一单元学习任务：安排的语文活动涵盖了新课标所提倡的“阅读与鉴赏、表达与交流、梳理与探究”等三个方面的语文实践活动。第一单元设计了四项任务：一是，与同学就“青春的价值”这一话题展开讨论；二是，围绕“意象”“语言”探讨欣赏诗歌的方法，揣摩作品的意蕴和情感，感受不同的风格；三是，联系特定背景理解小说的内涵，欣赏小说的细节描写；最后，写一首属于自己青春的诗；举办一场诗会；编辑一本诗集。

二、大单元阅读设计

一般来说，一个单元大体为7～9课时，在设计任务时都具有操作性，设计结构是大小整合并举，第一、第二任务是研习诗歌，第三任务是研习小说，第四任务是七篇大整合。

（一）学习任务一：品赏文本青春的诗意（2课时）

1. 以诵读为起始，梳理要点（见学习任务清单一）

从作者、意象、意境、意蕴、青春的价值五个方面进行梳理，重构第一单元五首诗歌，让学生在梳理诗作中，对诗歌有初步的整体感知。完成学习任务清单，同样需要有以下的体验：

（1）用一个词语概括诗中与众不同的“青春的价值”，并陈述理由。

（2）选择打动你的意象，并说说这些意象为什么会打动你，请结合具体语句加以说明。

（3）选择最能点燃你青春激情的一首诗作，在小组或班级进行诵读，展示“青春的力量”。

表 2-2 学习任务清单一

篇名	作者	意象	意境	意蕴	价值
《沁园春·长沙》				昂扬	
《立在地球边上放号》					
《红烛》		红烛			
《峨日朵雪峰之侧》					坚毅
《致云雀》			奇特瑰丽		

2. 以诗歌为底本，鉴赏分析

(1)品一品语言

选择你喜欢的诗句，想想和常规的表达有何不同，从字词、句式、表现手法、风格特点等角度说说你喜欢“这一句”的原因。

(2)读一读情感

怎样才能读出“这一首”的情感？请为诗歌画一张情感变化曲线图，感受诗歌内在韵律的起伏跌宕，体会其感情的变化走势。

(3)仿一仿诗意

这一活动环节的设置，目的是引导学生自主研读诗歌，思考写好诗歌的关键要素，并自觉地建构阅读诗歌的知识。

例一：《沁园春·长沙》——品一品语言　读一读情感

(1)上阙：写天地间的物我

万类的自由(物)——自我的自由(我)透

词人自我表象(外)——词人内心(内)问

(2)下阙：写历史中的他我

历史中的他者(除旧)——历史中的自我(立新)携

历史中的自我(怀旧)——现实中的自我(图新)想

例二：《立在地球边上放号》——品一品意象　仿一仿诗意

(1)“号”怎么读？

(2)“我”是“谁”？

(3)力的绘画，力的舞蹈，力的音乐，力的诗歌，力的律吕。(意象分析)

例三：《红烛》——品一品意象　析一析文化

(1)“红烛”意象分析。

(2)“红烛”意象背后的古典文化含义。

(二)学习任务二：探究作家青春的诗心(2课时)

1. 编写背景介绍——探究毛泽东诗词的“王者气象”

阅读相关的文献资料，探究不同版本的背景介绍，为《沁园春·长沙》重新编写一份“背景介绍”。

材料一：《教师教学用书》(部编版高中语文必修一)。

材料二：罗斯·特里尔《毛泽东传》。

材料三：陈晋《独领风骚：毛泽东心路解读》。

2. 对比品鉴——探究现代诗歌的意象与意蕴

(1)同一诗人不同时期的诗歌比较

毛泽东：《忆秦娥·娄山关》《沁园春·雪》《七律·长征》。

郭沫若：《凤凰涅槃》《天上的街市》《天狗》。

闻一多：《七子之歌》《死水》《一句话》。

(2)同一时期不同作家的诗歌比较

周恩来的《赤光的宣言》、朱德的《太行春感》、陈毅的《赣南游击词》。

3. 策划“青春是一棵开花的树”诗评会——吟咏青春诗情

这一任务情境的设计，是为了让学生突破当下的时空背景，去了解作者的相关人生经历与创作背景，去“理解作者的创作意图”。这样可以拉近学生与作家作品之间的距离。通过同一诗人不同时期的诗歌比较和同一时期不同作家的诗歌比较，既完成了“由点到面”，扩大学生阅读知识面，也为其课后的自主学习提供更多方法与启示。

(三)学习任务三：再现小说青春的诗性(3课时)

1. 入诗境：梳理“他/她”的青春故事

梳理：叙事角度、叙事人物、叙事场景、叙事情节、叙事主题(见学习任务清单二)

表 2-3　学习任务清单二

文章	叙事角度	叙事人物	叙事场景	叙事情节	叙事情感	叙事主题
《百合花》	我(有限视角)		路上 ……	护送 ……		
《哦,香雪》		香雪				

2. 赏诗意:选取"他/她"的片段

《百合花》:两忆"故乡"、三写"百合花"、四提"破洞"。

《哦,香雪》:"窗"、"铅笔盒"和"两条铁轨"意象选择。

这是小说的精读部分,既有整体的梳理感知,又有精细化的鉴赏,抓住文中精彩的片段详细分析。

例一:《百合花》(节选)

(1)两忆故乡

小说中两次提到了故乡,请你动情地读一读相关段落。如果中间要加一声叹息——"哎",你会加在哪里?并说出理由。

①我朝他宽宽的两肩望了一下,立即在我眼前出现了一片绿雾似的竹海,海中间,一条窄窄的石级山道,盘旋而上。一个肩膀宽宽的小伙儿,肩上垫了一块老蓝布,扛了几枝青竹,竹梢长长的拖在他后面,刮打得石级哗哗作响……(哎)这是我多么熟悉的故乡生活啊!(第十一段)

②啊,中秋节,在我的故乡,现在一定又是家家门前放一张竹茶几,上面供一副香烛,几碟瓜果月饼。孩子们急切地盼那炷香快些焚尽,好早些分摊给月亮娘娘享用过的东西,他们在茶几旁边跳着唱着:"月亮堂堂,敲锣买糖,……"或是唱着:"月亮嬷嬷,照你照我,……"(哎)我想到这里,又想起我那个小同乡,那个拖毛竹的小伙,也许,几年以前,他还唱过这些歌吧!……(第四十五段)

一声"哎"将家人团圆的人性诉求与枪炮隆隆的残酷现实形成强烈对比,将我们身边的美好逐一剥离,一声叹息,一种无奈。

（2）三写“百合花”

①这原来是一条里外全新的新花被子，被面是假洋缎的，枣红底，上面撒满白色百合花。……刚才那位年轻媳妇，是刚过门三天的新娘子，这条被子就是她唯一的嫁妆。（第三十二段）

说明：这里外全新的唯一的嫁妆，象征着对美好婚姻和幸福生活的向往。

②我看见她把自己那条白百合花的新被，铺在外面屋檐下的一块门板上。（第四十二段）

说明：将唯一的嫁妆“百合花”被，献给为了保家卫国而受伤的包扎所伤员，一床被子联系了军民情谊。

③在月光下，我看见她眼里晶莹发亮，我也看见那条枣红底色上撒满白色百合花的被子，这象征纯洁与感情的花，盖上了这位平常的、拖毛竹的青年人的脸。（第五十七段）

说明：“百合花”象征着新媳妇对通讯员纯洁的感情，是歉意，是痛惜，也是致敬。

三处“百合花”传达的都是人与人之间的爱。在战争背景下，家园人事尽被摧毁，唯一不能摧毁的是人与人之间纯洁美好的情感。

（3）四提“破洞”

①不想他一步还没有走出去，就听见“嘶”的一声，衣服挂住了门钩，在肩膀处，挂下一片布来，口子撕得不小。（第三十三段）

说明：写出了羞涩腼腆的小通讯员向新媳妇借被子时，慌慌张张地转身，被门钩挂破衣服的窘态。

②他已走远了，但还见他肩上撕挂下来的布片，在风里一飘一飘。我真后悔没给他缝上再走。现在，至少他要裸露一晚上的肩膀了。（第四十

一段）

说明：让他回团部走远时看到的破洞，写出了“我”因没有及时缝上破洞而感到后悔，也有对“小同乡”的关切与记挂。

③他安详地合着眼，军装的肩头上，露着那个大洞，一片布还挂在那里。（第五十一段）

说明：写小通讯员死后的那个大洞，除了后悔没给他缝上，还流露出万分无奈、悲痛的心情。

④她低着头，正一针一针地在缝他衣肩上那个破洞……新媳妇却像什么也没看见，什么也没听到，依然拿着针，细细地、密密地缝着那个破洞。（第五十四段）

说明：新媳妇“一针一针地”缝上破洞，是对“小通讯员”的歉疚和弥补，是对可敬可爱的“同志弟”永远不再复生的痛惜，也是对“战士”的崇敬和献礼。

（4）相关问题设置：

①小说中“我”除了是叙述者、见证者，还有别的角色吗？

②小说中有爱情吗？如果有，根据是什么？如果没有，如何反驳有不同意见的同学？

③新媳妇对通讯员的感情，我和通讯员的感情，是战友情、姐弟情还是爱情？各抒己见，完成小说多元解读。以“百合花之我见”写一篇鉴赏文章。

④课外收集花语，如百合花——高雅纯洁，梅花——凌风傲雪……如果用花形容人物，“我”“通讯员”“小媳妇”分别对应什么花？用六行新诗来写。

（5）链接高考：

2017年北京高考微作文：从《红楼梦》中林黛玉、薛宝钗、史湘云、香菱中选择一人，用一种花比喻，并简要陈述理由。

例二：

哦，香雪！（节选）

铁　凝

如果不是有人发明了火车，如果不是有人把铁轨铺进深山，你怎么也不会发现台儿沟这个小村。它和它的十几户乡亲，一心一意掩藏在大山那深深的皱褶里，从春到夏，从秋到冬，默默地接受着大山任意给予的温存和粗暴。

然而，两根纤细、闪亮的铁轨延伸过来了。它勇敢地盘旋在山腰，又悄悄地试探着前进，弯弯曲曲，曲曲弯弯，终于绕到台儿沟脚下，然后钻进幽暗的隧道，冲向又一道山梁，朝着神秘的远方奔去。

小说《哦，香雪》中最神秘的意象就是那两条铁轨，是通向外部世界的具体象征。这是一段单纯和明朗的诗意语言，铁凝用纤细、闪亮的字眼形容铁轨，而忽略了铁轨冰冷冷的钢铁的属性，表达了台儿沟这个小村中小姑娘对火车的惊奇感，也可以看成是一个女性作家纤细的心灵感受，最终化成小说中充满诗意的描述。火车带给香雪的是对外部神秘的大千世界的渴望，是对走出大山的幸福愿景的憧憬。这种憧憬也是对现代化的未来生活的憧憬。这是写于1982年6月的作品，那是改革开放的中国，整个民族都对现代化充满憧憬，当时国人憧憬的其实是实现现代化的2000年，就像憧憬天堂般的生活一样。这也是《哦，香雪》中所同样分享的历史乐观情绪。

但是，小说没有告诉我们，香雪真正有机会走到外面的世界会怎样，外面的世界很精彩还是很无奈？1982年的铁凝在小说中预见的或者说预言的，是一个美好的愿景。也许40年后，只有包含了这种“精彩”和“无奈”，才是现代人的生活体验。这就是小说本身的魅力所在。

（1）相关问题设置：

①小说标题中的“哦”怎样读比较好？能读出什么意味？

②以2022年为生活背景，选择香雪或凤娇其中一个人物，写一封信，写给40年前的自己，或写给40年后的对方。你会怎么选择？会提笔写些什么？（800字）

（2）链接高考：

2018年北京高考微作文：从《红楼梦》《平凡世界》《呐喊》中选择一个既

可悲又可叹人物，简述这个人物形象。

作家曹文轩曾说：好看的并且有意味的小说，不是一支离弦的箭，而是像一群有着好心情的鸟儿，它们在天空盘旋，跃升，俯冲……在留下无数撩人的无形曲线之后，才能消失在人们的视线中。好的小说，尽量伸展读者与故事结局的距离，使小说不再过分顺畅前行，于是有了摇摆，有了跌宕，有了曲折，造成阅读期待。同时也平添了这些枝叶，延长了审美的体验过程。因此鉴赏小说的角度也有很多，如：描写人物的方法，别具匠心的构思，独特的语言风格，摇曳多姿的叙述，虚实相生的处理等。

3. 悟诗情：诗化“他/她”的青春。

(1)请梳理、体会两篇或多篇诗化小说的异曲同工之妙(见学习任务清单三)。从人物、环境、时间、语言、主旨、标题等方面进行梳理。不单局限于课内文本《百合花》和《哦，香雪》，还拓展阅读《边城》《荷花淀》等课外文本进行比较，体会诗话小说的异同之处。

通过梳理学习可以探寻小说的诗意、可以探寻小说形象的诗意、可以归纳诗化小说的小说诗意表达再创作，从人物、环境、情节、主旨、语言和标题的角度分析这类小说的共同点。

表 2-4　学习任务清单三

篇名	人物	环境	情节	语言	标题	主旨	相似点
《百合花》	通讯员小媳妇			抒情			
《哦，香雪》					人名	憧憬幸福	
《边城》		群山环抱					
《荷花淀》	水生嫂			富有诗意			

(2)选择自己喜欢的一篇小说改为诗歌，体悟作品展现的“青春价值”。

此任务的设计，是为了打通不同体裁作品之间的阅读限制，将小说改写成诗，本质上是以原作为题材进行再创作，是重新剪裁、重新构思、个性体验的过程。

(四)学习任务四：展示“我们”青春的诗情(2 课时)

“展示‘我们’的诗情”环节，实际上是各个时代的“青春”展示会。学生通过小组交流、分享、推选优秀作品，写一段对诗歌作品的评论性推荐词，也可配上符合诗歌情境的朗诵音频，举办班级朗诵会，向各类刊物、公众号等投稿；学生在完成任务的过程中，实际上是置身于真实的语言情境中，成为学习实践的主体，其角色变化是：朗诵者、品鉴者、点评者、创作者，从“他人之青春”，到“我之青春”，让学生思考生命的价值，将阅读与写作有机结合在一起。部编教材把文学阅读与写作安排在同一个任务群中，是读写活动的高度融合，读和写是相互作用、相互促进的。

为此，在任务学习中安排了四次写作体验，即仿写、改写、朗诵、诗评等写作内容，跟着课文学写作，做到学以致用。

(1)以“百合花电影歌词”为例，仿写一首小诗。(仿写)

百合花，百合花，
绿丛中洁白无瑕。
静静山谷里，
深深把根扎。
啊—啊—啊—啊——
静静山谷里，
深深把根扎。

百合花，百合花，
盛开在原野山崖。
默默迎曙光，
甘把幽香洒。
啊——啊——
默默迎曙光，
甘把幽香洒。

(2)捕捉灵感，将小说改为诗歌或将诗歌改成小说，表现和创造自己心中的青春形象，展现自己对“青春价值”的思考，抒写“我们”的青春。(改写)

(3)选择一首以“青春”为主题的诗歌(可以自己创作)，举行一场诗歌朗诵会。

(4)策划“青春是一棵开花的树”的专栏，推荐最具时代气息的青春诗篇，一人一首代表作，并附上诗歌评论。(一般以短评为主，即聚焦于诗歌中的某一个感受最深的点，表达自己的看法。)

通过四次写作体验，对阅读成果进行梳理和进一步体会，反过来促进阅读，形成对文学的深入理解和认知。

相关问题设置：

①设计诗歌评价量化表。

②编辑《青春是一棵开花的树》。

链接高考：

2020 年北京高考微作文：题目一：请为新冠肺炎疫情防控期间的快递小哥写一首诗歌或一段抒情文字。

大单元阅读设计特点呈现梯度，以“赏诗→析诗→读诗→写诗→诵诗→评诗”为路径，融入青春的人文主题内容，以学生自主阅读、梳理、讨论、探究、写作、交流、分享为主要学习方式；以核心素养为纲的任务学习设计、取舍精妙的阅读与鉴赏、读写融合的创作体验、凸显梳理与探究的实践活动，为“青春”主题的多元评价提供多样化的学习支架。《高中语文课标》提出“评价过程即学生学习的过程”，“通过评价引导学生学会学习，自觉提升语文学科核心素养”。让学生参与评价的主要目的不是判断一个问题的对错，而是借此提升学生参与评价的习惯，培养学生语文学习的思维方式和审视意识。

第三节　群文阅读

群文阅读是群文阅读教学的简称，是近年来在我国悄然兴起的一种具有突破性的阅读教学实践。群文阅读是最接近常态的一种阅读。群文阅读大体上分为五个层级：第一个层级以教材为主，以“单元整组”阅读教学为代表；第二个层级突破了教材，增加课外阅读，以“一篇带多篇”为代表；第三个层级扩展到整本书的阅读，强调“整本书阅读”或者“一本带多本”的阅读；第四个层级围绕一个核心主题展开，以“主题阅读”为代表；第五个层级把课内和课外阅读打通，具体形式以“读书会”为代表。

群文阅读不仅关注学生的阅读数量和速度，而且更关注学生在多种多样文章阅读过程中的意义建构，对全面提高学生的语文素养具有十分重要的意义。教师作为群文阅读的组织者，可以让语文教学有效引入直奔主题、设计问题多元化、阅读策略相互渗透，在阅读中求同、比异、整合、判断。群文阅读也是语文学习任务群中的一种阅读样态，以学习项目为载体，整合学习情境、学习内容、学习方法和学习资源，引导学生在运用语言的过程中提升语文素养。以最需要鉴赏、涵泳的古代诗歌为例，高中选修阶段可以进行唐诗宋词的群文阅读学习，需要学生阅读唐诗宋词的经典篇目，加深对中国古典诗歌韵律和意境美的体会，能够从语言、构思、形象、意蕴、情感等多角度欣赏作品，获得审美体验，认识作品的美学价值；还需要学生不拘一格地写下自己的阅读感受，力求表达自己的阅读见解，丰富、提升自己的文学鉴赏和写作水平。

易安词中“愁”的三重门

就如冯骥才先生关于阅读的“横读竖读说”一般，群文阅读，是一种立体的阅读方式。它具备了深邃的思想以及对美的敏感体验，因而更需要阅读者投入情感和思想，只有这样阅读，心灵才能获得感应与启示。那么群文阅读如何整合教学资源并厘定目标？如何创设任务情境？如何完成教学任务后的思考？本节以易安词群文阅读为例，简意简析群文阅读的三个维度。

一、教学素养目标的厘定

梁衡先生在《觅渡》文中称李清照为“乱世中的美神”。李清照是因为那首著名的《声声慢》被人们记住。那是一种凄冷的美，特别那句“寻寻觅觅，冷冷清清，凄凄惨惨戚戚”，简直成了她个人的专有品牌，彪炳于文学史，空前绝后。于是，她被当作愁的化身。而对于她的解读，“又怎一个愁字了得”。因此在整合教学资源方面，应该选择李清照不同时期的诗歌来解读，比如《声声慢》《武陵春》《一剪梅》《如梦令》《醉花阴·薄雾浓》《减字木兰花》等。对于教学素养目标的厘定首先可以从诵读词人佳作，感受易安词的音韵之美；品味诗词细节，感悟易安词的愁思之重；分析诗词语言，鉴赏易安词的手法之妙等方面着手。其二鉴赏易安词的意境美。其三重点品析以《武陵春》《声声慢》为代表的审美愁思，培养学生审美情趣。

二、教学任务情境的创设

（一）创设“共鸣”情境——诵读

1. 诵读——“由求韵”婉约越千年

李清照在《词论》中论道：词是跟音乐紧密相关的音乐文学。主张“词，别是一家”。

（1）配乐享读，注意语气、语调、语速，特别标出押韵的韵母。

（2）拟请学生说出韵母。（教师点评）

（3）明确：头 ou　休 iu　流 iu　舟 ou　愁 ou——由求韵。

（4）PPT 链接（印证“由求韵”是易安词的一个特色）。

（宋）李清照《一剪梅》

红藕香残玉簟秋。iu

轻解罗裳，独上兰舟。ou

云中谁寄锦书来？

雁字回时,月满西楼。ou
花自飘零水自流。iu
一种相思,两处闲愁。ou
此情无计可消除,
才下眉头,却上心头。ou

(宋)李清照《如梦令》
昨夜雨疏风骤,ou
浓睡不消残酒。iu
试问卷帘人,却道海棠依旧。iu
知否,知否?ou
应是绿肥红瘦。ou

(宋)李清照《醉花阴·薄雾浓》
薄雾浓云愁永昼,ou 瑞脑消金兽。ou
佳节又重阳,玉枕纱厨,半夜凉初透。ou
东篱把酒黄昏后,ou 有暗香盈袖。iu
莫道不消魂,帘卷西风,人比黄花瘦。ou

(5)深情阅读《声声慢》《武陵春》《如梦令》《醉花阴·薄雾浓》,品味感悟"由求韵"。

由此得出:由求韵,字雅美,音委婉。易安词具有极强的音乐性。因此词须是韵律协和,情调雅致。于音韵中读出寂寞之愁。(板书)

补充:江阳韵——豪迈,
中东韵——壮阔,
衣期韵——低调,
灰堆韵——轻微。

【教学意图】

在教学中创设情境,实质上是对于语文本质观的理解。用诵读来创设"共鸣"的阅读情境,是阅读主体对作品的感知、了解和体验的第一层次。在用韵上我们可以看到李清照的"由求韵"非常多,这种韵非常委婉,富于音乐性，在诵读上会产生无限的美感。[①] 易安词的竖读，从婉约越千年"由求韵"入读，入口、入心，一方面可以丰富阅读主体的语言积累，增强语言的感悟能力。另一方面，穿越历史知人论世，提高审美体验与情趣。

(二)创设"真实"情境——品读

1. 品读意象——绿肥红瘦相伴此生

设计欣赏式话题：

从意象看，什么让李清照如此寂寞？——(花为媒)

全班讨论，拟请1～2名学生回答。(教师点评)

明确：

①以花定情，奠定基调

"风住尘香花已尽"，状写暮春时节落红遍地，碾作尘泥的残败景象，词人触景生情，难免有"流水落花春去也"的无奈惆怅，"小园香径独徘徊"的凄惨悲伤。而作者写这首词正是要表现她所经历的国破、家亡、夫死等不幸遭遇，及处境的悲惨、内心的悲痛。此处的花景又刚好与作者当时的生活片段和思想感情相吻合，于是在写花景中为全词准确地定下了"愁"的感情基调。

②以花喻人，一石双鸟

首句以花绘春，一方面恰到好处地写出了暮春时节"乱花"变成"落红"的破败景象；另一方面又以花喻人，形象地再现了李清照暮年的形象。写这首词时，她已经53岁了，无情的岁月将人面桃花的她摧残得面容枯槁，神情木然；不幸的身世将黄花才女侵蚀得人老珠黄，疲惫不堪。这朵曾经绽放在宋代文坛上的鲜花，就这样走过人生的四季，风韵不再，渐渐凋零，恰如这随风飘零化作春泥的花儿，想来也有几分神似。作者观花更怜花，怜花更怜人，应觉花如人生，人生如花，如此这般，岂不是一石双鸟吗？

> PPT链接：
> 链接李清照不同阶段的诗词六首
> ◎露浓花瘦，薄汗轻衣透。《点绛唇》

① 蒋勋.蒋勋说宋词[M].北京：中信出版社，2014：205.

> ◎试问卷帘人，却道海棠依旧。知否？知否？应是绿肥红瘦。《如梦令》
>
> ◎花自飘零水自流，一种相思，两处闲愁。《一剪梅》
>
> ◎莫道不销魂，帘卷西风，人比黄花瘦。《醉花阴》
>
> ◎风住尘香花已尽，日晚倦梳头。《武陵春》
>
> ◎满地黄花堆积，憔悴损，如今有谁堪摘？《声声慢》

宋代女词人李清照在词中为我们建造了一座美丽的“百花园”，她把感情完全融注在花的世界中。纵观李清照留存下来的词作，几乎篇篇有花，花与她的生活紧密相连。她爱花、赏花、知花，花就是她的生命的一种寄托、一种情感的升华，是她全部情性的写照。①

由此得出：绿肥红瘦。——易安词具有清美的意象。因此词须是品质高雅、意境浑厚。

【教学意图】

对于古典诗词的竖读，创设“真实”的阅读情境非常必要。易安词的竖读，不是将“花”意象作为终点，而是借助“花”意象，以花为审美意象，它期待阅读主体的感同身受，让学生在真实的语言运用情境中来提升语言能力及品质，并形成核心素养。这是一种再创造的阅读方式，需要投入思想与情感。

2. 品读语言——寂寞让我如此美丽

设计渐进式话题：

从语言上看，是什么让李清照如此寂寞？——（倦、尚、闻说、也拟、只恐）

拟请同桌互相讨论，然后回答。（教师点评）

明确：

(1)用日常生活的细节来表现

“日晚倦梳头”，日高方起，又无心情梳发。一个“倦”字，这看似违背常理的细节描写，正好写出了作者在国痛家恨的环境压力下那种不待明言，

---

① 徐定辉.李清照词中花的意象[J].文学教育，2006(7).

难以排遣的凄惨内心。“物是人非事事休，欲语泪先流”，一个“流”字，张开嘴好像想要说什么，还没有说出来，眼泪禁不住掉落下来，滴到自己的衣襟上。这跟她在年轻时候那种欢快的词风有很大的不同，但是从艺术的处理来讲又是多么地相似，她并没有说自己多么地忧伤，并没有说自己多么地愁苦，但是那种忧伤，那种寂寞愁苦全部通过细节给我们表现出来了，那种情绪完全地展现出来，感染着我们每一个读者①。（再如：惜别伤离方寸乱，忘了临行，酒盏深和浅。——《蝶恋花》印证）

（2）用瞬间的心理变化来展现

“闻说双溪春尚好”，语气陡然而转，词人刚刚还在流泪，现在却“也拟泛轻舟”了，似乎是微露一霎喜悦，心波叠起。然“闻说”，只从旁人处听说而已，可见自己整日独处，无以为欢；照应了上片“风住”“日晚”两句。“尚”“也拟”，说明词人萌动了游春解愁的念想。但人未成行，心绪又转：“只恐”双溪舟小，载不动那么多愁苦。那么只有闭门负忧，独自销魂了。上文“欲语泪先流”一句至此便点出缘由②。总起来看，整段下片，大意是说小小春游，不足以慰藉词人天大之愁。然作者却善于通过“闻说”“也拟”“只恐”三组虚词，吞吐盘旋，翻腾挪转，“一转一深，一深一妙”③，把自己在特殊环境下顷刻间的微妙复杂的心理变化表现得淋漓尽致，情意婉绝，回肠荡气。

3. 品读手法——一种相思，两处闲愁

设计剖析式话题：

从手法看，是什么让李清照如此寂寞？——（化虚为实）剖析“载不动许多愁”。

（1）从矛盾中寻求统一

拟设问题：词的开头说“花已尽”，结尾又说“春尚好”，这是否前后矛盾？

拟全班讨论，然后回答问题。（学生互动，教师点评）

明确：矛盾统一，首尾圆合。

看似矛盾，但深究之并不矛盾，这样写正好表现了作者高超的写作技巧。因为“花已尽”是实写浙江金华的暮春之景，而“春尚好”则是反承“花

---

① 李清照.武陵春[EB/OL].[2021-07-25].https://baike.baidu.com/item/武陵春·风住尘香花已尽/9903107? fr=aladdin.

② 李清照.武陵春[EB/OL].[2021-07-25].https://baike.baidu.com/item/武陵春·风住尘香花已尽/9903107? fr=aladdin.

③ 刘熙载.艺概[M].上海：上海古籍出版社，1978.

已尽”是虚想之景，又冠以“闻说”，可见是虚写双溪之景。词人用轻灵跳荡的笔触，展现自身瞬息变幻的复杂心灵，一实一虚，虚实相间，所以不矛盾①。

纵观全词，前者“花已尽”的满目萧杀之景正好是触动词人内心苍凉情感的导火线，对词人来说，此景无疑是雪上加霜，让她内心的哀愁变得越来越浓重，浓重到不可触摸的地步，词人才会寻求一个消除愁苦的去处，于是就有下片的寻春、泛舟之念，从而导出全词之主旨：“只恐双溪舴艋舟，载不动许多愁。”这样层层相因，首尾圆合，不禁让人拍手称妙。

(2)从虚实中寻求突破

拟设问题：“愁”之为物，不可触不可及。我们如何感受到“愁”的沉重？

拟全班讨论，然后回答问题。(学生互动，教师点评)

明确：化虚为实，读出寂寞之愁。

“愁”之为物，不可触不可及。然而李清照让我们感受到了“愁”的沉重。于是就有了“只恐双溪舴艋舟，载不动许多愁”。少女时期的欢笑在溪亭藕花深处回响；与丈夫畅论诗词的欢愉定格于泉城。国破家亡与愁相伴，舴艋舟载不动的是愁，梧桐更兼细雨，到黄昏点点滴滴也是愁……

> PPT 链接：“愁”——化虚为实
> 无边雨丝细如愁(秦观)——愁有了形状
> 问君能有几多愁，恰似一江春水向东流(李煜)——愁有了体积
> 只恐双溪舴艋舟，载不动许多愁(李清照)——愁有了重量

由此得出：化虚为实手法之妙——易安词布局有方，情感细腻。

【教学意图】

创设“有效”的群文阅读情境，就是从品味语言开始，这是古典诗词阅读的必由之径。语文课程中的“语言”不仅是社会的理性语言，更是语境中的言语和优质的母语预感。这语言里蕴藏着这作家的情感轨迹、自我意识。《文学理论》中也谈道：“语言是文学的材料，就像石头和铜是雕刻的材

① 李清照.武陵春[EB/OL].[2021-07-25].https://baike.baidu.com/item/武陵春·风住尘花已尽/9903107? fr=aladdin.

料，颜色是绘画的材料或声音是音乐的材料一样。”[①]因此，阅读主体必然要从易安词的言语批文入情，沿波讨源。

三、教学资源整合的思考

从创设情境任务的教学中，我们得到许多的思考。李清照的愁早已不是“一种相思，两处闲愁”的家愁、情愁，她这时是《诗经》的《黍离》之愁，是辛弃疾“而今识尽愁滋味”的愁。此时的李清照像落在四面不着边际的深渊里，一种可怕的孤独向她袭来，她像祥林嫂一样茫然地行走在深秋落叶的黄花中，吟出她一生中最痛楚的，也是确立了她在中国文学史上的地位的《声声慢》[②]。

声声慢・寻寻觅觅

李清照

寻寻觅觅，冷冷清清，凄凄惨惨戚戚。乍暖还寒时候，最难将息。三杯两盏淡酒，怎敌他、晚来风急！雁过也，正伤心，却是旧时相识。

满地黄花堆积，憔悴损，如今有谁堪摘？守着窗儿，独自怎生得黑！梧桐更兼细雨，到黄昏、点点滴滴。这次第，怎一个愁字了得！

“这次第，怎一个愁字了得！”李清照在寻寻觅觅的是什么？从她的身世和她的诗词群文阅读中，我们至少可以看出她的“愁”的三重门。一重门是国家民族之愁。她不愿看到山河破碎，在这点上她与同时代的陆游、辛弃疾是相通的。二重门是爱情之愁。她曾有过美满的家庭，有过幸福的爱情，但瞬间破碎了。三重门是自身价值之愁。她在学术上完成了《金石录》，在词艺上达到空前的高度。然而，那个社会不以为奇，不以为功。她只好独自一人咀嚼自己的凄凉。李清照凭着极高的艺术天赋，将这漫天愁绪的三重门又抽丝剥茧般地进行了细细的纺织，化愁为美，创造了让人们

---

① 韦勒克 奥沃伦.文学理论[M].刘象愚，邢培明，陈圣生，等译.北京：三联书店，1984.

② 梁衡.觅渡.乱世中的美神[M].北京：中国人民大学出版社，2014：121.

永远享受无穷的词作珍品[①]。

附合作探究　超越课堂

请从李清照的两首词中任选一首，认真品读，结合你的生活经验，谈谈你的理解。

醉花阴·薄雾浓

李清照

薄雾浓云愁永昼，ou 瑞脑销金兽。ou
佳节又重阳，玉枕纱厨，半夜凉初透。ou
东篱把酒黄昏后，ou 有暗香盈袖。iu
莫道不消魂，帘卷西风，人比黄花瘦。iu

减字木兰花

李清照

卖花担上，买得一枝春欲放。
泪染轻匀，犹带彤霞晓露痕。
怕郎猜道，奴面不如花面好。
云鬓斜簪，徒要教郎比并看。

【教学意图】

情境创设与任务解决，应凸显以学生为中心。课堂教学改革的根本任务之一就是促进从"以教为主"向"以学为主"的转变。教学应注意引发学生积极的语言实践活动，设计能引发学生进行多样性的语文学习活动的"任务"。易安词群文阅读尝试就是要超越45分钟的课堂，走向课堂内外整合化地实施。以这样的方式引入更多的阅读资源，调动学生采取多种阅读策略与方法，打通课堂内外。这也是新课标提出的基于学习任务群的课堂教学。

① 梁衡.觅渡.乱世中的美神[M].北京：中国人民大学出版社，2014：121.

第四节 项目阅读

《普通高中语文课程标准(2017版)解读》中指出：项目阅读主张围绕一个具体项目，创设情境，引导学生在解决问题的过程中习得知识①。项目阅读是对复杂、真实问题的探究过程，也是精心设计的项目作品、项目规划和实施的项目任务，有效融进重要学科知识的过程。在项目阅读中，学生围绕特定的任务，通过自主的语言实践活动，能真正将知识内化为能力，并在情境的体验中将其凝结为素养。

项目阅读与高中语文学习任务群的理念与方向是高度一致的。项目阅读作为学习任务群的载体，整合了学习情境、学习内容等要素，引导学生在运用语言过程中提升语文素养。将项目阅读引进语文阅读教学，通过设计不同的项目任务，可以丰富语文学习的内容和学生学习语文的方式。语文就是"语文"，在各个项目中，阅读材料及语言活动必须围绕语言文字运用，循序渐进，有效安排基本技能训练；语文又不仅仅是"语文"，生活的外延有多大，"语文"的领域就有多广，项目阅读能够打破语文言必谈人文、文学的同质现象，在考虑语言文字运用的前提下，精选学生发展必备的"双基"，融入社科主题、科技主题、生活主题，着重进行思维训练，精选学生发展所需的基础知识、引导学生融入现代社会，形成职业与学科兴趣、让学生学会"选择"。因此，项目阅读的首要任务是创设合适的情境，设计适宜的任务驱动式教学。同时基于真实生活，项目阅读应从学生的认知出发，设置探究问题、创设问题情境，将阅读真正转化为任务驱动式的语言实践活动。

"人类命运共同体"创情创境阅读

项目阅读是融探究和综合于一体的教学模式，以问题作为驱动，设计

① 教育部基础教育课程教材专家工作委员会组织编写.王宁，巢宗祺主编.普通高中语文课程标准(2017版)解读[M].北京：高等教育出版社，2018：210-211.

与实施的过程中兼顾问题性、情境性、主动性、探究性与合作性。本节以“人类命运共同体”项目阅读内容为例，作进一步阐述。

项目阅读背景：2014 年教育部在《关于全面深化课程改革落实立德树人根本任务的意见》中指出：中国学生发展核心素养以培养“全面发展的人”为核心，分为文化基础、自主发展、社会参与三个方面，综合表现为人文底蕴、科学精神、学会学习、健康生活、责任担当、实践创新等六大素养。其中在社会参与—责任担当方面重点谈到国家认同与国际理解。国家认同重点：具有国家意识，了解国情历史，认同国民身份，能自觉捍卫国家主权、尊严和利益。国际理解重点是：具有全球意识和开放的心态，了解人类文明进程和世界发展动态；能尊重世界多元文化的多样性和差异性，积极参与跨文化交流；关注人类面临的全球性挑战，理解人类命运共同体的内涵与价值等①。

2013 年 3 月 23 日，习近平在莫斯科国际关系学院发表演讲，首次提出人类命运共同体理念。他指出：“这个世界，各国相互联系、相互依存的程度空前加深，人类生活在同一个地球村里，生活在历史和现实交汇的同一个时空里，越来越成为你中有我、我中有你的命运共同体。”②

2017 年 1 月 18 日，国家主席习近平在瑞士日内瓦万国宫出席“共商共筑人类命运共同体”高级别会议，并发表题为《共同构建人类命运共同体》的主旨演讲。在讲话中习近平主席又再次阐述“人类命运共同体”：宇宙只有一个地球，人类共有一个家园。我们要坚持对话协商，建设一个持久和平的世界；坚持共建共享，建设一个普遍安全的世界；坚持合作共赢，建设一个共同繁荣的世界。坚持交流互鉴，建设一个开放包容的世界。坚持绿色低碳，建设一个清洁美丽的世界③。

“建设一个什么样的世界，如何建设这个世界”是人类社会永恒的命题④。这也是这个时代青年学生阅读的主题。那么如何在喧嚣的世界里摸

① 关于全面深化课程改革落实立德树人根本任务的意见[C].北京：教育部研制印发，2014.

② 总书记提出人类命运共同体理念的非凡历程[EB/OL].(2021-01-07)[2021-07-25].https://baijiahao.baidu.com/s? id=1688210704611639888&wfr=spider&for=pc.

③ 习近平.共同构建人类命运共同体.[EB/OL].(2021-01-01)[2021-07-25].https://baijiahao.baidu.com/s? id=1687669140367014518&wfr=spider&for=pc.

④ 总书记提出人类命运共同体理念的非凡历程[EB/OL].(2021-01-07)[2021-07-25].https://baijiahao.baidu.com/s? id=1688210704611639888&wfr=spider&for=pc.

索大时代的命题，我们可以尝试从项目阅读的角度来带领学生阅读。

一、创设导读情境——新闻与生活的链接

（一）从音乐入境

选择迈克尔·杰克逊《天下一家》、郭峰《让世界充满爱》这两首音乐作品。

《天下一家》(《We Are The World》)是迈克尔·杰克逊作词、莱昂纳尔·里奇作曲的歌曲。1985年1月28日，迈克尔·杰克逊、莱昂纳尔·里奇等45位美国歌手联合演唱了该首歌曲。歌曲于1985年3月7日通过哥伦比亚唱片公司发布。歌曲于1985年4月13日登上公告牌百强单曲榜榜首，连续停留了四周。1986年2月25日，歌曲获得第28届格莱美奖“年度制作”“年度歌曲”“最佳短篇音乐录影带”“最佳流行合作表演”四项大奖。该首歌曲最终为非洲筹集了至少6000万美元的慈善捐款[①]。

其中最让我们记住的歌词：
《We are the world》的歌词中文翻译如下：
There is a time when we should heed a certain call
当我们听到了恳切的呼唤
Cause the world it seems it′ s right in this line
整个世界都站在一条线上
Cause there′ s a chance for taking in needing our own lives
需要作出一个选择引导我们的生命
It seems we need nothing at all
看起来似乎我们不需要什么
I used to feel that I should give away my heart
曾经我以为可以用心灵来慰藉他们
And it shows that fear of needing them

① 天下一家[EB/OL].[2021-07-25].https://baike.baidu.com/item/%E8%BF%88%E5%85%8B%E5%B0%94%C2%B7%E6%9D%B0%E5%85%8B%E9%80%8A/170984? fr=aladdin.

事实上他们也的确是需要爱
Then I read the headlines and it said they′ re dying there
然后我读头条说他们将死在那里
And it shows that we must heed instead
我们必须伸出援助之手
We are the world
四海皆一家
We are the children
我们都是神的子民
We are the ones who make a brighter day
创造美好的未来要靠我们
So let′ s start giving
所以,让我们开始奉献自己
But there′ s a chance we′ re taking
我们正在做的抉择
We′ re taking our own lives
是在拯救自己的生命。

1986年,100名歌手在北京工人体育馆同声高唱由郭峰创作的《让世界充满爱》,这在中国流行音乐史上留下了令人难忘的一笔[①]。

其中最动人的歌词是:
轻轻地捧着你的脸
为你把眼泪擦干
这颗心永远属于你
告诉我不再孤单
深深地凝望你的眼
不需要更多的语言
紧紧地握住你的手
这温暖依旧未改变

① 让世界充满爱[EB/OL].[2021-07-25].https://baike.baidu.com/item/让世界充满爱/1019? fr=aladdin.

我们同欢乐
我们同忍受
我们怀着同样的期待
我们共风雨
我们共追求
我们珍存同一样的爱
无论你我可曾相识
无论在眼前在天边
真心的为你祝愿
祝愿你幸福平安

【阅读意图】

选择《天下一家》和《让世界充满爱》这两首歌曲，有它们特别的意义所在。时间都在20世纪80年代，一首西方歌曲，一首东方歌曲，看似距离很遥远，但心灵很近。学生从这两首歌曲中，从这样的旋律和歌词中无缝对接项目阅读的内容——人类命运共同体。语文，不单单要学好课文的知识，你还要有阅美的眼睛和聪慧的耳朵。学生在这两首歌里面，一起来阅读人类命运共同体的主题。这是项目阅读学习极其有效的情境创设，学生会在音乐情境体验中产生共鸣，渐渐凝结为素养。

（二）从新闻图片入境

选择四艘豪华游轮“同样的邮轮，别样的命运”图片（略）。

时间：2020年1～3月新冠肺炎疫情暴发期间

（1）“钻石公主”号：整船隔离，确诊人数增至634人。——日本

（2）“威士特丹”号：辗转多地漂泊9天，放行后查出新冠肺炎确诊病例。——柬埔寨

（3）“歌诗达赛琳娜”号：24小时完成检疫。——中国[1]

（4）“至尊公主”号：21人新冠病毒检测阳性，还有三千多人等待检

---

① 634人&9天&24小时：疫情下三艘豪华邮轮的迥异命运[EB/OL].（2020-02-22）[2022-04-07]. https://baijiahao.baidu.com/s?id=1659214209149879377&wfr=spider&for=pc.

测。——美国[①]

【阅读意图】

四艘邮轮，分别停靠在日本、中国、公海、美国，结局别样命运。全球疫情，哪一个国家都不是孤岛。但不同的国家在处理同样事情上政策和方法不同。在阅读这样的新闻图片后，就能清晰地告诉学生，人类的命运将走向何方，人类命运共同体的意义何在。因而热读报纸杂志，关注社会新闻，留心时事动态，寻找新闻素材，这样才能扩大学生阅读视野，与时代同行，与世界同频。

（三）从新闻事件入境

选择“山川异域，风月同天”援助诗句。

时间：2020 年 3 月。

山川异域，风月同天。意大利米兰，一个华人秉着“救人自救”原则，到米兰市中心大教堂发放免费口罩。日本，进店免费领口罩，写着“中国加油，武汉加油！”“山川异域，风月同天”这是写在日本的援疫物资上的诗句，一时成为美谈。当然还有“岂曰无课，与子同钉。但愿人长久，千里共钉钉”的趣谈。此外，我们还可以从新闻数据、新闻音频中去阅读世界。你会发现遥远的世界竟然与你那么接近，你会发现世界的每个角落竟然发生同样相似的事情。当疫情暴发时，每个国家，每个民族他们都会伸出自己的援助之手。从口罩这个细节上，我们可以看到人类命运是紧紧相连在一起的。

【阅读意图】

随着互联网的高速发展，社交媒体在不知不觉中改变了我们的生活。在此次新冠肺炎疫情暴发的情况下，社交网络影响了几乎所有人。在中国疫情严峻的时候，我们宅在家里抗疫，工厂停工，商场停业，快递延运……此时，网络的阅读优势及重要性更加凸显：停课不停学，老师化身新上岗的“十八线主播”开始了热情的线上授课……无论教师还是学生，手机的使用时间都达到了顶峰。通过社交媒体，我们的阅读素材多采集于新闻图片、新闻数据、新闻事件……这样快速、直观联通中国，联通世界，人类命运共

① 美“至尊公主”号上 21 人新冠病毒检测阳性，还有三千多人等待检测[EB/OL].(2020-03-07)[2022-04-07].https://baijiahao.baidu.com/s? id=1660477837829190114&wfr=spider&for=pc.

同体触手可及。

二、创设问题情境——社会与生活的探讨

（一）预设学习问题

（1）你怎样界定“人类命运共同体”的概念？
（2）你如何理解“全球意识”？
（3）“国际视野”与“国际理解”的异同点是什么？
（4）我国“一带一路”倡议的核心内涵是什么？

（二）阐释相关概念

人类命运共同体：人类命运共同体旨在追求本国利益时兼顾他国合理关切，在谋求本国发展中促进各国共同发展。人类命运共同体这一全球价值观包含相互依存的国际权力观、共同利益观、可持续发展观和全球治理观①。

全球意识：全球化时代，世界已经成为“地球村”，国与国之间、人与人之间的活动有着不可剥离的联系，世界各国面临着一荣俱荣、一损俱损的局面，因此，全球意识需要确立整体的人类意识，树立全球关怀的意识，而不能只考虑国家和个人的私己之利，损害全球的利益②。

国际视野：具有国际视野的人才是指具有国际化意识和胸怀以及国际一流的知识结构，视野和能力达到国际化水准，在全球化竞争中善于把握机遇和争取主动的高级人才。

国际经合组织教育主任安德烈亚斯·施莱克尔（Andreas Schleicher）强调，“今天的教育，要求我们一定要培养学生的国际性的视野。要让他们懂得这个世界上还有很多人在用不同的思维、不同的角度来看问题。这个是全球化素养的一个深刻的内涵。”③

---

① 人类命运共同体[EB/OL].[2021-07-25].https://baike.baidu.com/item/人类命运共同体/1096715? fr=aladdin.

② 开展全球意识与国际理解力教育，带领学生当好地球村村民[EB/OL].(2017-11-29)[2022-04-03].https://www.sohu.com/a/207319217_227364.

③ 国际视野[EB/OL].[2021-07-25].https://baike.baidu.com/item/国际视野/8215467? fr=aladdin./show? paperid=2df091b7ee3425458de7d545b64351a9.

国际理解：具有全球意识和开放的心态，了解人类文明进程和世界发展动态；能尊重世界多元文化的多样性和差异性，积极参与跨文化交流；关注人类面临的全球性挑战，理解人类命运共同体的内涵与价值等①。

【阅读意图】

这些项目问题的设计和相关概念的阐释，既有针对课文的“语文问题”，也有拓展的“非语文问题”，教师把生活和当下社会、当代人的观念，作为阅读者个体的“我”结合起来，使语文的阅读素材有了现代的意义。这一点很重要，拿西方接受美学的话说是：不是作品告诉了我什么，而是我赋予了作品以意义。这些问题的设计有梯度，这些概念的阐述有高度，学生可以通过阅读在社会和生活中找到答案，可以进一步钻研，符合“摘桃子”的教育理论。

三、创设阅读情境——名言、评论与生活的链接

（一）阅读相关名言

（1）《尚书·尧典》：“克明俊德，以亲九族，九族既睦，平章百姓，百姓昭明，协和万邦，黎民于变时雍。”朱熹弟子蔡沈注曰：“万邦，天下诸侯之国也。……雍，和也。此言尧推其德，自身而家，而国，而天下。”

（2）张载《西铭》：“天地之塞，吾其体；天地之帅，吾其性。民吾同胞，物吾与也。”天地是人类的父母，吾人的身体和人性是天地赋予的。普天下的人民都是我的同胞兄弟，天地万物都是人类亲密的伙伴。尊敬长者，慈爱孤弱、幼小，凡天下疲癃鳏寡，都是吾人的兄弟。天地万物，各类人之间没有尊卑、贵贱之分，没有亲疏、上下之别。四海之内皆兄弟，应为人类命运共同体提供平等、公正、正义的平台。

（3）庄子：天地与我并生，而万物与我为一。

（4）荀子：四海之内若一家，莫不趋使而安乐之。夫是之为人师，是王者之法也。

（5）《礼记·礼运》：圣人耐以天下为一家，以中国为一人者，非意之也。

（6）《墨子》：使天下兼相爱，爱人若爱其身。兼爱非攻。

① 中国学生发展核心素养[EB/OL].[2021-07-25].https://baike.baidu.com/item/中国学生发展核心素养/20361439? fr=aladdin.

(7)《中庸》:致中和,天地位焉,万物育焉。

(8)《老子》:万物负阴而抱阳,冲气以为和。

(9)阿方索·雷耶斯:唯有益天下,方可惠本国。

(二)阅读相关事件

继NASA宣布开放国际空间站后,中国空间站宣布向全世界开放。联合国外空司司长迪·皮蓬对此表示高度赞赏,称中国的这一举措有力促进了载人航天国际合作,使更多的国家能够有机会参与载人航天技术研究。中国空间站向国际开放"朋友圈",奉行的无疑是多边主义的原则。有助于构建"外空命运共同体",往小了说,能助力科研"大迈步",这里的"科研"还是无国界的。科研无国界,医学也无国界。这与我们前面说的音乐一样无国界。

(三)阅读相关评论

1. 读"曹林"公众号文章:《巴黎圣母院浩劫,任何幸灾乐祸都是对人类的犯罪》

摘录:

……巴黎圣母院遭遇意外浩劫,遮天蔽日的火灾场景,让世界震惊,更让人痛心。你相信巴黎圣母院有一天会消失吗?电影《爱在黎明破晓前》中女主对男主说的话,此时格外让人心碎。去过巴黎圣母院的人,感到自己美好的记忆被大火烧毁;没有去过正准备带心爱的人去的,感到自己的梦想像塔尖一样在大火中倒下;在雨果的经典作品中感受过她的人意识到,失去心爱的姑娘之后,卡西莫多又失去了他的钟楼。这不只是一处历史遗迹,不只是数百年的历史,在很多人心中,他代表着一种文明,凝聚着人文精神的塔尖与人的心灵相连。

……巴黎圣母院浩劫,任何幸灾乐祸都是对人类的犯罪,对人性、道德和文明共识的犯罪。我们都在传统的掌心中,巴黎圣母院是巴黎的,是法国的,更是人类的,它见证着世界历史,见证着人类文明的进步,凝聚着文化艺术的精华,记录了人类为进步所做的抗争、努力和关怀。人类同在一条船上,需要命运共同体意识,尤其面对一些共同的挑战,战争、灾难、杀戮、死亡、地震,这些让每一个人都觉得自己很渺小、孤立无援的时刻,更需要共情共鸣,需要站在一起。

是的，那种为火灾幸灾乐祸的，那些拍手叫好的，只是极少数极个别，但此时此刻，再小的幸灾乐祸声，都让人刺眼，都让本就对灾难无比痛心的人多了一层刺痛感①。

2. 读《南方周末》：《“文明冲突论”该扔进故纸堆了》

摘录：

中华文明追求的境界是和谐。天人合一是人与自然的和谐，和而不同是人与人之间的和谐，协和万邦则是国与国、文明与文明之间的和谐。两千多年前，中国汉武帝派遣张骞率领和平使团出使西域，打通了东西方文化交流的丝绸之路。通过古老的丝绸之路，古希腊文明、古罗马文明、古印度文明相继进入中国，与中华文明融合共生。盛唐时期，首都长安百万人口中，外国人就有五万之多，他们在这里学习、经商，甚至在唐朝政府中任职。这些外国人与中国人和谐相处，他们所带来的外来文明，也有不少被吸收到唐朝的生活和文化之中，融入中华文明。②

3. 读《南方周末》：《为巴黎圣母院火灾高兴，就是为圆明园报仇吗？》

摘录：

雨果的小说《巴黎圣母院》，和《论语》一样，正由于对人类共同境遇的关怀，才能成为“世界名著”，而不仅仅是“法国名著”。巴黎圣母院的火灾，和圆明园的毁损，都是人类共同遗产的损失。而人道主义情怀，让《巴黎圣母院》的作者雨果，在一百多年前，强烈谴责本国军队火烧圆明园的暴行。雨果在1861年写道：“一天。两个强盗走进了圆明园，一个抢掠，一个放火。可以说，胜利是偷盗者的胜利，两个胜利者一起彻底毁灭了圆明园。”③

---

① 曹林.巴黎圣母院浩劫，任何幸灾乐祸都是对人类的犯罪[EB/OL].(2019-04-16)[2021-07-05].https://mp.weixin.qq.com/s/Jmi_b53tsz1Ks_Uy3ybRgQ.

② 方舟评论.“文明冲突论”该扔进故纸堆了[EB/OL].(2019-06-06)[2021-07-05].http://www.infzm.com/wap/#/content/151312.

③ 魏阳.为巴黎圣母院的火灾而高兴，就是为圆明园报仇吗？[EB/OL].(2019-04-17)[2021-07-05].https://page.om.qq.com/page/ODVfc8JyO99V5B6PyyXX0mxw0.

【阅读意图】

情境认知理论提出，学习不是像传统认为的那样在“去情境的”条件下进行，而是根植于情境之中的。因此，教师在语文项目阅读学习的开发中要基于教学目标，精心创设问题情境。可以融入人文、社科思维，可以融入古今中外的阅读情境。夏雪梅对“项目化学习”作了界定：学生在一段时间内对于学科或跨学科有关驱动性问题进行深入持续的探索，在调动所有的知识、能力、品质等创造性地解决新问题、形成公开成果中，形成对核心知识和学习历程的深刻理解，能够在新情境中进行迁移①。

四、实施项目阅读任务——任务与生活的链接

在一个以目标为导向的问题情境中，必然伴随着驱动性任务。一群学生面对问题情境和驱动性的任务，往往会成为活跃的参与者，和同伴信心满满地寻求合适的方法，共同去挑战问题，解决问题，完成任务。在此过程中，既调动了学生的认知，又抒发了情感，因此能培养高阶思维和创新能力。

(1)设定驱动性任务。

①阅读徐勇《天下一家：人类命运共同体的家户起源》②(文章略)

小组讨论人类以个体方式存在，可以分为几个“共同体”？

共同讨论明确：人类以个体的方式存在。从人与他人的交往看，可以分为以下共同体：(1)生产共同体：基于共同生产而形成的共同体，如家庭、部落、集体经济组织、企业等。(2)生活共同体：基于共同的日常生活形成的共同体，如家庭。(3)情感共同体：基于共同的爱好和情感形成的共同体，如俱乐部等。(4)利益共同体：基于共同的利益形成的共同体，如阶级、阶层、群体等。(5)命运共同体：基于共同的生存发展命运而形成的共同体。

②阅读文章后，小组讨论“家户命运体”与“人类命运共同体”的关系

---

① 夏雪梅.项目化学习设计：学习素养视角下的国际与本土实践[M].北京：教育科学出版社，2018.

② 天下一家：人类命运共同体的家户起源[J].南国学术，2019(2)：180-187.

如何？

共同讨论明确：在中华文明进程中，家户是基本组织单位，是具有多重属性的命运共同体。

一是原生性，二是依赖性，三是互惠性，四是对等性，五是共享性。当下提出的“人类命运共同体”是人们在更大范围、更高层次上的美好追求，具有前所未有的历史超越性。首先，超越了家户，其次，超越了阶级，最后，超越了民族国家。与家庭、阶级、国家相比，“人类”涉及地球上的所有人，是“类”的共同体。它意味着，对历史上过往的家庭、阶级、民族国家等共同体的历史性超越。这一共同体既尊重不同人群和国家的差异性，更注重人类的共同性，注重每个人命运均与他人的命运息息相关。面对人类共同性的问题，每个人共同参与，共同解决，以共同创造涉及每个人福祉的幸福生活，让世界所有人像一家人一样和谐共处。

(2)用思维导图来画出“家庭户共同体”与“人类命运共同体”的关系，在小组展示并阐述。

(3)举办一次演讲活动。小组为单位，以“我与人类命运共同体”为题准备演讲材料，之后师生共同评价。

五、实施项目评价任务——课程与生活的链接

学生通过以上合作完成任务，形成相应的项目作品，发展自我创作、自我调整的能力，因此不能用传统的考试测验来评价学生项目学习的成果，应多采用真实性评价。如可以自行设计项目作品展览(思维导图展示)、比赛、演讲、辩论等不同形式，评价自己或他人的项目成果。在这个过程中，学生成为积极的自我评价者。因此，语文项目阅读学习将带来评价范式的变革，从而提升教师的教学教研能力，最终在这场教育变革中提升教师课程的领导力。

第三章

阅行·阅美，这是一场美的邂逅

★阅行·阅美：在阅读行旅中邂逅美的意象，培育审美情致。

★本章重点：品读不同阅读文本中的审美意象。

★对话文本：邂逅诗歌，邂逅散文，邂逅小说，邂逅语言文字。

★对话生本：阅寻自己，阅找意象，阅听心声，阅说情致。

审美意象是需要交流和共鸣的，它期待着阅读主体的感同身受，每一位阅读主体对审美意象的理解和接受都是一种再创造。历史的残缺与完美，现实的动荡与平静，世界的无奈与精彩，生活的苦涩与醉人，无一不在阅读中相互融合又相互分离。康德在《判断力批判》一书中指出：我们所说的审美意象，就是由想象力所形成的那种表象。它能引进许多思想，然而，不可能有任何明确的思想，即概念，与之完全相适应。因此，语言不能充分表达它，使之完全令人理解。很明显，它是和理性相对立的。理性观念是一种概念，没有任何的直觉（即想象力形成的表象）能够与之相适应。

阅读是一段以文字作舟的漂泊，我们可在这场旅行中邂逅美的意象。在哲学家马丁·布伯的教育思想中，“相遇”是个核心原则，“相遇”引发学生、教师与文本之间的交互式的“对话”，通过“对话”，教师控制、引导和支持儿童的潜能发展。汉语和汉字是世界上非常有特色的语言文字，《高中语文课标》第7条指出：“增进对祖国语言文字的美感体验，感受祖国语言文字独特的美，增强热爱祖国语言文字的感情。”因而，在歌德的《迷娘曲》中，我们可以倾听到如桃金娘般对故乡深情地呼唤；在谢冕的笔下，我们可以漫步在闽都古城的三坊七巷；在梁衡的赞美之词里，我们可以感受到紧张热烈的夏天；在语言色彩中，可以尽染层林、尽收美景。

第一节　诗歌的审美意象

“诗者，天地之心”，培育我们的“诗心”，需要从意象开始，意象是传递诗情、诗意、诗境的载体。面对一个诗歌文本个案，阅读应该从“意象”开始，在最简单、平常的意象背后往往有着最为深邃奥秘的情意。“意象”，就是“意”和“象”的矛盾统一体。“象”是看得见的，“意”是看不见的，“意”在“象”中，“意”为“象”主。“枯藤”“老树”“昏鸦”“古道”“西风”“瘦马”一系列的意象，都是带着后面点出的“断肠人”的情绪色彩的。不可忽略的是，在诗歌中出现的意象并不是单独的，而是群落性的、整体性的。意象与意象之间，从字面看有联系，但是，联系是表象的，有如水中之岛，存在于若隐若现的空白之中。就在这些空白中，象断意连，潜藏着情致的脉络，我们把它叫作“意脉”。如果说意象是显性的，意脉是隐形，那么意境就是潜在的。

“象外之象”“景外之景”就是潜在的隐性的言外之意，意境的精彩往往在语言不可穷尽处[①]。

林语堂先生在《吾国与吾民》中说过一段关于诗歌的话：“如果说宗教对人类的心灵起着一种净化作用，使人对宇宙、对人产生一种神秘感和美感，对自己的同类或其他生物表示体贴的怜悯，那么依著者所见，诗歌在中国已经代替了宗教的作用。……春则觉醒而欢悦，夏则在小憩中聆听蝉的欢鸣，感怀时光的有形流逝，秋则悲悼落叶，冬则雪中寻诗。”[②]春花、夏蝉、秋叶、冬雪在诗人的笔下，它们转变为一个个意象，成为诗人感情的寄托。王国维曾经说过：“一切景语，皆情语也。”一花一叶，一丘一壑，原本是安静的风景，在诗人眼中、心里、笔下，活跃起来，流动起来，寄托着人心诗情。[③]

如果，我们愿意把自己交付给诗歌，阅读那些令人沉醉的意象，它们生生不息，在岁月中深情等待着，也许我们可以循着美丽的意象，美丽的诗思，一路寻访到自己的心灵。

《迷娘曲》是语文版高中语文必修五第二单元中的第一篇，作者是德国诗人歌德。本单元标题为“番石榴飘香”，这是一个极富有拉美特色的比喻，香味浓郁，意在昭示本单元课文内容的文学意蕴与色彩。本单元“阅读与鉴赏”部分，选编的课文是《外国诗歌二首》(一)(二)(三)，共选了六位诗人的六首诗歌，所选作品都是名家名篇。那么通过阅读，如何可以邂逅诗歌中的审美意象呢？如何可以领略到不同国度、不同流派、不同风格作品的神韵，提升审美境界呢？这是我们需要探讨的问题。

一、入境动情，给诗歌定调

歌德的《迷娘曲》运用众多的意象，构建起一个迷离而又优美、令人神往的境界。反复出现的“前往”，犹如一声声急切的呼唤，拨动读者的心弦。因此，在导语设计中，我选用四组“这是一首……的诗歌”排比句，易于朗读，又易于调动学生的兴趣。这几组句子除涵盖了《迷娘曲》的内容美和音韵美外，还包含了作者的神秘感。这“入境动情”的导语，是教师送给学生的第一束鲜花，视为教学的“定调”。“入境动情”的导入能一下子捉住学

---

① 孙绍振.审美阅读十五讲[M].北京：北京大学出版社，2013：116.

② 林语堂.吾国与吾民[M].南京：江苏文艺出版社，2010.

③ 于丹.于丹重温最美古诗词[M].北京：北京联合出版公司，2012：10.

生，带学生置身于教学内容相应的情景之中，奠定情感基调，让学生一下就能捕捉到诗人的情感，达到情景交融。这就是成功的美的引导，它能激发学生的求知欲，在教学上收到事半功倍的效果。

导语：（课件展示，学生齐读，约2分钟）

1. 这是一首被贝多芬、舒伯特、舒曼、柴可夫斯基等世界著名作曲家谱曲达百次以上的诗歌。

2. 这是一部用了五十多年写成的“教育小说”中的一首诗歌。

3. 这是一首被海涅称为“一支写出了整个意大利的诗歌”。

4. 这是一首被恩格斯称为“最伟大的德国人”，也是世界上称得上最伟大的少数几个文学家诗人所作的诗歌。

培根说：“读诗使人聪慧。”这是一首相当特别的诗歌。人们常说音乐能穿透人心灵，而作为语言艺术的诗歌为什么竟能比音乐更能打动人的心灵？那就让我们一起走进德国诗人歌德的诗歌《迷娘曲》，一起走进诗人的内心世界去欣赏、去体悟其艺术魅力。

二、抑扬顿挫，给诗歌酿韵

中国是一个诗的国度，有着悠久的“诗教”传统。“学诗歌最原始，也是最好的办法，就是诵读。”古人强调读诗主要是品味诗中表达出来的一种意，一种情，一种韵。

其一，必须投入感情。别林斯基说：“感情是诗人天性的最主要的动力之一，没有感情，就没有诗人，也就没有诗歌。”可见，感情是诗人的灵魂，诗的生命。作为教师就应该让学生与诗人进行感情交流，产生诗情共鸣，才能读出诗人的喜怒哀乐，才能读出诗人的慷慨激昂，进而理解诗歌的思想内涵，接受陶冶和教育。正如歌德的诗歌《迷娘曲》抒发的是迷娘对故乡的思念之情，整首诗充满了对故乡的向往，特别是那一句“亲爱的人，我愿和你同去”“我的保护人，我愿随你前往”“动身吧，父亲！”感情一次比一次强烈，三种称呼的转换，让多少倾听者为之动容，此时，同学们若不用满腔的激情与哀婉，又怎能读出那一份深深的渴望？

其二，必须把握节奏。诗歌是具形的音乐，离不开韵律、节奏。它通过分行、顿挫、音韵等艺术手段来表现感情的层次。所以读诗要读出诗的格律情韵，古人的“一唱三叹”“摇头晃脑”实际便是这种节奏和韵律的体现。读歌德的《迷娘曲》时应注意这一点，这首诗共三节，每一节都由正歌和副歌组成。整首诗歌运用复沓反复的形式，其中“走呵！走呵！”随语言的节奏变化而变化，在第三小节时应该快读重读，把迷娘对故乡不可遏制的情感表达出来。

其三，必须刺激想象。诗歌的感情主要是通过诗人精心选择的一个个意象来表达的。有动作形象、物象等，而这些意象能给读诗的人们无限的想象空间，通过朗读可以将这些由文字组成的意象幻化成一幅幅精美的画面，产生审美的感染力。

《迷娘曲》正歌部分表现故国意大利的优美景物。通过诵读可以想象出地中海式浪漫的风情，可以想象出希腊高大雄伟的建筑，可以想象出迷娘深沉绵长而又强烈难抑的对故乡的思念之情。

《迷娘曲》曾被贝多芬、舒伯特、舒曼、柴可夫斯基等世界著名作曲家谱曲达百次以上，可以让朗读在这些大师的音乐背景中进行。可以在舒伯特舒缓的小提琴旋律中，可以在贝多芬动人的钢琴旋律中相和而读。此时，诗融于乐，乐融于诗，优美的语句，深情的朗读，缓缓流淌的音乐三者完美地结合在一起，读诗便读出了一种品味，读出了一种享受，读出了一份美感。

其实，“诗教”与其说是知识的传授，不如说是个体生命之间的心灵交流，教师只是作为一种审美的中介，即引导学生以赤子之心融入诗歌的境界和氛围中去，理解诗人的境遇和情感，进而寻觅现实生活中所残缺的人性人情美。所以就教学方法而言，入情的美读要胜于苍白的解说，入境的体验要胜于枯燥的传授。

诵读（课件展示、预设多种诵读方式，约 10 分钟）

1. 自由地读：读读这首诗——感受诗中的美。拟请 2 位学生说说读诗歌后的第一感受——最感性的认识。（约 2 分钟）

2. 个性化地读：结合诗歌创作的背景材料，有感情地读，体会诗歌中蕴含的情感。

3. 读背景材料。（课件展示约 2 分钟）

附背景材料：（拟请 2 位学生读诗歌，感受诗歌中的情感。约 5 分钟）。

《迷娘曲》是歌德创作的自传体长篇小说《威廉・迈斯特》的第一部《威廉・迈斯特的学习时代》中的人物迷娘歌唱的一首插曲。

迷娘是马戏团里一个走钢丝的演员，后来被主人公威廉·迈斯特赎买，收留在身边，是小说中最动人的人物。她是一位性格内向、身体瘦弱的少女，却有着谜一样的性格魅力。她出生于意大利，是一个贵族与自己的妹妹私通生下的孩子。她很小的时候就被人诱拐到德国，过着饥寒交迫、颠沛流离的生活。她的父亲后来流落街头，以弹琴卖艺为生，也被威廉·迈斯特收留。迷娘自从遇到迈斯特，便过上了最美好最幸福的日子，并且强烈地爱上了迈斯特。可是由于疾病，她不久就去世了。《迷娘曲》就是在这样的背景下产生的一首委婉优美的诗歌。

4. 教师范读第一小节并提出两个思考问题。（约 2 分钟）

问题一：你从中看到怎样的画面？这些画面由什么构成？

问题二：你从中能听出什么样的旋律？这些旋律能否用一些词语表达出来？

5. 全班齐读，体会诗歌的情感。

诗歌中的思想与感情是相融合、相渗透的。从挖掘诗歌的思想内涵入情，使学生“豁然开朗”，达到潜移默化的目的。通过反复朗读诗歌，我们懂得节奏的把握和情感抑扬的处理；通过反复朗读，我们懂得了复沓叠唱的妙处；通过反复朗读我们体会出诗歌所表达的迷娘对父亲的爱、对家乡的思念和追求美好世界的感情。通过反复品读诗歌，我们就会理解诗歌内涵，我们也能受到真挚、深沉、哀婉、含蓄的美感教育。

三、解意品象，携诗歌入境

意象就是用来寄托主观情思的客观物象。我们鉴赏诗歌，首先要学会抓意象，通过意象来体会诗人寄予其上的思想感情。我们以这首诗的第一节为例来学习鉴赏诗歌审美意象的方法。

这首诗共三节，每一节都由正歌和副歌组成。正歌表现“那地方”——故国意大利的优美景物，这些景物的优美主要是通过柠檬花儿、蓝天、和煦的风、悄然无语的桃金娘（桃金娘象征着爱情，为维纳斯的神树）、高耸的月桂（月桂为阿波罗的神树）来体现的。这些意象的选择具有意大利景物的典型性特征，诗人在这里融进人物对故乡的浓郁的思念之情，使这些景物都成了人物故国之思的寄托物，再加上诗歌运用音乐的反复艺术——“你可知道那地方”的反复咏唱，就把对故乡的思念之情表达得更加深沉绵长而又强烈难抑。

再对审美意象做深度解析。

如桃金娘：桃金娘为维纳斯神树，象征爱情。夏日花开，灿若红霞，绚丽多彩。维纳斯是希腊美神、爱神阿佛洛狄忒。她出生时的景象特别美丽，据说当她脚触地时，地上会长出如茵的绿草和馨香的花朵；当她出水面时，身子踩在荷叶般的贝壳上；她的身材修长而健美，体态苗条而丰满，姿态婀娜而端庄。

如月桂：月桂为阿波罗神树，象征光明。阿波罗是希腊的太阳之神、文艺之神、真理之神、医药之神、预言之神。如果说桃金娘是柔美的，那月桂就是刚强的；如果说桃金娘是灿红的，那么月桂就是金黄的。

通过这样的深度讲析，学生就能循着桃金娘、月桂的美丽一起和诗人走进迷娘的故乡——那带有浓郁意大利风情的意境中。

教育家赞科夫曾说过："教学法一旦能触及学生的情绪和意志领域，触及学生的精神需要，便能发挥其高度的有效的作用。"此时，在课堂中穿插运用微型讲座就可以触及学生的情绪和精神，使学生的主动性得以充分发挥。由意象到意境、由意蕴到结构，既温故而知新，又丰富学生的知识容量。

如在讲意象、意境、意蕴时，可以穿插这些微型讲座，还可以结合学生已学过的马致远《天净沙秋思》：枯藤老树昏鸦，小桥流水人家，古道西风瘦马，夕阳西下，断肠人在天涯。通过解析这首诗歌的意象，来帮助学生掌握《迷娘曲》中的意象、意境、意蕴。这样可以举一反三、温故知新、巩固积累。

意象·意境·意蕴（展示课件，穿插微讲座）

1. 品意象

拟请一个学生回答问题一，教师结合第一节的主要内容做分析，并展示课件。课中穿插微讲座"意象"。

微讲座：意象 意象是文学作品中寓"意"之"象"，就是用来寄托主观情思的客观物象。

板书：意象——客观　主观　独特

2. 品意境

拟请学生回答问题，课件展示微讲座“意境”。

> 微讲座：意境
>
> 意境是文学艺术作品通过形象描写表现出来的境界和情调。

板书：意境——美好 哀婉 神秘

3. 品意蕴

教师结合文本，课件展示微型讲座。

> 微讲座：意蕴
>
> 意蕴就是文学作品里面渗透出来的理性内涵。比如作品中渗透的情感，比如作品中表现出来的一种风骨，表现的人生的某种精义，或者某种主旨。

板书：意蕴——思念 爱恋 憧憬

师：故乡永远珍藏在人们心灵的最深处，它不会因世事沧桑而改变，那浓烈的乡愁即使经受岁月的漂泊依然散发着萦绕不去的芬芳。乡愁可以是余光中的一枚邮票，一张船票，也可以是席慕蓉的一支清远的笛，总在月亮的晚上响起，也可以是一棵没有年轮的树，永不老去。这也许就是《迷娘曲》。

教师再次结合文本对意象、意境、意蕴做总结，可以结合学生曾经学过的文本，如《静夜思》、《天净沙·秋思》《乡愁》。

四、一咏三叹，抒诗歌真情

这首诗共三节，每一节都由正歌和副歌组成。第一节正歌部分，表现了故国意大利的美好景物；第二节正歌部分，描述了迷娘幼年生活的房子；第三节正歌部分，描述了迷娘被拐到德国的沿途风景。正歌部分借助不同场景的描述，表现了迷娘对故国的热爱与思念。

（一）体会这首诗副歌的作用

这首诗的副歌部分，采用直抒胸臆的方式，通过“走呵！走呵！”的重复，表达了迷娘不可遏制的思乡之情。“亲爱的人，我愿和你同去”“我的保护人，我愿随你前往”“动身吧，父亲！我愿和你前往！”感情一次比一次强烈，三种称呼的转换，把迷娘对迈斯特复杂的情感和思乡之情交织在一起，让读者深刻地感受到迷娘对故乡深沉的热爱和对美好世界的执着追求。

（二）体会复沓叠唱的艺术结构技巧

复沓又叫复叠、重章叠句。是诗歌的一种表现手法，也是《诗经》章法上的一个重要特点，即各章的句法基本相同，中间只更换相应的几个字，反复咏唱。作用在于加深印象，渲染气氛，深化诗的主体，增强诗的音乐性和节奏感，使感情得到尽情的抒发。

例：蒹葭苍苍，白露为霜。所谓伊人，在水一方。
溯洄从之，道阻且长。溯游从之，宛在水中央。《诗经》

（三）体会对话的审美价值

鉴赏诗歌中的对话，会产生惊人的审美效果。如正歌中“你可知道……”的询问，既是询问也是倾诉，既引起读者的好奇心，也强化了迷娘对故乡的深情。副歌中迷娘应答，不仅回应了询问，而且进一步把思乡之情变为回乡的行动。“走呵！走呵！”这种回答不但强调了回乡的坚决态度和迫切心理，而且在重复中有着微妙的变化，与重复的内容形成本诗的深层内涵，即迷娘对迈斯特的复杂情感。

（四）探究诗中的倾诉者和被倾诉的对象

冰心说过：“爱在左，同情在右，走在生命的两旁，随时撒种，随时开花，将这一径长途，点缀得香花弥漫，使穿枝拂叶的行人，踏着荆棘，不觉得痛苦，有泪可落，却不是悲凉。”爱情、友情，再加上一份亲情，便一定可以使你的生命之树翠绿茂盛，无论是阳光下，还是风雨里，都可以闪耀出一种灿烂夺目的光辉。亲情是一种深度，友情是一种广度，而爱情则是一种纯度。爱情是一种神秘无边，可以使歌至忘情、泪至潇洒的心灵照耀。

预设问题：诗中的倾诉者是迷娘还是谁？被倾诉的对象是同一个人还是三个不同的人？（让学生自己探究，言之成理即可。）

预设答案：迷娘就是诗中的倾诉者。迈斯特就是诗中三个被倾诉的对象，是同一个人。

诗中的三个被倾诉的对象不是同一个人。只要能自圆其说即可。

解析答案：迷娘从小被迈斯特收留，在她的心中早已把迈斯特当作“我的父亲”；随着年龄的增长，少女怀春的懵懂，在内心深处爱着迈斯特，因而把他当作“亲爱的人”；但现实的无法实现，她把这种情感深深埋在心中，因此只能称他为“我的保护人”。这三种称呼的转换，可以读出迷娘对迈斯特有一种真挚、复杂、深沉的情感，哀怨又缠绵。

板书：

迷娘曲

歌　德

意象——客观　主观　独特——丰美

意境——美好　哀婉　神秘——优美

意蕴——思念　爱恋　憧憬——唯美

结构——复沓　叠唱　对话——完美

五、比较阅读，拓诗歌视界

黑格尔说：“运伟大之思者，必有伟大之迷途。”为了让学生记住这样一个伟大的诗人，一个充满迷一样的诗人歌德。我们在拓展阅读内容上做一些设计。

比较阅读就是“把内容或形式上有一定联系的读物加以对比，有分析地进行阅读”的方法，可以从内容到形式进行比较：或文体，或人物，或风格，或感情等。选择相同题材不同形式的作品加以比较，找出其间的差异，从而探求其中的奥秘，这种方法的适应性比较广泛。

对比阅读我们可以选取中国版的《迷娘曲》——田汉作词、聂耳作曲的《梅娘曲》，拓展阅读选取歌德的《迷娘曲》(二)(三)，这样可比性更强。

学生通过比较阅读，寻找梅娘与迷娘的异同；探寻出中国版与原版的情感走向，这样会加深学生对迷娘的印象，既开阔了视野，又丰富了知识。

学生通过拓展阅读，寻找出迷娘在不同的背景下不同的情感走向，为他们展示多角度的迷娘形象。本节课中的对比阅读和拓展阅读无疑是一个亮点。

对比阅读(课件展示约5分钟)

中国版的《迷娘曲》——《梅娘曲》，读出他们的异同点。进入美诗欣赏。

《梅娘曲》

(一)

哥哥，你别忘了我呀，
我是你亲爱的梅娘。
你曾坐在我们家的窗上，
嚼着那鲜红的槟榔，
我曾轻弹着吉他，
伴你慢声儿歌唱，
当我们在遥远的南洋。

(二)

哥哥，你别忘了我呀，
我是你亲爱的梅娘。
你曾坐在红河的岸旁，
我们祖宗流血的地方，
送我们的勇士还乡，
我不能和你同来，
我是那样的惆怅。

(三)

哥哥，你别忘了我呀，
我是你亲爱的梅娘，
我为你违背了爹娘，
离开那遥远的南洋，
我预备用我的眼泪，
搽好你的创伤，
但是，但是，

你已经不认得我了，
你的可怜的梅娘。

拓展阅读——积累阅读

开拓视野，提高鉴赏水平（多媒体屏幕打出或印发歌德的另外两首《迷娘曲》）

师：请阅读下面两首《迷娘曲》，把你最喜欢的一首按照我们以上鉴赏的方法进行鉴赏，写出300字以上的鉴赏文字，尤其欢迎个性化的创新鉴赏观点。

《迷娘曲》二

只有懂得相思的人，
才了解我的苦难！
形只影单；失去了
一切欢乐，
我仰望苍穹，
向远方送去思念。
哎，那知我爱我者，
他远在天边。
我五内俱焚，
头晕目眩。
只有懂得相思的人，
才了解我的苦难！

《迷娘曲》三

别让我讲，让我沉默，
我有义务保守秘密，
我本想向你倾诉衷肠，
只是命运它不愿意。
时候到了，日出会驱散
黑夜，天空豁然明爽；
坚硬的岩石会敞开胸怀，
让深藏的泉水流到地上。
谁不愿躺在友人怀中，

倾听他胸中的积郁；
只是誓言迫使我缄默，
只有神能开启我的嘴唇。

【课堂实录】

梦里花落知多少

——《迷娘曲》课堂实录

【阅近文本】——以诗读诗

教师：上课

学生：起立！老师好！

教师：同学们好。请坐。在上课之前，请全班同学和我一起读一下课件上的一段文字。

学生：这是一首被贝多芬、舒伯特、舒曼、柴可夫斯基等世界著名作曲家谱曲达百次以上的诗歌。这是一部用了五十多年写成的“教育小说”中的一首诗歌。这是一首被海涅称为“一支写出了整个意大利的诗歌”。这是一首被恩格斯称为“最伟大的德国人”，也是世界上称得上最伟大的少数几个文学家的诗人所作诗歌。

教师：有人常说，音乐是一种能够穿透人心灵的艺术形式，而作为一首诗歌来讲，它能够使这么多的音乐家谱曲达百次以上，那么看来它确实是一首很特别的诗歌。今天，我们就和同学们一起走进被恩格斯称为“最伟大的德国人”——歌德的《迷娘曲》。好，那么请同学们把我们的材料打开。培根曾说过这样一句话，读诗可以使人聪慧，那我们同学自己把这一首诗读一遍。自由地读。

（学生朗读）

教师：这第一遍是最感性的读法。想请两个同学来说说你读第一遍的时候读出了什么样的感觉。就是最直接，可以用一个词来说。来，请这位同学。

学生A：读出了思念。

教师：你读出了思念，是吗？你很直接地就读出了一种思念。那你能不能从文本中寻找一个印证的诗句。

学生A：我愿跟随你，爱人啊，随你前往！

教师：你读出了思念。好，很好。那我现在还要找一位男生，浩翔，你读出了什么？

学生 B：我读出了对曾经往事的热爱。

教师：对什么的热爱？

学生 B：对曾经往事的热爱。

教师：对往事的热爱，或者，向往。来，请坐。那我就要和同学们一起来读一读，这是一首特别的诗歌。好，它特别在哪里呢？这首诗的题目是叫什么？

学生：《迷娘曲》。

教师：下面请我们的同学一起来看一看，创作《迷娘曲》的一个背景材料。《迷娘曲》是歌德创作的自传体长篇小说《威廉·迈斯特》中的人物迷娘歌唱的一首插曲。那么迷娘是一个什么样的人物？她原来是一个马戏团的走钢丝的演员，后来被主人公威廉·迈斯特赎买，收留在身边，是小说中最动人的人物。大家记得我这红字的部分，她是一位性格内向、身体瘦弱的少女，却有着迷一样的性格魅力。她出生在意大利，是一个出身非常特别的人。迷娘自从遇到迈斯特，便过上了最美好幸福的日子，并且强烈地爱上迈斯特。可是由于疾病，她不久就去世了。《迷娘曲》就是在这样的背景下产生的一首委婉优美的诗歌。

那么前面，我们同学是非常感性地来读诗歌，可能读出一种思念，或者读出对以往事情的向往，是不是？好，通过这个背景介绍，同学们再酝酿一下，这时候你会用一种什么样的情感来读这首诗歌。大家先酝酿一下，我一会儿请两位同学一起读读这样一首诗歌。来，自己酝酿一下……我有一段音乐，请两位同学配合音乐读一读。请林盛同学，还有石宁同学，两位合作一下，读读这首诗歌，同学们注意听。来。这是我给的背景音乐，你们两位合作一首。

（音乐响起）

学生 C：《迷娘曲》，歌德。

学生 D：

你可知道那地方，柠檬花儿盛开，
香橙在绿荫深处闪着金光，
从蓝天吹来和煦的微风，
桃金娘悄然无语，月桂高耸，
你可知道那地方？

走呵！走呵！
亲爱的人，我愿和你同去。

学生C：

你可知道那所房子，屋顶下排列着圆柱，
厅堂辉煌，房间宽敞明亮，
大理石像凝视着我：
可怜的姑娘，你有什么忧伤？
你可知道那地方？
走呵！走呵！
我的保护人，我愿随你前往。

学生C、学生D：

你可知道那地方，那高山？那云径？
骡子在浓雾中觅路前行，
岩洞里出没着早先的古龙，
悬崖欲坠，瀑布飞泻，
你可知道那地方？
走呵！走呵！
动身吧，父亲！我愿和你前往！

（掌声响起）

教师：从同学们的掌声里，我已经听到了什么。我也想请两个同学说说他们刚才读出了一种什么样的情感？好，你来说说看。

学生E：我觉得他们两个读出了对家乡的思念之情。

教师：也听出了一种对家乡的思念之情。好，很好，请坐。来，说说看，你刚才听到了一种什么情感？

学生F：作者对这位姑娘的怜惜之情。

教师：作者对这位姑娘的怜惜之情，是不是？好，请坐。两个同学从刚刚两位同学的朗读里听出了一种思念的情感，又听出了作者对这个姑娘的怜惜之情。好，我们常说，文学是人学，诗歌是情学。无人就无文学，无情就无诗歌。这首诗歌，特别美，它的情感是靠我们全部同学来品读的。后面，我请我们全班的同学一起来读一读，也给一段音乐，读的时候，你们也得思考两个问题，一是你能读出一种什么样的画面？二是还能读出哪一种情感？同学们，情感酝酿一下，就可以读了。从题目开始。

（音乐响起）

学生：《迷娘曲》——歌德。

你可知道那地方，柠檬花儿盛开，
香橙在绿荫深处闪着金光，
从蓝天吹来和煦的微风，
桃金娘悄然无语，月桂高耸，
你可知道那地方？
走呵！走呵！
亲爱的人，我愿和你同去。

你可知道那所房子，屋顶下排列着圆柱，
厅堂辉煌，房间宽敞明亮，
大理石像凝视着我：
可怜的姑娘，你有什么忧伤？
你可知道那地方？
走呵！走呵！
我的保护人，我愿随你前往。

你可知道那地方，那高山？那云径？
骡子在浓雾中觅路前行，
岩洞里出没着早先的古龙，
悬崖欲坠，瀑布飞泻，
你可知道那地方？
走呵！走呵！
动身吧，父亲！我愿和你前往！

【阅深文本】——以象品诗

教师：好。通过我们同学的品读，那么我想问一下大家，从诗歌里，你读出了一个什么样的画面？能不能请同学们自己来说说看？

学生G：我读到了三个画面。

教师：你读到三个画面。哪三个画面？

学生G：第一段的那个画面就是那种很温柔的，很温柔的沙滩。

教师：很温柔的沙滩。

学生G：色彩非常鲜亮的。

教师：能不能很具体地说说看，这些画面是由什么组成的？

学生G：色彩鲜亮的那种对比，就像是色彩金黄的沙滩还有温柔的海浪，还有一些椰树的那种绿油油的植物。

教师：好，我听出来了，这是你的一种感觉，对吧？那诗歌里面，文本里面有没有通过很具体的这个物象体现出来？

学生G：物象，就是香橙，还有绿荫，然后，微风，还有一个人物是桃金娘。

教师：她说这个人物是桃金娘，同学们说这个桃金娘是什么？

学生：花。

教师：是一种花。桃金娘是一种花，不是人物。没关系，因为它非常像什么？人物的名称。她读出了温柔，很美丽的这样的一个画面，对吧？通过这样一个物象构成的这个画面。这是你刚才说的第一个画面，对吧？你说还有画面在哪呢？

学生G：第二个画面它是……在我看来它就是一些建筑物，恢弘的建筑。

教师：很恢弘的建筑，从文本里面，哪里可以读出来？

学生G：就是……厅堂辉煌的房子。

教师：还有呢？

学生G："屋顶下排列着圆柱"，还有……"大理石像"。

教师：大理石像。这也是一个建筑物的画面，这是你刚才说的第二个画面。还有一个画面在哪？

学生G：第三个画面是那种雾气朦胧的地方，然后，迷雾重重，困难重重，一个是悬崖欲坠，瀑布飞泻，还有早先的古龙。

教师：很多，对吧？很好，来。给我们这位同学掌声。

（学生鼓掌）

教师：这位同学从这个诗中读出三个画面来了。好，这三个画面都由它自己特定的物象构成。诗歌里面我们常说，构成诗歌里头这样的一种物象，它在诗歌里头有一个特定的称谓叫什么？

学生：意象。

教师：对，意象。同学们在初中的时候有没有学过意象？有，可能还不是很清晰，是不是？没有关系，如果还没有很清晰的话，我们重温一下。所谓的意象就是客观物象经过创作主体独特的情感而创造出来的一种艺术形象。简单地说，意象就是寓"意"之"象"，是用来寄托主观情思的客观物象。那么一首诗歌可以让我们读到一个画面。如此优美的，是不是？如刚才说，朦胧的。或者如此雄伟的画面，它靠的就是意象。那么这个也是我们诗歌里所要谈到的一个点。你在欣赏一首诗歌的时候，意象是很重要的，而且这个意象呢，它是客观存在在这个世界上的，它还要加上作者的一种主观情感，再形成一种非常独特的东西。

那我们可以选取这首诗歌的第一小节，一起再来品读一下。我们同学来看：你可知道那地方，柠檬花儿盛开，香橙在绿荫深处闪着金光，从蓝天吹来和煦的微风，桃金娘悄然无语，月桂高耸。好，刚才一个同学说了，桃金娘很少见到，是不是？她把它误认为一个人物，我这里要给大家做一个解说。桃金娘是一种植物，传说是维纳斯女神的神树。大家知道维纳斯女神是谁？

学生：希腊女神。

教师：爱神，希腊的女神。传说中她出生是什么样子啊？她是从水面出来的，是从一个小贝壳里面出来的。她的身材颀长，而且很美，体态丰满苗条、婀娜端庄。她一出来的时候大地开满鲜花，空气中充满着各种各样的香味。桃金娘绝对是一个独特的意象。它代表什么？迷娘的故乡是哪里？

学生：意大利。

教师：意大利特有的特色，是不是？还有一个意象就是月桂，我要给大家说说月桂。这个月桂是什么？传说中是阿波罗的神树，阿波罗在希腊神话中是太阳之神，他能够给人们带来光明，温暖。所以他也被称为文艺之神、医药之神、真理之神，预言之神。在这个意象里面，它有一个独特的东西在里面。所以写出了我们同学刚才说的这个独特的意大利的这个画面。我们说意大利是迷娘的故乡。因为她从小是被拐走的，离开了意大利，我们同学也读出来了，文中是一种思念，对故乡的思念，还有包括我们同学说的雄伟的建筑物，圆柱，那是罗马的哥特式的一个建筑物，非常有特色，所以诗人他都选用了这样非常有特色的意象。

我们刚才说，我们了解了意象以后，我们就会捕捉到这样诗歌的意境，是不是？那也给大家重温一下　意境。意境是一种境界和情调，它通过形象表达或诱发，是抽象的、要体悟的。其次，意象或意象的组合构成意境，意象是构成意境的手段或途径。我想请一个同学说说，这首诗歌读完以后，你体悟到什么样的意境？来，哪个同学自己来说说看？我们请一个同学，你来说说看。

学生 H：我觉得就是……从第三段可以读出那种很神秘的感觉。

教师：你找一个诗句来说，你读出一个很神秘的意境。

学生H：骡子在浓雾中觅路前行，岩洞里出没着早先的古龙，悬崖欲坠，瀑布飞泻。

教师：好，非常好，她读出了神秘的意境。那其他同学有没有还要补充的？除了这个神秘的意境外还读出了什么？好，请一个同学，启凡同学。

学生I：第一段。

教师：第一段，来。我们来看第一段。

学生I：第一段是很温暖明亮的。

教师：很温暖明亮的，那你从文本里面寻找一个诗句。

学生I：柠檬花儿盛开，香橙在绿荫深处闪着金光，从蓝天吹来和煦的微风，桃金娘悄然无语，月桂高耸。

教师：哦，非常温暖。它给我们的色彩是什么？鲜艳，温暖的颜色。好，很好。还有没有同学要补充的？刚才他读出了温暖的意境，还读出了神秘的意境，还有没有？

学生J：我读出了一个宁静优美的意境。

教师：宁静优美，在哪里呢？

学生J：第一段的：从蓝天吹来和煦的微风，桃金娘悄然无语，月桂高耸。

教师：哦，她读出从蓝天吹来和煦的微风，桃金娘是悄然无语，宁静优美。好，还有没有同学需要补充的？来，我们这位同学。

学生K：我补充的是第一段，我读出的是美好、和谐。

教师：美好、和谐。

学生K：还有对第三段也有补充。

教师：好。

学生K：悬崖欲坠，瀑布飞泻。我读出了这个旅途非常地艰辛困苦。

教师：旅程非常地艰辛，你刚才用了一个什么词来说？困苦，还曲折。非常好。来，你看啊，我们同学确实很会品诗。从刚才一组一组的画面里，品到了它的意境。有什么？温暖的。还有呢？宁静的。还有什么？神秘的。可能还有很多种，对不对？还有刚才困苦的等等。它意境可以很多，一组一组的意境。好，有了这样的意象，有了这样的意境以外，这首诗歌它想表达的主题就出来了。我们同学刚才在读第一遍的时候，已经给大家都说出来了。

我现在还要给大家再讲一讲，我们在欣赏诗歌的时候，它有这样几步。

首先要了解意象，然后要体悟一下意境，最后就要明确一下这首诗歌所蕴含的东西。比如说情感，比如说一种风骨，比如说人生的某种精神，或者说某种主旨。我也想请我们同学来说说，这首诗歌的意蕴，你读到了什么？来，可以举手来说，自由地说。来，你来说吧。

学生L：我读出了他对一切美好事物的憧憬。

教师：哦，对一切美好事物的憧憬。能不能从文本里面找几句诗句。

学生L：第一段里面他说，“柠檬花儿盛开，香橙在绿荫深处闪着金光，从蓝天吹来和煦的微风”，这些都是很美好的。

教师：很美好的憧憬。是不是？那刚才这位同学说了。这些美好的东西都是迷娘的，是哪里的东西？故乡里头的风景是不是？那么对于美好的憧憬，我们也可以从中延伸到什么？

学生：向往。

教师：对故乡的一种向往，或者思念。好，非常好。我们同学非常好。来，现在再找一个同学，再一次地补充一下，我们这首诗歌的意蕴，你又能读到什么？我们这边最后一位戴眼镜的男生。

学生M：我读出的意蕴是迷娘对迈斯特的爱。

教师：迷娘对迈斯特的爱，从哪里可以读出？

学生M：从第一段：“亲爱的人，我愿和你同去。”还有第二段：“我的保护人，我愿随你前往。”第三段：“动身吧，父亲！我愿和你前往！”

教师：这里有一个“亲爱的人”，还有一个“我的保护的人”，还有“父亲”，是不是？你刚才说你可以读出是迷娘对迈斯特的什么情感？

学生M：爱。

【阅出文本】——以诗迁读

教师：爱。非常好。我们同学非常能捕捉文本。那么我们就再带大家品读这首诗歌的意蕴，我们刚刚说了憧憬，对美好的一种憧憬，还有一种思念，思念她的故乡，除此以外，它还有什么？爱恋，好。这都是我们同学所读出来的。那么这首诗歌同学通过读，已经很明白了，她是通过对这样的一组意象，意大利非常迷人的意象，写出来自己对故土的热爱、向往、迷恋，还把自己对主人的深深的爱恋融在一起。很美。所以这是一首像谜一样的诗歌。这首诗歌的题目很有意思。《迷娘曲》，因为她的出身像谜一样，因为她的出身很卑微的，她很小的时候发生了什么事情？

学生：被拐走。

教师：被拐走，她对故乡是很模糊的。可是有人曾说，故乡是永远珍藏在人们心灵深处的。它不会因世事的沧桑而改变，不管经过了多少的岁月，它依然散发出迷人的芬芳。我们说过，对故乡的思念，绝对是一个永恒的话题。大家初中的时候有没有学过对故乡思念的诗？都读出来。

学生：《乡愁》。

教师：《乡愁》，余光中写的。能不能读两句让老师听听。

学生：小时候乡愁是一枚小小的邮票，我在这头，母亲在那头。

教师：好。一句就行了。在他的笔下，乡愁是一枚邮票，也可以是什么？

学生：船票。

教师：船票，还可以是一湾浅浅的海峡。那么我们学过的席慕蓉的诗歌里面，也有对乡愁的描写，她说乡愁是一支清远的笛，总是在有月亮的晚上响起，又把乡愁写成一棵没有年轮的树，永不老去。所以，这个意蕴，这个主题是永恒的，接着又讲到它的意蕴，是对他主人的一种爱恋之情。这是爱情。是不是？这是我们同学的品读。我们读出了很多东西。除此以外，这首诗歌从结构上来看，有没有它的独特性？来哪个同学说说这首诗歌有没有结构上的独特性？好，你来说说看。

学生N：每一段的开头都是“你可知道那个地方”，好像是想把读者带入那个境界的那个感觉。结尾都是鼓舞人的。“走呵！走呵！”，是想和读者，或者是品读这篇文章的人一起来感受的。

教师：而且你有没有从诗歌里看出它的语言，每一节的语言都有它相似的地方。

学生N：嗯。

教师：这首诗歌中，它一直有一个相似的词语反复着，这种手法叫什么？

学生N：复……

教师：同学们和他说，是叫什么？复沓，对不对？或者是称之为反复，这是诗歌中常用的一种手法。请坐。非常好。那老师再给大家重温一下复沓。那么复沓也叫重章叠句，是诗歌中的一种表现手法，在《诗经》中常常用到。大家回忆一下，你们初中有没有学过《诗经》？也来两句读读看。

学生：蒹葭苍苍，白露为霜，所谓伊人，在水一方。

教师：好，那么它也是采用这样一个复沓的形式。复沓的作用在于加深印象，渲染气氛，深化诗的主体，增强诗歌的音乐性和节奏感，使情感得到尽情地抒发。在这样一首诗歌里面，它非常地特殊，是不是？有用我们所说的复沓，是不是？还有呢，是叠唱，那么除此以外我们同学问了，诗歌是不是很特别，你可知道那地方，后面还有问，你可知道那地方？有没有问号？下面说："走呵！走呵！"这个有问有答是不是？这又是什么修辞？

学生：设问。

教师：设问。在这首诗歌里面还有一个人物之间的对话。我们刚才同学所说的，这个对话也很特别。我想跟同学们讨论一下。在这样短短的诗歌里头，有这样几句话，"亲爱的人，我愿和你同去"，"我的保护人，我愿随你前往"，"动身吧父亲，我愿和你前往"。这首诗歌中这称呼一共变了三次。这几个人是同一个人吗？不要急着回答老师，思考一下，可以有不同意见。这几个人是同一个人吗？这个问话的人也是同一个人吗？谁在问？自己讨论一下，请我们同学一起来作答。可以各抒己见。

（学生讨论）

教师：好，来吧。这位同学。

学生O：我认为不是一个人。

教师：你认为不是同一个人。你把你的意见说说看。

学生O：但是这三个人给她感情上的撞击是一样的。

教师：好，理由。

学生O：理由，什么理由呢？

教师：你刚才说这个比如说讲到的"亲爱的人""保护的人"，还有"父亲"，指的都是什么人。

学生O：那个亲爱的人，可能是给她一些感情上的温暖的人。

教师：很温暖的人。

学生O：那个保护的人，可能是用理性的光辉让她觉得生活充实的那些人，最后父亲，可能是对生命的一个赞扬。

教师：生命的赞扬，啊，对。请坐。这是我们一个同学的答案。还有没有其他不同意见的同学，她刚才讲的这三个人都不是同一个人。来，我们同学来说说看。你来说说看，你认为他是同一个人吗？

学生P：也有可能是同一个人。

教师：也有可能是同一个人。说说理由。

学生P："亲爱的人"可以指她的父亲，她小时候父亲给她的关爱；第二个"我的保护人"，屋顶下排列着圆柱，厅堂辉煌，她说她父亲是个贵族，所以她的家应该是这样的，那也说明可能是她的保护人；后面"动身吧！父亲"，又指的是父亲。

教师：你认为他们可能就是同一个人？好，请坐。我不知道还有没有同学有其他答案？好，这位同学。

学生Q：我认为他们是同一个人。

教师：你认为他们是同一个人。

学生Q：为什么这么说，可能都是她的主人迈斯特。

教师：也可能是迈斯特。

学生Q：因为我们知道她从小就是……就是她父亲和一个亲戚乱伦的产物。

（笑声）

学生Q：而且她从小被拐卖走了，所以这么多年她应该没有多少感觉了。背景有了解到，她被买后的时光是她最快乐的时光，她爱上了迈斯特，迈斯特也是她的保护人。而她是迈斯特的仆人，不能对主人产生这种非分之想，所以她只能把这种真挚而热烈的情感升华为对父亲的爱。

教师：好，非常非常好。大家掌声。

（掌声响起）

教师：那么无论是一个人也好，三个人也好，我觉得都没有问题。只要同学自己能够自圆其说，能够在理，我觉得都是可以的。好，那我们来看，这一组的意象，给我们很多优美的意境，又给我们很多的意蕴。此外，我们品读了诗歌的结构。诗歌中呼喊几个人？是一个，还是三个，给我们很多思考的问题。那我们来看，这个意象，很独特很主观，又很多。我们可以用一个词来修饰，这些意象是什么？很丰富，有很美丽。是不是？很丰美。那后面的这个我们说说看，这个意境又温暖，又宁静，又神秘。还有许许多多，我们也可以用一个词来修饰，很多是不是？也很多。那我们能不能还用这个词啊？不用了。老师就来写一个吧。总之它的意境非常优美。好，我们刚才说了，这个憧憬、这个思念、这个爱恋，把思乡情和爱情融在一起。我们说，亲情如果是一个广度的话，那么友情就是深度，而爱情就是纯度。诗人把这些东西融合在一起的话，确实是世间最唯美的一种情感。那么诗歌的整个结构又带有《诗经》的特色，叠唱，还有独特的一些对话，所以它的结构堪称完美。所以有那么多的音乐家为它谱曲达上百次。世界是圆的，而文学在世界上也是圆融的。有一首被称为我们中国版的《迷娘曲》，那就是《梅娘曲》。来，同学们来通读一下，寻找一下这首诗歌和我们刚才的这首《迷娘曲》，有没有异同点……好，我们一起吧，先把它读一遍。

学生:
哥哥,你别忘了我呀,
我是你亲爱的梅娘,
你曾坐在我们家的窗上,
嚼着那鲜红的槟榔,
我曾轻弹着吉他,
为你慢声儿歌唱,
当我们在遥远的南洋。
哥哥,你别忘了我呀,
我是你亲爱的梅娘,
你曾坐在红河的岸旁,
我们祖宗流血的地方,
送我们的勇士还乡,
我不能和你同来,
我是那样的惆怅。
哥哥,你别忘了我呀,
我是你亲爱的梅娘,
我为你违背了爹娘,
离开那遥远的南洋,
我预备用我的眼泪,
搽好你的创伤,
但是,但是,
你已经不认得我了,
你的可怜的梅娘。

教师:好,读完了。这和我们的《迷娘曲》有没有什么异同点?在哪里?

学生:从结构。

教师:结构,它也用了什么样的结构?复沓,叠唱,是不是?也是用的一个对话,那它只自己说,没有答,是不是?那这里的两个主人公,一个就是梅娘,一个就是青年学生。那我们来看,除了这个结构以外,还有什么东西是一样的?他所说的……你看……啊,寄托的情感,它寄托了哪种情感,同学们?

学生:对青年学生的爱。

教师：对青年学生的爱。从哪里可以看出对青年学生的爱？

学生R：诗句“哥哥你别忘了我呀。”

教师：那这种我们也称之为什么？对人直接的一种直抒胸臆。就和我们诗歌一样，“走呵！走呵！”一样。一种爱恋之情，是不是？好，除此以外呢，它有没有一个独特的意象呢？它的一些意象是什么？诗歌里面。

学生R：还有那个，就是青年的形象，你曾坐在我们家的窗上，你曾坐在红河的岸旁。

教师：有两种曾经和她朝夕相处的形象。比如说，嚼着那鲜红的槟榔，这个是南洋特有的一个东西。所以知道这个地方是在南洋。好，也抒发了一种自己独特的爱恋之情。这个是惆怅的回忆，他不能同来，后来，他来了却受伤了。她现在在呼唤他醒过来。好了，通过这个同学的对比。我们学完了《梅娘曲》，同样也可以学我们很多的诗歌。所以诗歌是古今，或者说中西，是一样的。好，最后，请我们同学一起和着老师的音乐，把诗歌再读一遍。

（音乐响起）

教师：好，题目开始。

学生：《迷娘曲》，歌德。

你可知道那地方，柠檬花儿盛开，
香橙在绿荫深处闪着金光，
从蓝天吹来和煦的微风，
桃金娘悄然无语，月桂高耸，
你可知道那地方？
走呵！走呵！
亲爱的人，我愿和你同去。

你可知道那所房子，屋顶下排列着圆柱，
厅堂辉煌，房间宽敞明亮，
大理石像凝视着我：
可怜的姑娘，你有什么忧伤？
你可知道那地方？
走呵！走呵！
我的保护人，我愿随你前往。

你可知道那地方，那高山？那云径？
骡子在浓雾中觅路前行，
岩洞里出没着早先的古龙，
悬崖欲坠，瀑布飞泻，
你可知道那地方？
走呵！走呵！
动身吧，父亲！我愿和你前往！

教师：好，我们同学已经非常好地把诗歌读了一遍。课后有一个小作业，同学们完成老师布置的学案，选择其中一首《迷娘曲》和《梅娘曲》作对比阅读。最后，我们用和歌德一个时代的黑格尔的一句话结束今天的课。

师生："运伟大之思者，必行伟大之迷途。"

教师：下课。

第二节　散文的审美意象

作为文学中一种极为重要的文体，散文既具有文学的一般特质，又有其独特之处，而审美性则是散文文体的一大显著特征，散文的语言、意象意境、情感性和思想性构成散文四大审美特征。从形式上说，散文往往运用了优美的语言、词句、并且在词句的建构中形成了具有审美特征的意象，达到具有审美意味的意境；从内容上说，散文是作者用来抒发情感体悟的文体，所以散文文体在表达作者内心真实情感的同时，又必不可少地反映了作者的思想内涵。散文平实的语言总给人一种亲切感，这种亲切感来自以口语为基本原料熔铸出的美感，在平淡、流畅、缓慢中流淌着深邃、纯真、挚诚，因而能给人顿生亲切平易的感觉，而且值得仔细玩味。意境美是散文审美特征的重要因素，这是由于散文的审美核心在于“形散而神不散”，即是以具有审美意味的意境为手段，达到通过外在的形来传达内在的神的境界。如果说意境美是散文审美特征的重要因素，那么情感性则是散文审美特征的根本因素，散文的情感主要表现在两个方面：一是真实性；二是亲切性。散文在传达作者情感性的同时，又具有深刻的思想内涵，思想性是散文审美特征的核心因素。其思想性通过散文这种文体，形成一种独特的审美体验：散文理论界影响最大的是“真情实感论。”其著名论述是：“散文创作是一种表达内心体验和抒发内心情感的文学样式。”“它主要是用内心深处迸发出来的真情实感打动读者。①”孙绍振教授认为散文审美不应该局限在僵化的“真情实感”里，还需要从西方生命哲学、文化哲学中去演绎，还是需要回到散文浩如烟海的散文文本中去。

所以审美性就成了散文区分于其他文体的重要标志，审美情致的培养对于散文阅读颇为重要，主要通过课堂教学来实现。散文审美情致的培养需要教师和学生共同努力。那如何在散文中邂逅审美意象？如何能够更好地向学生传达散文的审美特征？

《消失的故乡》选自谢冕先生自述文《花落无声——谢冕自述》。《花落

① 孙绍振.审美阅读十五讲[M].北京：北京大学出版社，2013：18.

无声》原是谢冕先生为纪念母亲而写，那些在母亲身边的日子是多么短暂，那些接受无边的母爱的日子，随着母亲的青春年华而远逝了。岁月无痕，花落满地，留下的，是无边的怅惘和永久的思念。那种花落无声的感觉，愈是遥远却愈是深沉。“昨夜闲潭梦落花，可怜春半不还家”。经历了人生的长途跋涉，一步一步，不苟且，不畏缩，也不漫不经心，矜持地、持重地望着脚下的路，绕过陡峭，踩过荆棘，疼痛、红肿、瘀血，但不停步，只是一径地坚持着前行。日子如花，花瓣却雪片也似的落满了一地①。

一、微观入读，阅近文本

尼采曾说：“叔本华的伟大之处是站在整幅生命之画面前，解释它的完整意义，其他人却致力于研究画布和颜色。”②在我看来，宏观的把握和微观的研究，两者都是必要的，并且是相辅相成的。在文本的解读中，咬文嚼字就是尼采所说的“研究画布和颜色”，而“知人论世”和“以意逆志”就是尼采所说的“站在整幅生命之画面前，解释它的完整意义”。只有将微观的研究和宏观把握结合起来，才能拨云见日，探骊得珠。

（一）设问就读，初识谢冕先生记忆中多姿多彩的故乡

以读入门，意在从自然、历史、人文三个维度去品读文字和语言，去品味作者在文本中的审美意象，给学生一个微观和宏观相结合的文本视界。

设计的主问题：

（1）记忆中那是一个＿＿＿＿＿＿的故乡。

（学生自由读：默读、声读文本。注意让学生体会是“那”而不是“这”，回答预设中问题。）

学生可能找出：

记忆中那是一个长满古榕的故乡——第①段

记忆中那是一个绽放梅花的故乡——第③段

记忆中那是一个并排水井的故乡——第④段

学生还有可能找出：

记忆中那是一个至亲至爱的故乡——第⑩段

---

① 谢勉.花落无声——谢勉自述[M]郑州：河南文艺出版社，2016：序.

② 熊芳芳.语文不过如此[M].北京：中国轻工业出版社，2014：22.

记忆中那是一个拥有依稀梦的故乡——第⑥段

记忆中那是一个异域情调的故乡——第⑧段

(2)故乡的元素包含什么？

(拟请3～5名学生说说故乡的元素。)

故乡自然之景：——榕树、水井、鲜花——自然色彩；

故乡文化之景：——街巷文化、建筑文化、宗教文化——异域色彩；

故乡人文之景：——母亲、父亲；冰心、严复等——人文色彩。

【教学实录一】节选：

师：如果一个人，没有故乡的话，他就没有身世，他就不能确认自己是谁，属于谁？如果一个故乡，没有地址，没有路标，那么一个人又如何知道自己从哪里来，又到哪里去呢？

今天就和同学们一起来读谢冕先生的《消失的故乡》。

谢冕先生在他年纪比较大的时候，回到了故乡。在故乡行走的时候，他发现故乡消失了。那么，这是什么原因，到底他记忆中的故乡是什么呢？请同学们看PPT，用红色标记的“那”字，“那是一个故乡”。我在这里强调一下，不是“这”，是“那”。仔细读文本，从文本里面寻找到作者记忆中的故乡。(学生阅读文本)

生1：最后一段，他说：“我迷失了我早年的梦幻，包括我至亲至爱的故乡。”

师：好，你选择了第十段，是“迷失了早年的梦幻，包括我至亲至爱的故乡”。

生1：我选择的词语是“梦幻”。

师：这个是“梦幻”的故乡，是吧？那从词语来讲，它应该属于形容性的词语，还是比较抽象的。

生2：那是一个弥漫着浓郁的传统氛围的故乡。从第八段，说闽江流过作者故乡城市的中心，三坊七巷都弥漫着浓郁的传统氛围。

师：第二个同学，她所寻找到的词语是“浓郁的传统氛围”，这个“浓郁”和刚才第一个同学一样，她寻找到的也是一个形容性的词语，对吧？所以，依然是比较抽象的故乡。

前面两个同学都属于抽象派，那么，能不能寻找一下比较具体的画面的故乡呢？

生3：那是作者的出生地，作者在那里度过了难忘的童年和校园时光。

师：他觉得这故乡是童年和少年难忘的地方，有一点具体的时间，岁月的意境出来了，那么，在岁月的整个过程中，还有没有一些具体的画面？

生4：文章第五段，“那里蜿蜒着长满水草的河渠，有一片碧绿的稻田。我们家就坐落在一片乡村景色中。”

师：好，大家注意看，这位同学岁月的意境寻找到了长满水草的渠和碧绿的稻田，有了具体的画面，这个故乡是“绿色”的，还有稻田，好，继续找。

生5：在文本的第七段，说到，“那条由数百级石阶组成的下坡道。我记得在斜坡的高处，我可以望见闽江的帆影，听见远处传来的轮渡起航的汽笛声”。

师：好，那我们同学看到了有“汽笛声”，声音的故乡出现了是吧？而且这个“汽笛声”是闽江的“汽笛声”，非常富有地域的特色。好，很好，就是寻着这样的意境，再去寻找。

生6：我找到的是，在文章的第六段，“那里有一座教堂，有绘着宗教故事的彩色的窗棂，窗内传出圣洁的音乐”。我觉得在作者的想象中，作者的故乡是很神圣的地方，是很遥远的地方。

师：“神圣的地方”？从哪里可以看出他的故乡非常的“神圣”？

生6：从“窗棂内传出圣洁的音乐”。

师：“圣洁的音乐”，应该说这是一个什么样的故乡，这个故乡有教堂……

生6：有宗教色彩。

师：“宗教色彩”，而且是西方、东方文化融入的地方。

生7：第三、四段，有“南国凛冽的风霜绽放的梅花”，还有“三口并排的水井”，和井“台边上几棵茂密的龙眼树”，下面还有“农家的水牛”，这是一个很亲近生活的故乡。

师：很贴近生活的故乡，特别是你刚说的哪个画面特别贴近生活呢？

生7：我觉得就是“三口并排的水井”，母亲在那边忙碌地洗衣服。

师：好的，特别好。同学们刚才从文本中所寻找到的有声音的故乡，有闽江的汽笛声，有圣洁的音乐声。有颜色的故乡，碧绿的稻田、水草，白色粉色的梅花，有教堂五彩的窗棂。从中我们还可以看到，有传统的、有迷茫的、有抽象的、也有具象的。

好，接下来，我们来看一下这个故乡，有榕树、有水井、有鲜花。那么在文本的第一段第一句话的开头是这样写着，“这座曾经长满古榕的城市是我的出生地”。那么这个古榕，就是作者出生地的市树，有水井，有闽江，有教堂，还有三坊七巷，有一群近现代史上非常著名的人。从这些画面里面读出来的作者的故乡充满了风景，而且色彩特别地斑斓，再读出来，作者的故乡充满有历史的风物、有历史的人物、有亲情。刚才我们同学有选到一个点，“水井”这个点，特别好。我们齐读第四段。

生读：“为了不迷路，那天我特意约请了一位年轻的朋友陪我走。那里有梦中时常出现的三口并排的水井，母亲总在井台上忙碌，她洗菜或洗衣的手总是在冬天的水里冻得通红。井台上边，几棵茂密的龙眼树，春天总开着米粒般的小花，树下总卧着农家的水牛。水牛的反刍描写着漫长中午的寂静。”

师：那么在这个小小的生活场景里面，作者三次写到了水井，而且是梦中出现的三口并排的水井，而母亲总是在井台边忙碌着，井台边有几棵茂密的龙眼树，这是一个非常富有生活气息的画面。作者在《亚热带的花无声飘落》中，有一个场景就是写他母亲，读给大家听：“他说那是一个很遥远的记忆，而母亲总是挽着发髻，穿着白色的夏布衣裙，在树下的井边洗衣，它是一所古老宅第幽深的院子，而母亲的身子一起一伏，她身前身后落满花瓣，而那些花是细小的，细得呈粉状。龙眼花、荔枝花，都很细小，淡淡的黄色，淡淡的清香。近处有蝶影，远处有蝉鸣。日光透过浓密的树荫，花瓣雨也似的洒下来，日影、花影搅成我迷蒙的童年，岁月就这样无声地流逝，正如亚热带的花无声地飘落。”那么，在这段文本描写中，同学们有没有注意到细节，文本中有写到树下总卧着农家的水牛，而水牛的反刍，描写的漫长中午的寂静，同学们细细品味一下，读完之后有没有意味到什么？

生8：我觉得他可能描绘了一种田园生活中很宁静的感觉，宁静、很安详的感觉，因为写水牛卧着、反刍，有种寂静的感觉。

师：他写的寂静，前面又在写他的母亲，这两者之间有没有什么关联呢？

生8：我觉得他可能想表达一种对之前生活的眷恋。

老师：“一种眷恋”可能是对母亲的一种劳动画面的眷恋，然后刻画水牛，非常安静，大家想象，这个水牛的反刍是有声音的，在夏天的中午非常安静，然后听到这些声音，那么从写法上来看，是什么？他要写……

生8：“以动衬静”。

师：“以动衬静”，这个动就是水牛的反刍声，所以这就是以声音来衬托这个地方越来越安静，就是“鸟鸣山更幽”的写法。

通过同学们原味品读，我们知道一个故乡的元素，有风景、有风物，除此之外还有风情。这里的风情写的就是母亲，其他一个片段写到闽江，写到汽笛声，除了声音之外，在文章的第七段，除了写到闽江的汽笛声以外，还发现了哪种声音，还听到了哪种声音？

生 9：他在这里写到有人在渡口送别，然后有人在送别和汽笛声包含起来……

师："包含起来"，这个送别声可以让我们想，这到底是谁的声音？

生 9：是他的亲人朋友，或者是母亲。

师：是亲人朋友，也可能是母亲，也可能是父亲。这是一种送别声。那么，这两个片段其实都是写情——风情，是构成整个故乡的元素——风情、风物、风景。

（二）品象析意，感受谢冕先生对故乡的无限深情

1. 关于榕树

文本中有两处写到古榕。第一段"长满古榕"，第八段"遍植古榕"。"长满""遍植"从中可以读出榕树的自然与人文历史。

资料一：榕树唐代开始就自然繁衍。到了宋代，著名书法家蔡襄开创了官府植榕的先河；北宋时期，太守张伯玉倡导"编户植榕"，令"榕荫满城，暑不张盖"，使福州又有了"榕城"的美誉。

资料二：1979 年，闽籍作家黄河浪《故乡的榕树》获得第一届香港中文文学奖散文组冠军。冰心先生在《我的故乡》中写道："对于我，故乡的'绿'最使我倾倒……其实最伟大的还是榕树。它是油绿油绿的，在巨大的树干之外，它的繁枝一垂到地上，就入土生根。"在这里冰心先生道出了树与根，人与故乡的深情。

资料三：《说文解字》中说："闽，东南越，蛇种。"定义闽人是崇蛇的种族。蛇是古闽人的图腾。古人称蛇为"小龙"。所以闽都福州有"龙城""榕城"之谐音美意了。

——王立根《老根说字》

2. 关于水井

文本三次写到水井。第四段：那里梦中时常出现的三口并排的水井，母亲总在井台边上忙碌……井台边上，几颗茂密的龙眼树……

那是一个遥远的记忆：母亲绾着发髻，身着白色的夏布衣裙，她在树

下，在树下的井边洗衣。那是一座古老宅第幽深的院子，母亲的身子一起一伏。她的身前身后落满花瓣。那些花是细小的，细得呈粉状，龙眼花、荔枝花，都很细小，淡淡的黄色，淡淡的清香。荔枝花时早一些，龙眼花时晚一些，再就是柚子花了。柚子花的香气很浓，熏得人醉。母亲就这样，搓着、浣着，伴随母亲的是静静院落的静静的亭午，近处有蝶影，远处是蝉鸣。日光透过浓密的树荫，花瓣雨也似的洒下来，花影，日影，搅成了我的迷蒙的童年。岁月就这样无声地流逝，正如亚热带的花无声地飘落。

——谢冕《亚热带的花无声飘落——我的童年》

二、细究言语——阅深文本

如果我们对文本的阅读理解只是浮光掠影，留在学生脑子里的便只能是一些概念化的东西，而不能有鲜活的形象，而最终造成优秀文本资源的浪费。尼采说："最高者必然出自最深者而实现了它的高度。"有深度的解读才能有高度的解读；有深度的课堂，才可能有高度的课堂。以究探路，意在从感性和理性两个思维空间去拓展学生对文本阅读的深度与广度，走近作家，走进文本，走入作者真正构筑的意境中。

（一）究标题言语秘妙

主问题设计：

①消失的故乡——题目的含义（拟请两位学生回答）

消：烟消云散/使消失/度过/需要

消失：事物逐渐以至没有

故：原来的、从前/朋友、友情/死亡

故乡：出生或成长居住的地方。——《现代汉语词典》

故乡：故乡的文化任务，即演示"一方水土人"之逻辑，即探究一个人的身世和成长，即追溯他那些重要的生命特征和精神基因之来源、之出处。——王开岭《每个故乡都在消逝》

②文本中"消失"出现几次？（拟请学生回答）

我昔时熟悉并引为骄傲的东西已经消失。——第二段

我家后面那一片梅林消失了，那迎着南国凛冽的风霜绽放的梅花消失了。——第三段

那里有伴我度过童年的并不幸福，却又深深萦念怀想的如今已经消失在苍茫风烟中的家。——第八段

然而，那梦境消失在另一种文化改造中。——第九段

人们以自己的方式改变他们所不适应的文化形态，留给我此刻面对的无边的消失。——第九段

③消失了什么？（拟请多个学生探讨回答）

链接解读：

《每个故乡都在消逝》(节选)

王开岭

故乡作为一个空间地点是不可能消失的，这是一个矛盾——消失与存在。

故乡有我至今引以为傲的品质，它们构成的是我的"精神故乡"——土地、亲情、自然、文化(街巷文化、中西交融文化、建筑文化等)，而这些为何"消失"，作者有对比！

每个故乡都在消逝！

"故乡"不仅仅是个地址和空间，它是有容颜和记忆能量，有年轮和光阴故事的，它需要视觉凭证，需要岁月依据，需要细节支撑，哪怕蛛丝马迹，哪怕一井一树一花……否则，一个游子何以与眼前的景象相认？何以肯定此即梦牵魂绕的旧影？此即替自己收藏童年、见证青春的地方？

当眼前事物与记忆完全不符，当往事的青苔被抹干净，当没有一样东西提醒你曾与之耳鬓厮磨、朝夕相处……它还能让你激动吗？还有人生地点的意义吗？

那不过是个供地图使用、供言谈消费的地址而已。

……

安东尼·奥罗姆是美国社会学家，他有个重大发现：现代城市太偏爱"空间"却漠视"地点"。在他看来，地点是个正在消失的概念，但它担负着"定义我们生存状态"的使命。"地点是人类活动最重要、最基本的发生地。

没有地点，人类就不存在。”

其实，“故乡”的全部含义，都将落实在“地点”和它养育的内容上。简言之，“故乡”的文化任务，即演示“一方水土一方人”之逻辑，即探究一个人的身世和成长，即追溯他那些重要的生命特征和精神基因之来源、之出处。若抛开此任务，“故乡”将虚脱成一记空词、一朵谎花。

(二)究矛盾言语秘妙

主问题的设计：

①“我在我熟悉的故乡迷了路。”既然“熟悉”为何“迷路”？(拟请学生讨论回答)

这是一个矛盾——熟悉与陌生：

可是如今，我却在日夜思念的家乡迷了路。——第一段

我在由童年走向青年的熟悉的小径上迷了路。——第二段

我在我熟悉的故乡迷了路，我迷失了我早年的梦幻，包括我至亲至爱的故乡。——第十段

②那天我为何特意约请了一位年轻的朋友陪我走？(拟请学生讨论回答)

这又是一个矛盾——年轻与年老：

为了不迷路，那天我特意约请了一位年轻的朋友陪我走。——第四段

这一切，如今只在我的想象中活着，与我同行的年轻的同伴全然不知。——第六段

链接解读：

读过昆明诗人于坚一篇访谈，印象颇深。于坚是个热爱故乡的人，曾用很多美文描绘身边的风物。但10年后，他叹息：“一个焕然一新的故乡，令我的写作就像一种谎言。”

——王开岭《每个故乡都在消逝》

我要还家，

我要转回故乡，

头上插满鲜花，
我要在故乡的天空下，
沉默寡言或大声谈吐。
——海子《浪子旅程》

【教学实录一】节选：

师：这个题目叫作《消失的故乡》，通过我们前面的阅读，同学们想象一下“消失”，这个题目的意义是什么？含义是什么？通过查阅《新华字典》，有三种解释：一是烟消云散；其二是事物逐渐以至没有；还有一种就是使消失。如果这三种，你们觉得在读文本的时候哪一种比较契合？

生10：我觉得“使消失”比较契合，因为现在全球的多元文化使得故乡原本正常的已有文化消失了。

师：这是我们同学的一种理解。那我们前面说到整个故乡有三种元素，那书上也是这样对故乡写道，他说除了山的意境以外，所谓的故乡还有一个文化的任务，既演示了一方水土之逻辑，也探究一个人的身世和成长，即追溯那些重要的生命特征和精神基因之来源。所以，这题目叫作《消失的故乡》，请同学们快速找一下，文章中几次出现“消失”这个字眼？

请哪位同学来说一下，在文中的几个地方写到了“消失”。

生11：在第二段，他说“我昔时熟悉并引为骄傲的东西已经消失”，还有下一段“我家后面那一片梅林消失了，那迎着南国凛冽的风霜绽放的梅花消失了”，然后还有倒数第三段，“那里有伴我度过童年的并不幸福，却又深深萦念怀想的如今已经消失在苍茫风烟中的家”，还有倒数第二段，“人们以自己的方式改变他们所不适应的文化形态，留给我此刻面对的无边的消失”。

师：这位同学从文本中寻找到了有五处，第一个是熟悉的并引为骄傲的东西，就是特别熟悉的，接下来再写是梅林消失了，有南国风霜绽放的梅花消失了。

生11：异域风情……

师：异域风情也消失了。

生11：还有那些房屋，那些草、树都消失了。

师：很多，很多消失了，好的，请坐。在文本里面写到很多种消失了。请同学们特别选择这两个部分，第一个是第二段：“而是，而是，我昔时熟悉并引为骄傲的东西已经消失。”这里用了两个“而是”，从整个语言来讲他用了一个修辞对不对,他是用了什么修辞?

生12:用叠词。如果去掉一个“而是”,从语气上来看,情感会弱一些。

师:从语言上来讲,它强化了人物的情绪和情感,谢冕先生他是一个诗人,所以他很多语言里面,具有这种诗化的语言,可以把他的情感表露无遗。我们结合前面的来讲,它到底“消失”了什么?是不是这个故乡还在?它是一个地址,是一个空间的位置。可是作者写道“消失的故乡”,如果从字面来讲,这个故乡能消失么?这个故乡是不能消失的,可是,作者写它消失了,这个题目看过去是很矛盾的——消失的故乡。这里就请问同学,消失的是什么东西?

生13:我觉得消失的是以前的那种传统的文化形态,就是它固有的传统情怀被外来文化所占有。

师:她认为的是“传统的情怀”消失了,那么按这种说法,整个故乡它能够留给我们记忆,应该是这个故乡的一草一木,而且要有记忆的依据,有记忆的画面,如果这些熟悉的东西,我再也看不到的话,那这个故乡在我的记忆中可能就要消失了。

有份材料有一段话是这样的:这个故乡如果作为一个空间的地点,它是不可能消失的,所以这里呈现出来的就是一个矛盾——一个消失,一个存在。而整个故乡,它让我引以为傲的品质,就是涵盖了这两个元素。可是故乡为什么从此消失了呢?因为,这个故乡,它不单单是一个地址和空间,它应该是有容颜、有年轮、有故事的,它需要的是一种视觉的凭证,岁月的依据,可能还需要细节的支撑,所以,哪怕故乡的一草一木一花,如果一个游子他回到故乡,所有东西都消失殆尽的话,那他如何把这个故乡认出来呢?所以说,作者回到熟悉的故乡,迷了路,他来到故乡,他成为一个熟悉的陌生人。

在这个文本里面有很多问题,作者为什么会在自己熟悉的故乡迷路?第二个问题,作者为何特意约请一位年轻的朋友陪我走?这两个问题,同桌之间可以讨论一下。

生14:因为故乡是一个永远流去的地方,作者在经过时光的洗礼之后,再回来故乡没有了原来的熟悉感,没有了曾经的亲人,也没有原来熟悉的风景,所以故乡对他来说只是一个普通的名词,而不是一个归属地了。

师:好,这位同学讲得好,因为这个地方已经只是一个名词了,已经没有他所有记得的东西。

生15:我觉得作者写消失的故乡应该有两个层面:一个是真实的路,他迷了路，是他真的找不到自己的故乡在哪里了，比如他提到了水井、提到了龙眼树、提到了水牛，还有各种各样的稻田，各种各样的乡村景色，他可能在回到故乡的一刹那，他真的找不到那些东西了，这是一方面的迷路；另一方面的迷路，我认为是他内心的迷路，在他的记忆里，故乡有他对母亲的回忆，有他对童年的记忆和消失的家，对于他来说，故乡不仅仅是那一个地方，而更是他对母亲的爱和对过去生活的一种思念，文中提到的水牛其实更代表一种过去生活的东西，然后他怀念这种悠闲，也是他对故乡的怀念，这些东西被外来的文化和其他因素改造而消失了，这是他迷路的第二个原因。

师：这位同学讲到了两个层面：一种是浅层的，他真的迷了路；另一种是精神上的层面。接下来，有同学在问了，觉得童年的故乡是不是特别美好啊？大家有没有注意看他的童年是怎样的童年？他的童年怎么样？他的童年并不是一个幸福的童年。谢冕先生，在他童年的时候，他的家乡正在饱受战争，他要逃离他的故乡，而且生活极度贫困。可是作者的这个故乡，对他来说也是迷失的故乡，对不对？这时问题就来了，这个童年迷失的故乡和现在如今我看到迷失的故乡，如果从时代发展看，现在经济特别好，现实的故乡，应该是不贫困，特别好，可是作者为什么还在怀念童年时候的故乡？同学们有没有思考过这样的问题？

生16：因为刚说过，作者是一个游子，他刚北上求学的时候，内心唯一的情感寄托就是他的故乡，他对故乡的那些人、那些事和那些物的记忆。所以说，他在北上这么多年的工作过程中可能会感到孤单，也会感到无助，但是支撑他的最大的动力就是他对故乡深深的思念。

师：一种"思念"，可能是童年留下的印记。好，请坐，来，下面哪位同学再来说一下。

生17：我觉得可能是，刚才同学也有说到，他在北上求学的时候在外面会感到孤单，但是我觉得在北上求学的时候会见到更多繁华的景象，所以故乡的朴素才是最值得怀念的。

师：故乡的朴素。而且这里特别强调是童年的故乡，那么，冰心先生曾经在《繁星春水》里面有这么一首诗，她说童年的梦是最真的梦，他的笑是含泪的微笑，所以一个人在童年留下的是最真的回忆。即使你那个时代的故乡也是消失的故乡，但在我眼中依然是最美的故乡。好，请坐。

接下来，第二个问题，他回到了故乡，他为什么特别约请了一位年轻的朋友陪我走？他完全可以请一个熟悉故乡的老人，或者"我"以前的朋友，我觉得这样子不是特别好吗？可是他为什么特意约请了一位年轻的朋友？

生18：从刚才我知道了，作者在家乡迷路了，不管是实际上的，还是精神上的迷路，所以他其实是要求年轻人作为他的向导的。因为年轻人，毕竟陌生，可能年轻人适应了这种家乡的改变，或者他根本不知道作者眼里的故乡，他可以适应并且认知现在所在的故乡，他需要这样一个可以认知、认出故乡现在面貌并且理解他的年轻人作为向导来重新探索。

师：好，这位同学他从另一个层面，说他刻意邀请年轻人，因为年轻人对作者熟悉的故乡一点也不了解，从来也没有见过他原来的风貌，所以他想从中发现一点什么。昆明诗人于坚在访谈中说到云南昆明，如果一个人失忆若干年后再醒来的话，他就寻找不到自己的家乡在哪里了。另外一个学者说，只要15年，他就找不到自己家的门在哪里了。可见，社会变化非常大，所以他请一个年轻人，一起探索、认识他们心中的故乡。

所以来看一下，整个文章用了三对矛盾，其一，消失与存在；其二，陌生与熟悉；其三，年轻与年老。这些矛盾形成了一个巨大的张力，所以他的整篇文章情感特别地饱满。谈到的问题就是，"消失的故乡"，到底是什么让它消失了，请同学们带着这样的问题齐声读一下这篇文本的第九自然段。

三、宏观思读——阅出文本

孙绍振教授认为，经典文本的结构并不是单层次的，至少有三个层次。第一层次是显性层次，学生可以一望而知。教师应该有一种自觉，即从学生的一望而知指出他的一望无知，甚至再望也无知。这样就可能进入到文本的第二层次，也就是隐性层次。在显性的感知下，是作者潜在的"意脉"变化、流动的过程。更加隐秘的第三层次就是文体形式的规范性和开放性，还有文体的流派和风格，它们有着更为深邃的内涵。以思审辨，在显性的感知下，意在打通文内和文外两个阅读空间的通道，带领学生感受作者潜在的"意脉"变化、流动的过程。

（一）理性审视　感性共鸣

主问题的设计：

（1）分析文中描写作者对"消失的故乡"的情感的句子（拟请若干学生回答）

预设学生寻找的句子：

通常，人们在说“认不出”某地时，总暗含着“变化真大”的那份欢喜，我不是，我只是失望和遗憾。——第一段

而是，而是，我昔时熟悉并引为骄傲的东西已经消失。——第二段

我没有喜悦，也不是悲哀，我似是随着年华的失去而一起失去了什么。——第三段

失去了的一切只属于我，而我，又似是只拥有一个依稀的梦。——第六段

可是，可是，我再也找不到那通往江边的路，石阶和汽笛的声音了！——第七段

那里有伴我度过童年的并不幸福，却又深深萦念怀想的如今已经消失在苍茫风烟中的家。——第八段

人们以自己的方式改变他们所不适应的文化形态，留给我此刻面对的无边的消失。——第九段

我在我熟悉的故乡迷了路，我迷失了我早年的梦幻，包括我至亲至爱的故乡。我拥有的怅惘和哀伤是说不清的。——第十段

重点解读：

而是，而是，我昔时熟悉并引为骄傲的东西已经消失。——第二段

可是，可是，我再也找不到那通往江边的路，石阶和汽笛的声音了！——第七段

叠词是汉语的一种特殊的词汇现象，从古代的《诗经》到当代文学都存在。高中课本的选文，如《氓》《声声慢》《荷塘月色》等都有大量的叠词使用，使诗文读起来音韵横生。叠词能和谐音律，富有音韵美。叠词可以描摹事物逼真的形态，富有画面美。叠词更具渲染气氛，使人如身临其境，可以更好地体会作者的情感，同时也有利于抒发作者的情感。

谢冕先生在此用了叠词“而是”“而是”“可是”“可是”意在表达一种强烈的无奈：记忆中的故乡与现实的故乡的强烈对比。

谢冕先生真是一位诗人，语言极具诗性。节奏、音韵、情感了然纸上。

链接解读：

我不是诗人，也不是散文诗人，我只是偶尔为散文诗敲敲边鼓的人。其实，我要告诉诸位的是，我的文学之旅，甚至人生之旅的起点是这个美丽

的文体。我是你们当中——也是“我们”当中——一个曾经在家乡的郊野吹过叶笛的少年。现在我是你们当中一个喜欢你们的华章丽句的读者。我记得你们美丽的诗句：天色尚早，道路上的人间正行走着微暖的春寒；桥下秋水如琴，花瓣流向远方；风中的红柳若即若离，踏着波浪，季节在忧伤中遗忘了归路；相信要到来的总要到来，尽管一场雪还在低温中徘徊，只有冬天，才能让生命学会在寒冷中取暖。

——谢冕《有理想就有远方》

有时不再静谧无声，而是风雨飘荡，在家乡福建，特别是夏季，台风过后，是另一番情景。花落了一地，既不温馨，也不缠绵——是一种被摧残的零落和伤害。这也是童年的家乡的记忆。福州地处东南海滨，清明过后，入了雨季，台风时起。夜间风雨过后，凌晨推门一看，竟是落红遍地，花瓣沾着雨水，也搅着撕碎的叶，拌着泥污。夜来风雨，记载着花的零落、叶的飘零，那情景好比是芳华遭了蹂躏。少年不解世事，心头竟也浮上无端的落寞与哀伤。后来经历多了，知道那是一种伤悼，伤悼时光的消逝，伤悼静谧与安宁的消逝。故而在我，花落无声不单是享受无声的、梦境般的美，也曾是承受着无声的疼痛。

——《花落无声：谢冕自述》

(2)作者童年并不幸福，但又为何深深萦念怀想？（拟请学生探讨）

预设探讨的句子：

这座曾经长满古榕的城市是我的出生地，我在那里度过难忘的童年和少年时光。

——第一段

那里有伴我度过童年的并不幸福，却又深深萦念怀想的如今已经消失在苍茫风烟中的家。

——第八段

链接解读：

《亚热带的花无声飘落》

谢　冕

童年对于我既不快乐也不幸福，开始的感觉是日子很艰难，后来则隐隐地有了忧患。

福州城里有一座古宅，白墙青瓦，院落深深。母亲一袭白衣，把手浸在木盆里搓衣。整个的对母亲的印象，就是她在水井边不停地搓衣。

那宅院有许多树，亚热带的花无声地飘落，不知不觉地更换着季节，而我则不知不觉地长大。

听说这院子里有狐仙，但我没有看见。一次发高烧，看见有矮人在墙头上走动，那些母亲和姐姐晾晒的衣服都变成了花花绿绿的鬼怪，很可怖。但那是热昏了的幻象，我终于没有看见狐仙。

……

我并不悲苦，我忍受贫穷给我的特殊恩泽——孤寂。我利用这样的机会读课外读物：唐诗、五四新文学作品，还有报纸文艺副刊。那时我依靠自学能够完整地背诵白居易的《长恨歌》和《琵琶行》，也能够理解冰心的温情和巴金的激扬。我只能在精神上幻想属于我的丰满的童年——尽管在物质上我是那样的贫乏。

现实人生的遭遇催我早熟。我承认了命运对我的不公。我不幻想幸福，也不期待奇迹。我默默忍受那一切。我希望从自己的内心生发出击退厄运的力，我于是很早便拥有了独立精神。

环境的逼迫使我在幼年便有了时代的忧患感，我为民族苦难、社会动荡、家国衰危而激愤。这忧患本来不属于无邪天真的童年，但我在危亡时世面前却不幸地拥有了。

我头顶没有一片爱的天空，可是我幻想着去创造那一缕风、一片云。我因自己的不幸而思及他人，我要把同情和温暖给予那些和我一样受苦的人。现实的遭遇使我坚强。我抗争命运，并以不妥协的态度站在它面前——尽管我是那样的弱小。

我曾说过冰心教我爱、巴金教我反抗。是这两位文学大师为我的童年铸魂。他们的精神激励且陪伴我走过充满苦痛的坎坷的路途，以至鬓发斑白的今日。

1945 年，我十三岁。那一年抗战胜利，在第二次世界大战结束的礼花影里，我告别了我的童年。

（二）情境设置，思辨结合

主问题的设计：

我们将怎样面对故乡的现代文明和传统文化？（思与辨）

推荐阅读：

《最后的横水渡》——梁锦洪

《我的最后的北京》——朱冰

点评

“因文悟道”，引导学生品读散文中的审美意象

张萍老师这节阅读课主要有这么三个特点：

其一，重视文本细读。

“因文悟道”，张老师注重引导学生聚焦于文本语言，整堂课学生的目光、思考和回答没有离开文本。这是一种文本细读的理念和方法的体现，学生在阅读中走近文本，与作者展开对话；再者，这样能够避免空泛地讲解课文，使阅读教学落到实处。

其二，主问题设计合理。

主问题，像一把开门的钥匙，像一位引路的向导，是阅读教学中教师根据课文设计的能够抓住文本关键、核心及个性（“这一类”“这一篇”）的问题。本文准确抓住散文中的审美意象，这是关键，这是核心。因此科学、巧妙的主问题往往提纲挈领，起到有效地引导学生理解、钻研文本的作用。

确定主问题，是备课中费脑筋的事，颇见功力，彰显出教师对文本的理解与把握、对教材的处理和驾驭。这节课上张老师设计了以下主问题：

“那是一个什么故乡？”

“作者为什么会在自己熟悉的故乡迷路？”

“作者为什么特意约请一位年轻的朋友陪‘我’走？”

从上面的“教学实录”可以看出，学生在这三个问题引领下，一步步理解课文，体验作者的思想情感。他们的发言不时闪烁智慧的火花，说出自己的阅读心得、发现。由此，我们欣喜地看到：学生在学习着、发展着。

其三，处理好预设与生成的关系。

这是一节公开课，张老师肯定用心备课，设计细致的教学方案；可贵的是，她能够在课堂实际教学中，以学生的学习和发展为本（而不是以自己的教案为本），尊重、落实学生的主体地位，倾听学生的回答，因势利导，即时捕捉、肯定他们的闪光点，适时解答他们的疑难处，还能在学生思考的基础上加以必要的归纳、提升，侃侃而谈，发挥教师的主导作用。

——点评人：俞发亮　厦门教育科学院特级教师

【教学实录二】

❋小荷才露尖尖角

——《夏感》教学实录

【阅近文本】——“读读”春风夏雨

师：如果你们是一位画家，会用什么颜色描绘夏天？

生：金色。

师：为什么呢？能说依据吗？

生：因为夏天有金色的太阳，因为阳光照耀在大地上，呈现出金色。

生：用蓝色来描绘夏天，因为夏天很热，可以去游泳，海是蓝色的。

生：用绿色来描绘夏天，因为夏天树木是绿意葱葱的，小草也是绿葱葱的。

生：我用青绿色的，因为夏天有荷叶，荷叶是青绿色的。

师：刚才听到同学们用金色、蓝色、绿色、青绿色来描绘夏天，看来，同学们心中都有自己的夏天色彩。

师：如果你们是一位音乐家，你们会用什么旋律来弹奏夏天呢？

生：我用急促的旋律来弹奏，因为夏天很热，让人很急躁。

生：我用蝉的声音来弹奏。

师：蝉是什么声音呢？你们学过《蝉》这课，蝉是什么声音？

生：烦人的声音。

生：轻快的声音。夏天的晚上，坐在乡村的大树下，听知了在唱歌，心情很舒适，所以很轻快。

师：刚才我们同学中的音乐家用自己心中的旋律来弹奏夏天。今天我们就和同学们一起走进梁衡先生写的《夏感》，看看作者用什么颜色来描绘夏天，用什么旋律来弹奏夏天。

（媒体展示《夏感》画面）

师：任何的文本都需要读，今天老师对同学们的读书提一点要求，同学们一起看看PPT。

生：（读）读读夏感：读准确——读流利——读得有感情——读得声情并茂。

师：老师还有一个小要求，想听到大家朗朗的读书声，可以吗？

生：可以。

师：现在自由地开始读书了。（时间大约4分钟）

师：看声音渐息，应该读好了。看同学们在课文上圈圈点点，这是很好的读书习惯。读书先要读得准确，现在检测一下同学们的读书效果。（学生看PPT上的生字词）

生：（齐读生字词，教师带读）

芊芊细草、黛色、磅礴、贮满、匍匐、秋波滢滢、挑。

【阅深文本】——“品品”秋月冬霜

师：有一个问题问同学，能不能从这一组词语中寻找一个词语，来表达梁衡先生的《夏感》？

生：磅礴。

师：非常好，你能不能用磅礴之气来读读文本中的这一句呢？在文本中的哪一段？

生：文本第二段的最后一句。

师：非常好，你用这磅礴之气来读读这一句，其他同学稍后做评点。

生：（读书）那春天的灵秀之气经过半年的积蓄，这时已酿成一种磅礴之势，在田野上滚动，在天地间升腾。夏天到了。

师：这位同学有没有读出磅礴之气呢？

生：声音应该大点。

师：你声音大点，来读读这磅礴之气吧。

生：（读书）那春天的灵秀之气经过半年的积蓄，这时已酿成一种磅礴之势，在田野上滚动，在天地间升腾。夏天到了。

师：这位同学比前头的那位同学读得气势大些，但老师觉得还不够，谁再来读读。

生：（学生推荐一男生读）那春天的灵秀之气经过半年的积蓄，这时已酿成一种磅礴之势，在田野上滚动，在天地间升腾。夏天到了。

生：（掌声）他读得太好了，声音好，感情很激越。

师：真的很好，同学们一起和着这位同学的激越之情，一起读读这句。

生：（齐读）那春天的灵秀之气经过半年的积蓄，这时已酿成一种磅礴之势，在田野上滚动，在天地间升腾。夏天到了。

师：好！除了用磅礴之气读《夏感》外，你们还能从文本寻找出其他语气来读《夏感》吗？

生：还有用高扬的语气来读，文本的第三段中的一句：你看，麦子刚刚割过，田间那挑着七八片绿叶的棉苗，那朝天举喇叭筒的高粱、玉米，那在地上匍匐前进的瓜秧，无不迸发出旺盛的活力。

师：此句中的"挑"字的读音为 tiǎo。你用高扬的语气来读，这是你的感受。

生：文本中第四段，用紧张的语气来读：夏天的旋律是紧张的，人们的每一根神经都被绷紧。你看田间那些挥镰的农民，弯着腰，流着汗，只是想着快割，快割；麦子上场了，又想着快打，快打。他们早起晚睡已够苦了，半夜醒来还要听听窗纸，可是起了风；看看窗外，天空可是遮上了云。麦子打完了，该松一口气了，又得赶快去给秋苗追肥浇水。"田家少闲月，五月人倍忙"，他们的肩上挑着夏秋两季。

师：这一句中也有一个"挑"字，这里要读 tiāo。你认为你读得怎样？

生：有些紧张，但还不够。

师：你对自己的要求很高，评点得很到位。

师：老师也选了一些句子，请同学们一起来读读。（看 PPT 上展示的句子）

> 媒体展示 PPT：
>
> ①充满整个夏天的是一种紧张、热烈、急促的旋律。
>
> ②那春天的灵秀之气经过半年的积蓄，这时已酿成一种磅礴之势，在田野上滚动，在天地间升腾。夏天到了。
>
> ③我却要大声地赞美这个春与秋之间的黄金的夏季。

生：（读第一句）充满整个夏天的是一个紧张、热烈、急促的旋律。

师：她刚才读书时，老师有些感觉了，你们有吗？

生：有感觉。

师：什么感觉？

生：紧张，急促、热烈的感觉。

师：好，但老师还觉得不够些。

生：（读第一句）充满整个夏天的是一个紧张、热烈、急促的旋律。

师：想听一位男生来读。

生：（读第一句）充满整个夏天的是一个紧张、热烈、急促的旋律。

师：非常好，同学们一起和着这位男同学的语气读第一句。

生：（齐读第一句）充满整个夏天的是一个紧张、热烈、急促的旋律。

师：老师再找一句，文本的最后一句，请一个同学读读。

生：（读最后一句）我却要大声赞美这个春与秋之间的黄金的夏季。

师：这一句要强调哪一个词？

生：强调“大声赞美”“黄金”这两个词。

师：刚才这位同学读的语调和语气稍微平缓了一些，哪个同学再演绎一回？

生：（读最后一句）我却要大声赞美这个春与秋之间的黄金的夏季。

师：现在大家用赞美的语调大声读读这句。

生：（齐读最后一句）我却要大声赞美这个春与秋之间的黄金的夏季。

师：老师觉得这句还可以用更高亢的语气来读，因为这句是文本的结尾句。

生：（再次齐读最后一句）我却要大声赞美这个春与秋之间的黄金的夏季。

师：通过我们同学读《夏感》，我们清楚知道了读这样一篇文章，应该用一种昂扬积极的感情基调来朗读课文。

（板书：昂扬积极）

师：刚才前面有位女同学说还可以用一种紧张的语气来读这篇文章，我们一起读读第四段，去感受其中特有的紧张吧。

师：（媒体展示第四段）在这一段中，如果要读出它的紧张感，那就必须要注意其中一些词语，比如“快割”“快割”“快打”“快打”，比如“绷紧”“看看”等等词语。下面请一位坐在后面的同学读读。

生：（读第四段）夏天的旋律是紧张的，人们的每一根神经都被绷紧。你看田间那些挥镰的农民，弯着腰，流着汗，只是想着快割，快割；麦子上场了，又想着快打，快打。他们早起晚睡已够苦了，半夜醒来还要听听窗纸，可是起了风；看看窗外，天空可是遮上了云。麦子打完了，该松一口气了，又得赶快去给秋苗追肥浇水。“田家少闲月，五月人倍忙”，他们的肩上挑着夏秋两季。

师：这一段主要写什么？

生：写农民的劳作。

师：同学们，我们读出的是一个什么样的夏季呢？（媒体展示PPT）

> 媒体展示PPT：
> 读读夏感——填上哪些词语来描绘夏季？
> 读出一个________________夏季

生：我读出了黄金的夏季。

生:我读出了紧张、热烈、急促的夏季。

生:我读出了忙碌的夏季。

师:通过读《夏感》,同学们读出夏天紧张、热烈、急促的旋律;读出了黄金的,有颜色的夏季;读出忙碌的夏季。这读仅仅是最感性的认识,最直接的感觉。接着我们就要去品品《夏感》,通过修辞、词语,透过文本,走进作者内心的深处去感受夏天的美丽。

师:在品品《夏感》这一节,老师先做个示范。(媒体展示PPT)

> 媒体展示PPT:
>
> 品品夏感——寻找哪些词语,哪些修辞来写夏感?
>
> 好像炉子上的一锅冷水在逐渐泛泡、冒气而终于沸腾一样。山坡上的芊芊细草渐渐长成了一片密密的厚发,林带上的淡淡绿烟也凝成了一堵黛色的长墙。

生:(读第二段一个例句)好像炉子上的一锅冷水在逐渐泛泡、冒气而终于沸腾一样。山坡上的芊芊细草渐渐长成了一片密密的厚发,林带上的淡淡绿烟也凝成了一堵黛色的长墙。

师:在这一句中。作者用比喻拟人,"好像炉子上的一锅冷水在逐渐泛泡、冒气而终于沸腾一样",写出夏天从春末到初夏,从初夏到盛夏的过程,形象新奇生动;用"沸腾"写出夏天的热烈;用"密密的厚发""黛色的长墙"写出夏天的蓬勃的生命力。

师:下面同学们根据示范,从文本中寻找一句做分析。

> 媒体展示:PPT
>
> 品品夏感:
>
> 我欣赏的一句话______________________。
>
> 它所采用的修辞是____________________。
>
> 这样写的好处是______________________。

生:我选的这句是"你看,麦子刚刚割过,田间那挑着七八片绿叶的棉苗,那朝天举喇叭筒的高粱、玉米,那在地上匍匐前进的瓜秧,无不迸发出旺盛的活力。"

这是用拟人,写出这些瓜秧的活力。

师:是的,拟人的手法。"那朝天举着喇叭筒的高粱、玉米,那在地上匍匐前进的瓜秧”，写两种作物用了两个形象的动作，像描写人一样，很有趣味。一个“挑”字，让我们几乎感到了棉苗均匀有力的喘息；一个“举”字，让我们差不多感到了高粱、玉米摇头晃脑的欢悦；一个“匍匐”中，我们同样感到了瓜秧的腰肢抖动，蜿蜒蛇行。它们仿佛都在紧紧抓住这美好的年华大显身手，不舍昼夜地向着自我的完善和神圣的奉献而奋勇“冲刺”。一句话，出神入化的描绘让我们从这些夏的宠儿身上，感到了人的丰采，人的气度，人的灵秀。

生：我选的一句是“火红的太阳烘烤着一片金黄的大地，麦浪翻滚着，扑打着远处的山，天上的云，扑打着公路上的汽车，像海浪涌着一艘艘的舰船。”

这是用排比。

师：排比要有三句，这里有一个特别明显的修辞是比喻。“像海浪涌着一艘艘的舰船”，这里，作者呈现给我们的，已不是现实世界的简单还原，而是一种意化了的风物，是外在客体在作者心灵屏幕上的闪烁；或者说，是折射着作者情感光束的时代投影。

师：老师也选择一些句子一起来品品。（媒体展示 PPT）

媒体展示 PPT：

品品夏感：

①金色主宰了世界上的一切，热风浮动着，飘过田野，吹送着已熟透了的麦香。

②春之色为冷的绿，如碧波，如嫩竹，贮满希望之情；秋之色为热的赤，如夕阳，如红叶，标志着事物的终极。

③你看田间那些挥镰的农民，弯着腰，流着汗，只是想着快割，快割；麦子上场了，又想着快打，快打。

生：（读其中一句）金色主宰了世界上的一切，热风浮动着，飘过田野，吹送着已熟透了的麦香。

师：这一句话从人的哪些感觉去描写呢？

生：“金色”从视觉、“热风”从触觉、“香味”从嗅觉来描写夏天。

师：这句话作者写出夏天的感觉了，因此这样的句子犹显得重要了。

生：（读其中一句）春之色为冷的绿，如碧波，如嫩竹，贮满希望之情；秋之色为热的赤，如夕阳，如红叶，标志着事物的终极。

师：这一句没有写夏天的颜色，却写了春之声、秋之色，为什么？

生：这是用对比，衬托出夏之色的特别。

师：通过品《夏感》，你能品出一个什么样的夏季？（PPT）

> 媒体展示 PPT：
> 品品夏感：
> 品出一个____________________夏季。

【阅出文本】——"品读"夏感主旋律

师：如果老师要请大家画一幅夏天的画，你会在画面上画上什么呢？

生：画水稻。

生：蓝蓝的天空下，有一轮红红的太阳，太阳下有金黄的麦子。

师：就这些景物吗？

生：还有农民在耕耘。

生：蓝蓝的天空下，有火红的太阳，农民在割稻子。

生：火红的太阳下，有一片碧绿的西瓜田，西瓜田里面有一座稻草搭的小房子，农民伯伯正在午休。

师：你们的想象太可爱了。蓝蓝的天空下，有一轮红红的太阳，太阳下有金黄的麦子，农民伯伯正在辛勤地收割着。你们想象的画面和世界著名的画家凡·高的油画《收割》相吻合。你们太棒了。

师：通过读，我们读出夏天的动人旋律；通过品，我们感受到夏天金黄的画面。

下面老师就要通过板书和同学们回顾一下上节课的内容了。我们用一种昂扬积极的语调读出了弹奏紧张、热烈、急促旋律的音乐家；我们通过品味文本的语言，看到金黄的颜色、翻滚的麦浪、辛勤的农民。茅盾先生曾说过，自然界中最美的风景是人的劳动。只有他们才是夏天的涂染者，只有他们弹奏出了夏天紧张、热烈、急促的旋律。这节课我们通过读读、品品两个环节，清楚明白了作者热爱夏天，赞美劳动的主题。

夏天的景物有很多，而作者单单选择麦浪来写，这和作者生活的环境有关。八百里秦川大地哺育了作者，在作家的笔下夏天的色彩带有浓重的黄河流域的颜色，那就是金黄色。如果把一年四季比喻成人生的话，同学们，你们现在是属于什么季节？

生：夏季是个非常繁忙的季节，我们正在学习、努力奋斗，因而我们正处于人生的夏季。

师：这个同学说得太好了，她把夏季的火热和学习生活结合到一起了。

师：所以你们要热爱夏天，这个黄金般的夏季。

师：夏天是金黄的颜色，而课文最后为什么要赞美这春与秋之间的黄金的夏季呢？这“金黄”与“黄金”有何不同？

生：“金黄”只是颜色，是视觉上的；而“黄金”是珍贵的。

师：非常好，“金黄”只是视觉上的感受，而“黄金”除了视觉上，还更重内心的体验。这个夏天在作家的心中是珍贵的，永远在心中珍藏。

师：这节课就要结束了，老师想送夏的寄语给同学们，一起读读。(PPT 展示)

> 媒体展示 PPT：
> 夏是积蓄沉淀、酿成磅礴之势的季节；
> 夏是承前启后、生命交替的旺季；
> 收获之已有而希望还未尽。
> 没有夏，春之萌发便坠入虚无；
> 没有夏，秋之喜悦便水月镜花。
> 拥抱热爱夏吧，拥抱夏热爱夏，
> 就是拥抱我们的生命，热爱我们的生命。

生：(读)夏是积蓄沉淀、酿成磅礴之势的季节；夏是承前启后、生命交替的旺季；收获之已有而希望还未尽。没有夏，春之萌发便坠入虚无；没有夏，秋之喜悦便水月镜花。拥抱热爱夏吧，拥抱夏热爱夏，就是拥抱我们的生命，热爱我们的生命。

师：所以我们要热爱夏天，也就是热爱我们的生命。

师：课文最后有句话这样说的：“历代文人不知写了多少春花秋月，却极少有夏的影子。”其实不然，我们就学过“小荷才露尖尖角，早有蜻蜓立上头”“接天莲叶无穷碧，映日荷花别样红”等夏天的诗句。只是这些文人墨客所留下也许多是南方的夏天，而作者更喜欢的是北国的夏天罢了。

今天布置的作业是：收集历代描写夏天的诗句。

师：下面还是想听听同学们朗朗的读书声。

生：(自由朗读文本)。

师：下课！

附板书设计：

《夏感》的板书设计中笔者运用了图画式板书：一朵向阳花。一方面把夏天的美好，农民丰收的喜悦，最直观地表达出来；另一方面，把教学的两大模块"读读"与"品品"也有机地结合在一起，学生非常喜欢。因此，恰如其分地运用图画式板书在阅读教学中有时会带来惊喜。

《夏感》板书设计图

第三节　小说的审美意象

“意象”理论在中国起源很早。作为中国古代文论中的一个重要概念，它指的就是客观物象经过创作主体独特的情感活动而创造出来的一种艺术形象。在叙事文学作品中，意象可谓是“点睛艺术”，是叙事过程中极为精彩、极为关键的笔墨。“它的运用，常会使作品拥有更丰富的意蕴，由于主题的多义性和不确定性，就为读者提供了一个更为广阔的想象空间和回味余地”①。但意象并不单是诗人的专利，国内外许多知名作家也常常在其小说作品中使用意象，鲁迅先生的《药》中，就设计了“药”这么一个典型意象。现代主义文学公认的先驱卡夫卡也说：“我总是企图传播某种不能言传的东西，解释某种难以解释的事情。”他的小说《变形记》，通过商品推销员格里高尔一觉醒来变成大甲虫的意象，深刻地表达了关于人性异化的哲理思考。可见意象已成为文学作品不可或缺的元素之一。因此，阅读文学作品中的意象，能够唤起生动的审美体验。文学情感的传达方法，就是为情感立像，即创造出生动传神的文学意象，以及由意象建构出来的文学情境。在这里，意象的直观、可感性既保证唤得起情感，又保证给读者留下想象的余地。

审美意象作为文学形象的高级形态之一，具有哲理性、象征性和荒诞性。此外，解读抽象思维的意象过程也是一个审美求解的过程，不同的读者会有不同的解读方式，因此审美意象也具有多解性。

《红楼梦》是中国古典小说的巅峰之作，是我们这个民族的文学圣经和美学圣经。入选人教版高中语文必修三的《林黛玉进贾府》是经典中的经典篇目，如何在这样的文本中邂逅这种“最高理想”的审美意象？如何在解读这种审美意象中走进小说的精神世界？这是值得探讨的问题。

---

① 陈美兰.解读《白鹿原》的中心意象“白鹿”[J].语文三家村，2008(8)：8.

一、知人论世　亲近形象

阅读一部作品，首先要阅读作品中的作者的形象。知人论世，亲近作者，这是阅读的一种方法，也是走近审美意象最直接的方法。“我们要知道这个‘被我们叫作曹雪芹的人’，他是我们这个民族的上流社会中的一分子，也一定经历了一个大家族的大起大落。他对一个大家族大起大落的解释和解读是我们这个民族有史以来最好的解释和解读。”①他的“人生之哀，家国之痛”是他一生最痛苦的感受，也是他在他的家庭乃至整个民族背景下所体验到的最痛苦的感受。因此可以解读关于曹雪芹个人身世的诗歌亲近作者。这首诗歌有曹雪芹的心血凝结，这首诗歌有曹雪芹的斑斑泪痕，也有曹雪芹的青春梦想，更有曹雪芹的满腹心酸。

PPT 展示

我也曾金堂玉马，
我也曾瓦灶绳床，
你笑我名门落拓，
一腔惆怅，
怎知我看透了天上人间世态炎凉！
褴裳藏傲骨，
愤世写群芳，
字字皆血泪，
十年不寻常！
身前身后漫评量，
今世看，
真真切切，
虚虚幻幻，
悲悲啼啼的千古文章。

① 潘知常.《红楼梦》为什么这样红——潘知常导读《红楼梦》[M].上海：学林出版社，2015：23.

二、以文论人　鉴赏形象

阅读一篇作品，最重要的就是阅读文学作品中的主要人物形象。因为人物的一举一动、一言一行、一笑一颦，总是反映人物的思想、性格、感情、身份。

曹雪芹是一位丹青妙手，在《红楼梦》里他用或浓或淡，或实或虚的笔墨，为我们描绘了几百位有血有肉、个性鲜明的人物。有风华绝代金陵十二钗；有权势倾轧的宁荣人上人；有胭脂香浓的怡红群芳；有奴颜婢膝的忠仆小厮；还有旁系侧枝的众生相。其中最让我们牵肠挂肚的，最让我们魂牵梦绕的就是贾宝玉和林黛玉。在阅读时可以从情节入手，在情节的跌宕与问题预设生成之间流转，走近人物，走进人物的精神世界。

（一）鉴赏情节——相闻

1. 预设问题

林黛玉在来到贾府之前，第一次见到贾宝玉之前，她曾听说过贾宝玉，她从哪儿听说？从谁那儿听说？（拟请同学阅读以下两段文字）

2. 阅读文本

PPT 展示　情节一——相闻

宝玉母亲口中的贾宝玉：

“我有一个孽根祸胎，是家里的‘混世魔王’，今日因庙里还愿去了，尚未回来，晚间你看见便知了。你只以后不要睬他，你这些姊妹都不敢沾惹他的。”

黛玉母亲口中的贾宝玉：

黛玉亦常听得母亲说过，二舅母生的有个表兄，乃衔玉而诞，顽劣异常，极恶读书，最喜在内帏厮混；外祖母又极溺爱，无人敢管。

3. 预设问题

面对一个文段，我们要了解文段的主要信息，就是要抓住关键词。本段的关键词是什么？

（拟 2～3 位学生回答，师明确）

师明确：林黛玉在见到贾宝玉前，她所了解到的贾宝玉就是“祸根孽胎”“混世魔王”“顽劣异常”“极恶读书”。

4. 预设问题

在人物出场之前，先借别人之口，来表现人物性格，这是一种什么写法？（拟 1～2 位学生回答，师明确。）

师明确：侧面描写，侧面烘托的手法。

（板书：侧面描写）

鉴赏人物形象方法之一：侧面描写，又叫间接描写，是从侧面烘托人物形象，是指在文学创作中，作者通过刻画人物或描绘环境来表现所要描写的对象，以使其鲜明突出，即间接地对描写对象进行刻画描绘。从侧面烘托人物形象，常常能起到正面描写达不到的效果。

（二）鉴赏情节——相对

1. 预设问题

当林黛玉与贾宝玉四目相对时，他们有着怎样的感触？

（拟 2 个学生回答，师明确）

师明确：正如李商隐诗句“心有灵犀一点通”，“似曾相识燕归来”。有“木石前盟”之缘。

2. 阅读文本

PPT 展示　情节二——相对

黛玉一见，便吃一大惊，心下想道：“好生奇怪，倒像在那里见过一般，何等眼熟到如此！”

宝玉看罢，因笑道：“这个妹妹我曾见过的。”“虽然未曾见过他，然我看着面善，心里就算是旧相识，今日只作远别重逢，亦未为不可。”

3. 预设问题

相同的感受，不同的表现。这两段话里最传神的字是哪个？（师再范读文段）

拟请（2～3 个学生回答，师明确）

师明确：从这两段文字对应来看，黛玉见宝玉一“惊”，宝玉见黛玉一“笑”。

脂砚斋评点：黛玉见宝玉一“惊”，宝玉见黛玉一“笑”。存乎中，物于内，出乎外。下笔行文时，必要推敲地准、稳，方才用字。用词的准确，就体现在这了。

（三）鉴赏情节——相视

1．阅读文本

PPT 展示　情节三——相视

两弯似蹙非蹙罥烟眉，一双似喜非喜含情目。态生两靥(yè)之愁，娇袭一身之病。泪光点点，娇喘微微。闲静时如姣花照水，行动处似弱柳扶风。心较比干多一窍，病如西子胜三分。（林黛玉）

面如敷粉，唇若施脂；转盼多情，语言常笑。天然一段风骚，全在眉梢；平生万种情思，悉堆眼角。

中秋之月，色如春晓之花，鬓若刀裁，眉如墨画，面如桃瓣，目若秋波。虽怒时而若笑，即瞋视而有情。（贾宝玉）

2．预设问题①

在这一文段中，作者在描写林黛玉的肖像时用哪些修辞来写她的美？（拟请 2～3 个学生回答，师明确）

师明确：比喻。两弯似蹙非蹙罥烟眉；闲静时如娇花照水，行动处似弱柳扶风。

比较：心较比干多一窍，病如西子胜三分。

（板书：比喻、比较）

此时此刻在宝玉的跟前，不仅仅是林黛玉，他看到的是水畔的桃花，风中的柔柳。心有七窍的比干，使得鱼儿也羞愧沉到水底的西施；由此我们看到了黛玉的娇小柔美，聪明通透。

脂砚斋评点："从宝玉的目中细写黛玉，直画一美人图。"她以兰为心，以玉为骨，以莲为舌，以冰为神。

3．预设问题②

此段文字中运用了哪些修辞？（拟请 1～2 个学生回答，师明确）

师明确：比喻。中秋之月、春晓之花、眉如墨画、目如秋波。

在林黛玉的眼里，她的眼前，不仅仅是贾宝玉，而是中秋之月、春晓之花、深水一潭。由此我们看到的贾宝玉是英俊潇洒、情意绵绵。而在此之前，林黛玉听说的贾宝玉又是怎样的呢？（回顾前面的内容，重温"祸根孽胎、混世魔王、极恶读书、顽劣异常"，是那样一个纨绔子弟。）而今真的看到了却是一个含情脉脉、风流倜傥的白马王子、花样美男。

4. 预设问题③

先写人物之坏，再写人物之好，以突出人物之好，这是一种什么样的表现手法？（拟请1～2个学生回答，师明确）

师明确：欲扬先抑、先抑后扬。（板书）

鉴赏人物方法之二：欲扬先抑，是一种人物描写技巧。欲扬先抑的“扬”，是指褒扬、抬高。“抑”，指按下、贬低。作者想褒扬某个人物，却不从褒扬处落笔，而先是按下，从相反的贬抑处落笔。用这种方法，使情节多变、波澜起伏，造成鲜明对比，容易使读者在阅读过程中产生恍然大悟的感觉，留下比较深刻的印象。

（四）鉴赏情节——相慕

教师：接下来，贾宝玉给林黛玉送了一个见面礼，杜撰了一个字号，辩解说天下杜撰多了，偏只我是杜撰不成。别人可以杜撰我也可以杜撰；别人可以走在最前面，我也可以走在最前面。表现了贾宝玉追求自由、张扬个性的性格特点。（教师范读本段文字）

1. 阅读文本

> PPT展示　情节三——相慕
>
> 又问黛玉："可也有玉没有？"众人不解其语，黛玉便忖度着因他有玉，故问我有也无，因答道："我没有那个。想来那玉是一件罕物，岂能人人有的。"宝玉听了，登时发作起痴狂病来，摘下那玉，就狠命摔去，骂道："什么罕物！连人之高低不择，还说'通灵'不'通灵'呢！我也不要这劳什子了！"吓得众人一拥争去拾玉。贾母急得搂了宝玉道："孽障！你生气，要打骂人容易，何苦摔那命根子！"宝玉满面泪痕泣道："家里姐姐妹妹都没有，单我有，我说没趣；如今来了这么一个神仙似的妹妹也没有，可知这不是个好东西。"

分角色朗读文段（请四位同学分别饰宝玉、黛玉、贾母旁白）要求读出身份、角色、感情。

师点评。

2. 预设问题①

这块“玉”对于贾宝玉，究竟有什么样的意义？（拟请1～2位同学回答，师明确。）

师明确：插入“衔玉而诞”“女娲补天”的故事。玉是娘胎带来的，代表着天意。"摔玉"代表贾宝玉性格中违抗天意的叛逆性。"摔玉"于是我们就一样了，于是我们就平等了，于是我们就可以相爱了。

3．预设问题②

这块玉摔碎了吗？这块玉最终为什么又挂到了贾宝玉的身上？（师生一同探讨）

师明确：这块玉依然没有碎，这块玉依旧套在贾宝玉的身上。因此天意不能违，也就是预示着故事的悲剧性。因为摔玉，林黛玉哭了；因为摔玉，宝玉疯狂了！林黛玉与贾宝玉的第一次见面就以泪水开始了！也就是应验了小说一开篇的"林黛玉一生要以泪还债"的说辞了。《红楼梦》真是一部奇妙的小说！它的开局就预示着小说的结局。

师明确：（板书）宝玉与黛玉之间有一个共同的字，那就是"玉"。因为有玉，他和林黛玉有了一段"仙缘"；因为有玉，他和林黛玉有了"尘缘"；因为有玉，他和林黛玉有了"悲缘"。有了"悲缘"也就是有了"悲情"。有人说，相逢是一首歌。《红楼梦》到底是一首怎样的歌呢？从相识、相感、相视、相知、相恋，一路走来，他们相爱了。他们的爱情有了一段共同的青春回忆。

媒体展示：PPT

葬花情节

这是最感动青年的情节，宝玉和黛玉因此有了其他人没有的共同秘密——花冢。因为我们共有了一个青春的秘密，对于青春的生命，那件事是最重要的。宝玉和黛玉在春天里一起惋惜落花，一起埋葬落花，他们的青春有了共同的纪念，共同的哀悼，共同的回忆。天长地久的不会是肉体，不会是花，而是曾经共同拥有的美丽回忆。

——《蒋勋细说〈红楼梦〉》

林黛玉和贾宝玉他们的爱情之所以经典，是因为他们相知相恋，但他们不能相牵相伴一生，没办法应验人们常说的"有情人终成眷属"的美好愿望。他们相逢于灵河岸边，三生石畔；相知相恋于红楼大观园中；这曲悲歌的源头也曾笑语盈盈，这断流的源头也曾泉水叮咚。我们为这样一段爱情的美丽而惋惜，因为惋惜，把这样美好的东西撕碎给人们来看，也就成了人们心中永远的经典。

三、因文论作，走进形象

胡适先生认为古人所说的读书三到——“眼到、口到、心到”是不够的，须有“四到”——眼到、口到、心到、手到。“手到才有所得”，他还说：发表是吸收知识和思想的绝妙方法。吸收进来的知识思想，无论是看书来的，或是听讲来的，都只是模糊零碎，都算不得我们自己的东西。自己必须做一番手脚，或做提要，或做说明，或做讨论，自己重新组织过，用自己的语言记述过——那种知识思想方可算是你自己的了。

叶圣陶先生在《好读书而求甚解》书中谈道：“文艺鉴赏犹如采矿，你不动手，自然一无所得，只要你动手去采，随时会发现一些晶莹的宝石。”①是的，好的作品需要一回回认真地阅读，一次次认真地动笔，认真的结果，不仅随时发现晶莹的宝石，而且也会随时发现粗劣的瓦砾。只有这样，我们才能在并在阅读中成长起来。

潘新和老师也认为写能使读时不明晰的变得明晰，能使思维精密化、感受语词化、思想条理化。我们都有这样的经验，读书时有很多的想法，想要写出来又觉得幽昧不明，还需要认真想很久才能写得出来。这表明写能提高读的质量。

这就引发我们对读写观念的重新思考，如果将现在的“以读带（促）写”教学模式，改为“以写带（促）读”教学模式。那将会怎样？中学是人的一生中变化最迅速的时期，生理是这样，语言也是这样。在这个时期，随着他们年龄的增长和文化水平的提高，他们的言语运用尤其是书面表达一直处于变化之中。因此，在阅读文本之后，我们可以让学生化为小说中的人物，写一段文字，对你所爱的对象倾诉，运用课堂学习的人物写作方法，开始尝试写些文字片段，把自己阅读之后的“言语秘妙”表达出来。这样就可以以自己独特的方式走进小说人物的世界。

预设写作题目：《相诉》

①宝哥哥，我想对你说……

②林妹妹，我想对你说……

---

① 叶圣陶.好读书而求甚解[M].北京：开明出版社，2016：51.

附:【学生习作选读】

①宝哥哥,我想对你说……

你我相逢时,
便有股似曾相识之感,
初见你时就像刮冷风也不愿关窗,
如清水荡漾我心房,
如久别重逢,却又相逢恨晚,
看如一阵风,
轻拂我的心底,
风可以将声音记录下来,
我会多念几遍你的名字。
共读《西厢》仿佛就在昨日,
你眉点上的胭脂,
是我此生的依赖,
如我眼中的晶莹。
你像一首偏爱沙哑的情歌,
我想你,
当你一贫如洗时,
我会是你最后的行李。
惜不能伴君此生,
人们常说,
车马很远,书信很慢,
一生只够爱一个人,
情书是我编的,
但我爱你是真的。

②林妹妹,我想对你说……

莫说金玉良缘,
我只信木石前盟。
前世千次回眸,

换得今世擦肩而过。
桃花为你凋谢，
安息在你我共同的回忆。
蒹葭苍苍，
你为伊人。
白露为霜，
在水一方。
愿为千里一片云，
只想为你撑一道荫蔽。
愿为天边一道虹，
只想博女儿一笑倾城容。
你如星辰，
我如天空。
若说心里没有你，
那闪闪的点点星蕴又是什么？

【课堂实录】

❋ 金风玉露一相逢

——《宝黛初会》课堂实录

教师：上课。

学生：起立。

教师：同学们好。

学生：老师好。

教师：好，请坐。

教师：台湾舞林大师林怀民写了一本书叫《云门舞集》，我在看这本书的时候，其中有一段文字让我颇有感触：我们的孩子从迪士尼乐园、好莱坞动画片里面知道花木兰，从英雄联盟的游戏里了解孙悟空。在全球化的时代，我们就应该自然放弃一些传统和经典吗？不，传统太贵了，凝结了民族和智慧。我以为我们今天要学的《红楼梦》就是凝结了民族的经典和智慧的宝库，它被称为中国小说的巅峰之作。让我们一起走进《红楼梦》的经典片段《宝黛初会》。好了，既然是阅读一部文学作品，那首先一定要阅读人，是不是？先从哪个人开始？

学生：作者。

教师：好，那么在《红楼梦》中，曹雪芹是这样说自己的，我想我们同学一起读一读。

学生：我也曾金马玉堂，我也曾瓦灶绳床。你笑我名门落魄，一腔惆怅，怎知我看透了天上人间，世态炎凉。南山藏傲骨，债事写群芳，字字皆血泪，十年不寻常。身前身后漫评量，君试看真真切切虚虚幻幻，啼啼笑笑的千古文章，千古文章。

教师：在这段的叙述里面，他讲到了真真切切虚虚幻幻、啼啼笑笑的千古文章就是《红楼梦》。在这里面有曹雪芹心血的凝结，有他斑斑的血泪，有他的青葱梦想，还有他的满腹辛酸。这是知人论世，是阅读的第一种方法——亲近小说的主要人物。因为接下来在主人公身上或多或少，或远或近有着谁的影子啊？对，曹雪芹的影子，一般作者我们就可以先说到这里。好，接着阅读的第二种人，也就是小说中的主人公。在曹雪芹的笔下有血有肉，有名有姓的人物达 600 多位，但是最让我们牵挂的，最魂牵梦绕的，应该就是谁啊？

学生：贾宝玉、林黛玉。

教师：贾宝玉，林黛玉。好了，那今天我们就和大家来读《宝黛初会》。《宝黛初会》原来在人教版里的题目是《林黛玉进贾府》，我们今天主要是截取它的一个片段。当林黛玉来到贾府的时候，她曾经在别人的听闻里面，听说过谁呀？

学生：贾宝玉。

教师：贾宝玉。是从谁的嘴里听说的？

学生：妈妈。

教师：课文里有提到，是从她自己的母亲的嘴里听到的，还有呢？除了自己的母亲，还有谁，从谁的嘴里知道的贾宝玉？好了，那我们就来阅读文本的第二段，就是以文来论文。那我请一个同学来读一下吧。

学生："我就只一件不放心：我有一个孽根祸胎，是家里的'混世魔王'，今日往庙里还愿去了，尚未回来，晚上你看见就知道了。你以后不用理他，你这些姐姐妹妹都不敢沾惹他的。"

教师：好，这是宝玉的母亲说的宝玉，好，接下来。

学生：黛玉亦常听得母亲说过，有个表兄乃衔玉而生，顽劣异常，不喜欢读书，最喜在姐妹们中间厮混，外祖母又溺爱，无人敢管。

教师：好，读的声音很大，但有几个字要注意一下："顽劣"。好了，那么这是一个文段，那我们在阅读一个文段的时候，要注意捕捉它的一个信息点，也就是关键词。这一段的关键词是什么？

学生：混世魔王。

教师：混世魔王，还有呢？

学生：孽根祸胎。

教师：还有呢？

学生：顽劣异常。

教师：顽劣。

学生：不喜欢读书。

教师：同学们说得不错啊。那么在别人的眼中，贾宝玉是祸根，孽根祸胎，是一个混世魔王，是顽劣异常，不喜欢读书。那么通过阅读，我们眼前就勾勒出这样一个贾宝玉，是不是？林黛玉听到了这样的一个贾宝玉。好，在这个人物没有出场前，通过别人听到人物的形象，这又是一种什么样的写法？

学生：侧面。

教师：对，是侧面描写。那么当林黛玉来到了贾府，当她看到贾宝玉的那个刹那，她又有一个什么样的感应呢？就是我们所说的事物想触碰的时候。好，所以文章里面也有一段很精彩的描写。同学们看一下，当两个人目光交会的时候，他们突然有了一种怎样的感受？

学生：似曾相识。

教师：似曾相识。好，我想请大家一起读读，这个似曾相识的感受在哪？

学生：（读）黛玉一见，便吃一大惊，心下想道："好生奇怪，倒像在那里见过一般，何等眼熟到如此！"宝玉看罢，因笑道："这个妹妹我曾见过的。虽然未曾见过她，然我看着面善，心里就算是旧相识，今日只作远别重逢，亦未为不可。"

教师：刚一出来，林黛玉就有四个字写他。

学生：似曾相识。

教师：好，似曾相识。那么这是大家读的第二个文段，在这个文段中，写得最传神的一个字是什么？

学生：吃。

教师："吃"，好，"吃"是什么意思？

学生：不知道。

教师：不知道，好，来，它只可意会不可言传啊。那么有没有其他同学寻找到？

学生：我觉得是“惊”。

教师：哦，你觉得是这个“惊”字很传神，因为它有一种什么啊？

学生：神态。

教师：有一种神态，大吃一惊啊，要把它吃掉啊（玩笑），好，后面还有一段是？

学生：笑。

教师：啊，“笑”。这个“笑”和“惊”同样是指人物的神态。那么在这个文段里面，曹雪芹用得很好，他说宝玉见了黛玉，是“笑”。而黛玉看到宝玉，是“大吃一惊”。这个词他用得特别传神。同学们可以想到一个词“心有灵犀一点通”。对吧，那么这个似曾相识之感，我们在这周大家都学过，似曾相识之感来源于哪里？

学生：前世。

教师：对，他的前缘，就是他和林黛玉之间有前世的缘分。一个是三生石畔的绛珠仙草，一个是赤暇宫神瑛侍者。他们之间有什么样的联系呢？

学生：浇灌。

教师：浇灌，被一个人浇灌。所以他们之间存在着这样的仙缘。好，我们说当目光交会的时候，很多人都会羞涩地躲开，我觉得这是一个常理，对不对？特别青年男女。但是在我们这个初会里面，他们不但没躲开，接下来是什么？深情凝望。在这个深情凝望的时候，我们就非常想知道，宝玉眼中的黛玉，或者黛玉眼中的宝玉，到底长得如何，对不对？好，这是我们这堂课的重点，我们来看一看宝玉眼中的林黛玉。请个同学来读吧，你们再分析分析。好，这位同学，大家推荐你读。

学生：两弯似蹙非蹙罥烟眉，一双似喜非喜含情目。态生两靥之愁，娇袭一身之病。泪光点点，娇喘微微。闲静时如姣花照水，行动处似弱柳扶风。心较比干多一窍，病如西子胜三分。

教师：刚才这位同学读了，你觉得哪个字不是很准确？

学生：罥。

教师：“两弯似蹙非蹙罥烟眉，还有那个闲静时如姣花照水。”好，来，请坐。那么，同学们一起来读一下。我提问题给大家思考。

学生：两弯似蹙非蹙罥烟眉，一双似喜非喜含情目。态生两靥之愁，娇袭一身之病。泪光点点，娇喘微微。闲静时如姣花照水，行动处似弱柳扶风。心较比干多一窍，病如西子胜三分。

教师：这就是宝玉眼中的林黛玉。我们说他写人物啊，看看这一段里面用了哪些修辞？

学生：比喻。

教师：好，请一个同学吧。请这个李晓峰来说一下。

学生：嗯……用了那个比喻。

教师：比喻。说出来比喻在哪里。

学生：嗯……两弯似蹙非蹙罥烟眉。

教师：罥烟眉是吗？好。

学生：就这里吧。

教师：你只看到一处的比喻，是吗？

学生：闲静时如姣花照水，行动处似弱柳扶风。

教师：这里用的是比喻。好，还有没有其他的修辞方法？

学生：还有对比。

教师：还有对比，在哪里？

学生：心较比干多一窍，病如西子胜三分。

教师：哦，"心较比干多一窍，病如西子胜三分。"好，那么写一个人物肖像，比喻是最常用的手法。好，接下来，他还用了一个对比来写。那么也就是说在贾宝玉的眼中，林黛玉就是……我们说的水边的桃花，柔弱的这种柳条非常美。所以在这里面也有这样一段评点，我觉得特别好。他的评点是，从宝玉的眼中写林黛玉，直话一个美人。在他眼中的黛玉是以兰为身，以柳为骨，以莲为舌，以风为神。似曾相识，天上掉下个林妹妹。那么再接下来，我们来看，那么也就是说在贾宝玉眼中的林黛玉，情人眼里出西施。接下来，我们再看。黛玉眼中的贾宝玉，好，我想大家一起读一读。

学生：(读)面若中秋之月，色如春晓之花，鬓若刀裁，眉如墨画，面如桃瓣，目若秋波。虽怒时而若笑，即瞋视而有情。面如敷粉，唇若施脂；转盼多情，语言常笑。天然一段风骚，全在眉梢；平生万种情思，悉堆眼角。

教师：那么这是一个怎样的贾宝玉出现在林黛玉的面前呢？是不是用了很多的比喻？中秋之月，还有呢？

学生：春晓之花。

教师：还有呢？

学生：面如敷粉。

教师：转盼多情，语言常笑。天然一段风骚，全在眉梢；平生万种情思，悉堆眼角。同样用了我们前面的这种比喻。来，请同学们思考一个问题，在林黛玉看到贾宝玉的时候，其实这个贾宝玉有一个清晰的形象在林黛玉的面前，他是一个怎样的贾宝玉？

学生：多情。

教师：多情，还有呢？

学生：风骚。

教师：很帅气，这形容男生吧，漂亮。漂亮这个词用在男生身上，好像不是太好，是不是？

学生：秀气。

教师：眉清目秀，还有呢？玉树临风，同学们说的。

学生：风流倜傥。

教师：啊，风流倜傥。是不是？风流倜傥。那他简直是所有女生眼中的白马王子。可林黛玉先前了解到的贾宝玉是混世魔王，还是什么？

学生：孽根祸胎。

教师：还有呢？

学生：顽劣异常。

教师：是不是形成强烈的对比？强烈的对比。好。在人物出场之前，写那个人特别不好，可是这个人出来以后又特别好，这是一种什么样的写法呀？

学生：先抑后扬。

教师：对，先抑后扬的方法。这是写人物的第二种方法，非常非常的重要。所以此时这个人物在我们脑中就出现了一个凝固的画面，那面对这样一个贾宝玉，年轻的女子谁能不爱？谁人不喜呢？

那么这个整个故事情节到这里，接下来，还要发生怎样的事情呢？特别有意思。那么当两情相悦的时候，心生羡慕的时候，很多人会做出很多种示爱的方式，对不对？比如说我们现在送个鲜花呀，送个巧克力呀，约个花前月下呀，看看电影啊，听场音乐会啊，等等之类的。可是贾宝玉他看见林妹妹的时候，先有一个见面礼送给她，你知道是什么吗？

学生：碎玉。

教师：啊，送了两个字，这两个字叫什么？

学生：颦颦。

教师："颦颦"，而且这两个字是怎么送给她的？看课文。他要送他妹妹一个妙字，莫若"颦颦"，他觉得这两个字极妙，但是后来有一个人问他，这个人是谁？

学生：探春。

教师：探春，她问宝玉，你这个字是怎么造的？他说什么？杜撰的。是吧？宝玉怎么回答？

学生：西方有石名黛，可代画眉之墨。

教师：他说西方有石名黛，可代画眉之墨。况这林妹妹眉尖若蹙，用取这两个字，岂不两妙！看来，他有读书啊，是不是？他有文化啊，是不是？可是他们却说他是杜撰的，你看贾宝玉怎么回答。

学生：除《四书》外，杜撰的太多，偏只我是杜撰不成？

教师：除《四书》外，杜撰的太多，偏只我是杜撰不成？就是要杜撰，就是要杜撰这两个字送给她。他认为天仙般的林妹妹。那么从这里我们可以看出贾宝玉身上的哪种性格？

学生：任性。

教师：任性。我就任性怎么了，是不是？看出他非常地任性。想做什么就做什么。好，这是送给林妹妹的一个见面礼，很特别的见面礼。杜撰两个字送给她。接下来，还有一个更让人觉得古怪的见面礼是什么？

学生：玉。

教师：宝玉把什么给摔了？哦，把他的宝玉给摔了。好，这个非常经典。好，同学们推荐四个人物，先推荐贾宝玉，你们推荐谁来扮演贾宝玉？好，谁？

学生：阿敏。

教师：好，阿敏。谁来扮演林黛玉？

学生：小玉。

教师：啊，小玉，小玉在哪里？谁来扮演贾母？

学生：丁玲。

教师：好，丁玲，来。我还要一个旁说者，谁？

学生：嘉庆。

教师：好，嘉庆，来吧。确定好角色，这是一段特别的情节。然后，明确自己所说的话，然后，嘉庆所有的旁白都是你读，要看好人物的语气、神态，酝酿一下。来同学们一起看一下。

学生（旁白）：众人不解其语，黛玉便忖度着因他有玉，故问我有也无，因答道：

学生（黛玉）："我没有那个。想来那玉是一件罕物，岂能人人有的。"

学生(旁白)：宝玉听了，登时发作起痴狂病来，摘下那玉，就狠命摔去，骂道：

学生(宝玉)："什么罕物，连人之高低不择，还说'通灵'不'通灵'呢！我也不要这劳什子了！"

学生(旁白)：吓得众人一拥争去拾玉。贾母急得搂了宝玉道：

学生(贾母)："孽障！你生气，要打骂人容易，何苦摔那命根子！"

学生(旁白)：宝玉满面泪痕泣道：

学生(宝玉)："家里姐姐妹妹都没有，单我有，我说没趣；如今来了这么一个神仙似的妹妹也没有，可知这不是个好东西。"

(掌声响起)

教师：刚才几位同学可能还没有进入角色，尤其是贾母，还没有慈爱的神态。宝玉读得不错的，林黛玉好像还弱一点。旁白的同学读得相对好。好了，我们通过这样一个分角色的朗读，我们来看，贾宝玉痴狂病发作了，要把那个通灵宝玉给摔了，我想这块宝玉对宝玉来讲，它不是一般的玉，宝玉从哪里来？身体里来。他出生的时候怎样？含玉而来。也就是说它是从娘胎里带出来的。那么这块玉就有了天意。是不是？那么既然他把这个天意的东西给摔了，可见宝玉怎么样？他有违天意。不是，我们刚才说这是天意，既然这是天意，贾宝玉把它摔了，我们可以看出他性格中的哪一点？

学生：叛逆。

教师：叛逆，他认为姐姐妹妹都没有啊，偏就我有，本身这就是不平等、不公平。而且我心爱的林妹妹还没有，是不是？那更是不平等了，是不是？所以我要把这个玉给摔了，那么也就是大家都没有了。于是我们就平等了。我们就可以一起玩了。我们就可以从此相爱了。是不是这个意思？好了，但是，同学们读到这里，请大家注意：摔玉之后，玉并没有碎掉。而且这玉最终还是戴回到谁的身上？

学生：宝玉。

教师：也就是说，这个天意他依然不能够违逆，不能改变他的命运。玉依然套在他的脖子上。这一块玉，必然预示着这个故事的悲剧性。他本身要把这个玉给摔了，然后平等地和林妹妹相爱，可是他摔玉没成功，这一细节非常重要。我们从这个情节里面，也可以看到，故事的悲剧性潜伏在这里。好了，因为摔玉，林黛玉吓哭了。也就是她和贾宝玉第一次的见面是以什么开端开始的？

学生：泪水。

教师：这也就是我们在第五回里说的一生要用泪还贾宝玉。她看到贾宝玉爱她她也哭，贾宝玉没睬她，她也哭，贾宝玉赞美她，她也哭，无论何时何地，她都在哭。所以同学们非常奇怪，看他故事的开头就预示着人物的命运的结局，一步一步往下走。好。那么说到这块玉，我觉得特别有意思，我们说的这两个主人公，在别人的眼里面，他有一个共同的字。

学生：玉。

教师：玉，因为有玉，他和林黛玉之间有一个有仙缘。绝对的仙缘，是不是？因为有了这块玉，林黛玉来到了城市，他和她之间应该有一段尘缘，我们说有缘未必有份，对不对？他们有一段尘缘。因为有了这块玉，林黛玉一见他就哭哭啼啼，从第一面到最后都是哭的，所以，就是悲缘，他们之间就有这样的悲缘，或者说悲情。

人们常说相逢是一首歌，那么红楼梦唱的是怎样的一首歌呢？我们说从相闻、相看，从相视到心生爱慕，然后接下来我们很多的情节也写到了他的相知、他的相恋、他的相爱，所以林黛玉和贾宝玉之间的爱情是有一个共同的回忆，是不是？所以这几天在读书的时候，我特别喜欢蒋勋老师的一段话，他说林黛玉和贾宝玉的爱情有共同的青春回忆。宝玉和黛玉在春天里一起惋惜落花，在春天里一起埋葬落花，他们的青春有了共同的纪念，还有共同的哀悼，共同的回忆。他说天长地久的不是那天，也不是花，而是曾经有过的美丽回忆。我觉得特别地感动，这是宝黛玉最美的爱情。那么他们的相知相恋，最终没能相伴一生，牵手一生，无法应验有情人终成眷属这样的一个结局。他们相逢于灵河岸边，从相识相爱一路走过，在这个断流的源头，曾经也是泉水涓涓，非常美丽。可是我们为什么会对这样一段美好的爱情觉得惋惜呢？因为美好的东西被撕碎了，这也成了人们心目中永恒的经典。

好，那么通过同学们一起鉴赏了这个主人公，接下来我要和同学们进入另外一个环节——因文论作，让大家化为林黛玉，化为宝哥哥，写一段话，一个是林妹妹我想对你说，一个是宝哥哥我想对你说。对，好，给大家几分钟写一写，大家一起说一说，化入这个角色，写一段话就可以了。可以说写一封情书。

（学生写作）

教师：我刚刚走了一圈，有的同学还在苦思冥想，有的同学已经写好了。哪个同学写好了，先说一说。哪个同学来？……

学生：林妹妹我想对你说，有缘千里来相会，你在千里之外来见我，岂不是天作的缘分吗？

教师：好，有缘千里来相会，她是抓住缘分的角度来写的。好，请坐。来，你自己觉得有点紧张？来，你来说。……都没有写，看来好像没心情。学一学，其实这也是语文课需要教给大家的。来，你来说一下。

学生：宝哥哥我想对你说，虽然我们生活经历不同，两人的性格不同，但毕竟我们也有欢声笑语，有青春回忆就够了。

（学生鼓掌）

教师：她写得好现代。来，你来说。我看你已经写好了。

学生：林妹妹我想对你说，纵然今世无缘相伴，执子之手相濡以沫，然两情若是长久，就算不能相见仍能矢志不渝，就算阴阳相隔也会相视陪伴，愿来世缘分让我们相惜。

（学生鼓掌）

教师：她读得已经让我起鸡皮疙瘩了，不错，写得好。是不是？好，这位同学写了吗？没事，你来说。

学生：林妹妹我想对你说，如果全世界我也可以放弃，至少还有你我不会放弃。

教师：他写的是一首歌，如果全世界都可以放弃的话，我绝对不放弃你，是不是？至少还有你对不对？很经典啊。来。

学生：林妹妹我想对你说，我俩乃前世仙缘未了，今世又续尘缘，我愿陪伴你左右。

（学生鼓掌）

教师：他是用的典故是不是？好。

学生：林妹妹我想对你说，既然缘分让我们相遇，我们应该好好珍惜在一起的时光，共度美好时光。

教师：情书读得太快了啊。我们还没有听明白，只听出要珍惜。这位林妹妹写了吗？

学生：林妹妹我想对你说，自那日相会，如天仙一般的你便令我朝思暮想，魂牵梦绕，你的一颦一笑牵动我心，我不愿你再为我流泪。今世吾愿与你至死方休，至死方休。

（学生鼓掌）

教师：她后面还用这种反复的手法来写。很感人，很感人。这组我没有叫过，你来吧。

学生:林妹妹我想对你说,世间万物都不及你颦颦一笑。宝哥哥我想对你说,岁月轮回只盼与你携手一生。

教师:这个同学她是两个角色都写了。她说林妹妹,世间万物都不及你颦颦一笑。用的宝玉的妙字。还有宝哥哥我想对你说,岁月轮回只盼与你携手一生。多美啊。最后再请一位同学。没写。好了,那就留给我了。

教师:听了同学们的诉说,让我想到清代词人纳兰性德的诗句,人生若只如初见,还有呢?

学生:何事秋风悲画扇。

教师:何事秋风悲画扇。如果人生若只如初见,那该多好。

教师:好,下课。

第四节 语言文字的审美意象

《高中语文课标》指出："语言文字的运用，包括生活、工作和学习中的听说读写活动以及文学活动，存在于人类社会的各个领域。"语文学科核心素养对语文课程性质做了更清晰的说明："语文课程应引导学生在真实的语言运用情境中，通过自主的语言实践活动，积累言语经验，把握祖国语言文字特点和运用规律，加深对祖国语言文字的理解与热爱，培养运用祖国语言文字的能力；同时，发展思辨能力，提升思维品质，培育社会主义核心价值观，培养高尚的审美情趣，积累丰厚的文化底蕴，理解文化多样性。"

语文课程中的"语言"不仅仅是社会理性的语言，更是语境中的言语和优质的母语语感。因此，汉语言文字具有独特的审美效果，其从诞生之日起，就蕴含着丰富的语码信息，阐释学和现代语言学把语言看成是所谓"存在的水库"，是诗人的生命之根。但是语言不是自我封闭的现实，它意指世界和生存境遇。[①] 因此，对于语言的色彩，余年峰的《一滴蓝色的泪水——印象青海湖》留给我绝妙的记忆。青海湖是咸水湖，而泪水也是咸的。把青海湖比作是一滴留在大地上的泪水，这样的色彩语言真切动人。让我们一起撩起语言文字的面纱，寻觅语言文字的足迹；一起倾听语言文字思考的声音，破译语言文字的奥秘；一起细说语言文字的异同，目击语言色彩的流变。

附文本：

一滴蓝色的泪水——印象青海湖

不知是男人滴下的
还是女人滴下的
总之，在中国的高原上
青海湖，是一滴蓝色的泪水

---

① 吴晓东.梦中彩笔[M].北京：北京大学出版社，2018：156.

那蓝，比海蓝得纯正
那蓝，比天蓝得纯净
那蓝，比布蓝得纯洁
那蓝像玻璃一样晶莹
那蓝像锦缎一样柔丽
这醉人的蓝，蓝成心潮的波涛
这清新的蓝，蓝成美丽的画卷
这静谧的蓝，蓝成奇特的梦境

想喊吧，又怕惊动了蓝的宁静
那些草，那些花，那些牦牛
想唱吧，又怕吵醒了蓝的安谧
那些风，那些雨，那些飞雪
想跑吧，又怕打扰了蓝的肃穆
那些笑，那些语，那些眼睛
只好沉默地回忆着，那蓝的涟漪
一些关于蓝的神话
当年的西海龙王，孙悟空，文成公主
只好陶醉地回味着，那蓝的朝气
一些关于蓝的故事
遥远的古海，造山运动，地壳变迁

正因为蓝得罕见
所以吸引了数万种水鸟，安家落户
所以聚集了欢快畅游的鱼儿，繁衍后代
所以招揽了各色肌肤的目光，吟诗作画
也为了蓝的美丽
如水的钞票开始涌来
如山的小楼立地拔起
如潮的人流谈情说爱

总之，在中国的高原上

青海湖，是一滴蓝色的泪水
不知是男人滴下的
还是女人滴下的

《淡妆浓抹总相宜——语言的色彩》是人教版高中语文选修篇目，这是一篇关于语言的文本。如何邂逅色彩语言中的审美意象？如何引导学生在运用色彩语言中发现语言的意义与情感？这是本节课需要重点探讨的。

一、辨析语言意象的语体色彩

语体色彩指词义中所反映的词的语体倾向、特征、烙印。它是由词经常出现的语体久而久之赋予的。语体色彩是指某个领域里使用的语言的特点。从词汇分类来分，语体一般情况下分为口语语体和书面语体两大类，书面语体可以进一步再分为文艺语体、科技语体、政论语体、公文语体。同样的，词的语体色彩也可以做出相应的区分①。如“哥们”“溜达”，具有口语语体色彩；“造诣”“苍穹”，具有书面语体色彩；“旖旎”“摇曳”，带有文艺语体色彩；“法人”“井喷”，带有科技语体色彩；“体制”“改革”，具有政论语体色彩；“此致”“为荷”等含有公文语体色彩。

如咬文嚼字的故事：

从前，某秀才为显示自己有高深的学问，平常说话总爱咬文嚼字。有一天深夜，他被一只蝎子蜇了，便摇头晃脑地说：“贤妻，速燃银灯，尔夫为虫所袭！”可他连说了好几遍，他的妻子也没有听明白他说的是啥意思。在疼得实在受不了的情况下，他才喊道：“老婆子，快点灯，蝎子咬到我了！”

这个秀才的可笑就在于，他在表达中没有把握好语体色彩的特点，该用口语的时候，他用了书面语，使他吃了不少苦头，闹出了笑话。

① 语体色彩[EB/OL].[2021-07-08].https://baike.baidu.com/item/语体色彩/1555618?fr=aladdin.

二、辨析语言意象的感情色彩

感情色彩，指词义中所反映的主体对客观对象的情感倾向、态度、评价等内容。感情色彩除传统所认定的褒义、贬义等类型之外，还应有恐怖、喜悦、痛苦、悲凉等情感类型。如“英明”“英雄”等词含褒义感情色彩；“奸臣”“腐败”等词含贬义感情色彩；“骷髅”“僵尸”等词含恐怖感情色彩；“成功”“捷报”等词含喜悦感情色彩；“失败”“失恋”等词含痛苦感情色彩；“秋风”“落叶”等词含悲凉感情色彩等等，除此之外，还有不能体现特殊情感倾向的中性感情色彩，如“山”“水”“跑”“走”等①。感情色彩的词语十分丰富，就像人的语言一样。其中有些词义可能一词兼有两种或两种以上的感情色彩，如“艾滋病”既有憎恶的贬义感情色彩，又同时具有恐怖感情色彩。人对于物体或者他人的一种主观感受，可以是褒义，可以是贬义，也可以是中性的。感情色彩还有更多的词义，应用范围较广。

（一）辨析词语中的“色彩词”与“色彩义”

关注色彩词与色彩义的分类。同样是“赤”“橙”“黄”“绿”“青”“蓝”“紫”这些色彩词，它们表达的意义和效果却不尽相同甚至大相径庭。

1. 辨析色彩词（媒体展示，学生完成练习）

感情色彩——我父亲终于决定送我出去留学，附加条件是：不准娶个红毛绿眼睛的外国婆子回家，这一点，我倒是“遵命”了。（黄佐临《旧社会回忆点滴》）

形象色彩——绿幽幽的竹园，绿生生的瓜，绿油油的菜畦，绿翠翠的豆荚……（张宣强《农家》）

客观色彩——头上扎着白头绳，乌裙，蓝夹袄，月白背心……（鲁迅《祝福》）

象征义——20世纪60年代，美国产生了黑色幽默②。

引申义——青春应当是鲜红的，永远的鲜红——生命只属于这样的

---

① 感情色彩[EB/OL].[2022-04-07].https://baike.baidu.com/item/感情色彩/9341184?fr=aladdin.

② 黑色幽默[EB/OL].[2022-04-07]https://baike.baidu.com/item/黑色幽默/243?fr=aladdin.

人。苍白的、黯淡的生命，只是宇宙间一闪而逝的轻尘。（杨沫《青春应当是鲜红的》）

形象、语体色彩——他抬起头来看看天，天，黄古隆冬的。（蔡天心《大地的青春》）

2. 辨析“色彩义”（媒体展示，学生完成练习）

①忠心赤胆：形容十分忠诚。（象征义）

②橙黄橘绿：指秋季景物。（形象色彩、引申义）

③灯红酒绿：形容奢侈糜烂的生活。（引申义）

④花花绿绿：形容颜色艳丽纷繁。另喻指会出点子。（形象色彩、引申义）

⑤青面獠牙：形容面貌狰狞凶恶。（引申义、感情色彩）

⑥筚路蓝缕：释义筚路：柴车；蓝缕：破衣服。驾着简陋的车，穿着破烂的衣服去开辟山林。形容创业的艰苦。（客观色彩、引申义）

⑦姹紫嫣红：姹、嫣：娇艳。形容各种花朵娇艳美丽（形象色彩）

⑧白纸黑字：白纸上写下了黑字。比喻有确凿的文字凭据，不容抵赖或悔改。（客观色彩、引申义）

⑨齿白唇红：牙齿白，嘴唇红。形容面容美。（客观、感情色彩）

⑩近朱者赤，近墨者黑：靠着朱砂的变红，靠着墨的变黑。（象征义）比喻接近好人可以使人变好，接近坏人可以使人变坏。指客观环境对人有很大影响。

重点解析引申义。引申是一种词义运动变化的最常见的方式，也是词义内部运动的基本形式。在引申义中，象征引申要特别关注。它指引申义与本义是象征关系。象征义与象征不同，象征仅是临时的以物托意，而象征义则是约定俗成后固定在词中的永久性的意义。如“赤”字本义是“红色”。汉民族对红色有特殊的感情，因而用红色象征忠诚。“赤心奉国，何罪之有？”（《资治通鉴》）“赤心”即忠诚之心。象征又不同于比喻，比喻重在相似，而象征重在相托。如“红色”和“忠诚”没有相似之处，只有感情上的联系，是以色托意。因此色彩词与色彩义使形象化语言能够更准确地表达和传递信息，使语言活起来。灵活地运用色彩词，会使文章富有更深刻的感染力和更生动的画面感。

（二）辨析诗词中的“色彩词”与“色彩义”

闻一多先生在《色彩》中写道：“生命是张没有价值的白纸，自从绿给了我发展，红给了我热情，黄教我以忠义，蓝教我以高洁，粉红赐我以希望，灰白赠我以悲哀，再完成这帧彩图，黑还要加我以死。从此以后，我便溺爱于我的生命，因为我爱他的色彩。”因此我们不能把语言看成是一种外在于人的工具，它本身就是人的生命、生存、生活的历史。睹字思情，浮想联翩。

色彩是美好生活的反映，是多彩生活的体现，“诗中有画”更是我国古代诗人的追求。诗歌虽然不能像绘画那样直观地再现色彩，却可以通过语言表情达意，唤起读者相应的联想和体验，展示出一幅幅多彩的画卷。这些优美的传统色彩，来自天地万物的具象，也来自古人心灵的意象，是中国人独特的审美语言。它们是古人观察山川日月、草木鱼虫记录下的风雅，也是融于生活的诗意，更是连缀器物与文明的千年丝绒。

媒体展示：PPT

1. 两个黄鹂鸣翠柳，一行白鹭上青天。——杜甫《绝句》
2. 流光容易把人抛，红了樱桃，绿了芭蕉。——蒋捷《一剪梅》
3. 冲天香阵透长安，满城尽带黄金甲。——黄巢《不第后赋菊》
4. 春风又绿江南岸，明月何时照我还？——王安石《泊船瓜州》
5. 黄沙百战穿金甲，不破楼兰终不还！——王昌龄《从军行》
6. 赤橙黄绿青蓝紫，谁持彩练当空舞。——毛泽东《菩萨蛮·大柏地》

以上诗句中的色彩词都不是单纯描写色彩，而是表达了作者的主观色彩，充满了感情，也好像充满了生命。细细品味有“生命”的“色彩”，细细体味“色彩”的“生命”。

（三）辨析散文中的“色彩词”与“色彩义”

散文是注重表现作者的思想感受，抒发作者的感情的文章。它或直抒胸臆，或触景生情，一般都洋溢着浓烈诗情画意的感情色彩，因而具有强烈的艺术感染力。它在反映生活的方法上与诗近似，但又不像诗那样讲究节奏和声韵。作家张爱玲说过：“苍凉之所以有更深长的回味，就因为它像葱绿配桃红，是一种参差的对照。”因而散文中色彩语言运用的描写，主要在于环境的描写和人物的描写。对自然的场面景物与音响的描写，可以给人一种视觉与听觉的色彩形象。创造出一种特定的环境场面的色彩氛围，使人触景生情，付以感情，让人如见其人，如闻其声，如临其境。具有很强的感染力。

散文范例：

秋雨（节选）

张爱玲

雨，像银灰色黏湿的蛛丝，织成一片轻柔的网，网住了整个秋的世界。天也是暗沉沉的，像古老的住宅里缠满着蛛丝网的屋顶。那堆在天上的灰白色的云片，就像屋顶上剥落的白粉。在这古旧的屋顶的笼罩下，一切都是异常的沉闷。

……

橘红色的房屋，像披着鲜艳的袈裟的老僧，垂头合目，受着雨的洗礼。那潮湿的红砖，发出有刺激性的猪血的颜色和墙下绿油油的桂叶成为强烈的对照。灰色的癞蛤蟆，在湿烂发霉的泥地里跳跃着；在秋雨的沉闷的网底，只有它是唯一的充满愉快的生气的东西。它背上灰黄斑驳的花纹，跟沉闷的天空遥遥相应，造成和谐的色调。它噗通噗通地跳着，从草窠里，跳到泥里，溅出深绿的水花。

雨，像银灰色黏濡的蛛丝，织成一片轻柔的网，网住了整个秋的世界。

我们透过作者这些充满形象色彩的语言，可以体会到一种孤独、苍凉而又美丽的氛围。我们可以看到“我不喜欢壮烈。我是喜欢悲壮，更喜欢苍凉”的这样一种审美偏好的张爱玲；我们也看到一个顾影自怜，感时伤世的张爱玲。

三、体验语言意象的实践运用

人们对事物的认知总是伴随着情感体验。我们也可以将人们的情感体验分为三类：一类是喜爱的、赞美的、亲切的、喜悦的、敬慕的……情感体验，这类情感体验是正面的情感体验；一类是贬斥的、憎恨的、鄙视的、厌恶的、不满的、痛苦的、悲凉的、愤怒的……情感体验，这类情感体验是负面的情感体验；还有一类情感体验既非正面的情感体验，又非负面的情感体验，我们称之为中性的情感体验。

生活中有几则广告语让人印象深刻。

1. 德芙巧克力的广告语：牛奶香浓，丝般感受！

只有八个字，却综合运用了视觉（“牛奶”“丝”）、嗅觉（“香浓”）、味觉（“香浓”）、触觉（“丝般感受”）四种形象色彩。

2. 南方黑芝麻糊的广告语：一股浓香，一缕温暖！

“浓香”具有味觉的和嗅觉的形象色彩；“温暖”具有触觉的形象色彩，又通过量词“一股”和“一缕”，恰当运用通感的方式让“浓香”和“温暖”具有了视觉的形象色彩。这也是综合运用了视觉、嗅觉、味觉、触觉四种形象色彩。

3. 汽车旅馆连锁店的广告语：我们为你留着一盏灯！

这句广告语的形象色彩集中体现在“留一盏灯上”，它有着明亮的视觉形象色彩；同时又有着温暖的触觉形象色彩。这对在黄昏中依然在他乡道路上奔波的旅人来说，尤其具有吸引力。

上述的三句广告语堪称广告史上的经典，它们几乎将语言的美、语言的力量、广告的效果发挥到了极致。

因此我们可以在这样的课中设计一些类似广告语、导语词之类的体验活动，让学生参与进来，去邂逅语言的审美意象，真正走进语言之中去。

附体验活动：

以东道主的身份，写一段热情、热烈、色彩鲜明的，介绍黄山美丽的风景的导游词。

附导游词：（学生习作）

天下第一山

——黄山

黄山以“奇松”“怪石”“云海”“温泉”“冬雪”五绝著称于世。奇松千姿百态，怪石异彩纷呈，云海气象万千，温泉常年喷涌，冬雪分外妖娆。这一切都让您不得不感叹大自然的神奇！

“黄山四季皆美景”。春天的黄山万峰吐绿，山花烂漫；夏天的黄山百涧争鸣，气象万千；秋天的黄山天高气爽，层林尽染；冬天的黄山玉树琼枝，琉璃世界。不同季节的黄山带给你不同的精彩，不同的景致带给你不同的感受。

明代旅行家徐霞客曾两次登临黄山，赞叹道："薄海内外无如徽之黄山，登黄山而后天下无山，观止矣！"

附导游词：（教师习作）

欢迎到武夷山，碧水丹山处处诗

三三秀水清如玉，六六奇峰翠插天，九九隽岩连彩洞，碧水丹山，珍木灵草。于青苍中露赤红，于葱绿中品红袍。登峰可望水，乘筏可观山，一曲一折，一折一壑，水盘山转，山环水抱，九曲十八弯，曲曲山回转，峰峰水抱流。

碧水丹山处处诗，武曲清弯片片情。

欢迎您到武夷山。

【课堂实录】

❁淡妆浓抹总相宜

——《语言的色彩》课堂实录

【阅近文本】——用故事入课、用活动辨析

教师：上课。

学生：起立。

学生：老师好！

教师：大家好，请坐。

教师：课前，我想给大家说一个故事。

很早的时候，有一个秀才，特别喜欢咬文嚼字。有一天晚上，他被一只蝎子咬住了，他慢条斯理、摇头晃脑地说："贤妻，速燃银灯，尔夫为虫所袭！"他的妻子根本不知道他在说什么，结果他非常地生气，大喝一声："哎呀老婆，我被虫子咬了，赶紧来救我。"结果他老婆立刻就知道他被蝎子给咬了。

我刚才在讲这个故事的时候，发现有同学在笑，我想知道你们在笑什么？

教师：这个故事你笑了吗？来，这位同学，刚才听了这个故事，你觉得这个秀才好笑在哪里？

学生：他直接用大白话说就好了，没必要说那些文绉绉的话。

教师：秀才说文绉绉的话，那就属于一种书面语，其实这时候要用一种什么样的语言来讲？

学生：口语。

教师：来，请坐。其实刚才我们这样一个故事里面就谈到一个语言色彩的问题。就是口语和书面语，这在语言上叫作语体的色彩。好，今天就要和同学们一起去看一看汉语里面到底有多少种的色彩。那么请同学们看看老师昨天给同学们的材料，快速地浏览一下，我们汉语里面有几种语言的色彩。

（学生浏览材料）

教师：告诉老师，在我们的材料里面，除了刚才说的语体色彩以外，汉语还有哪些色彩。

学生：感情色彩。

教师：感情色彩，还有呢？……形象色彩、客观色彩，还有什么？象征义、引申义……好像还有很多。我们说世界是彩色的，汉语言当然也是充满色彩的。今天老师就要跟大家一起走进语言《淡妆浓抹总相宜——谈语言的色彩》。那么在上课之前，我想请同学们先做一个练习，用你们刚才所说过的语体色彩、感情色彩、形象色彩、客观色彩、引申义、象征义，给以下6个句子标上色彩的符号。初读课文，初标色彩。可以讨论。

（学生讨论）

教师：好，我觉得讨论一下就可以了。请同学们说说看。第一句。

学生：第一句是感情色彩。

教师：感情色彩，他说的是“红毛绿眼睛的外国婆子”，他父亲的话带有感情色彩。好，接下来第二句。

学生：这个……客观色彩。

教师：客观，“绿油油的竹园，绿森森的瓜，绿油油的菜畦，绿翠翠的皂荚”，是吧，客观色彩。那么第三个。

学生：第三个也是客观色彩。

教师：客观色彩。嗯。

学生：第四个是引申。“我国严禁黄色刊物的出版”是引申义。“青春应当是鲜红的，永远的鲜红”它具有象征意义。

学生：形象。

教师："他抬起脸看着天，天是黄古隆冬的"这是一个形象的色彩。好。请坐。来，我们来看一看。这个同学刚才比较直接地说出了这些语言的色彩。我不知道其他同学有没有异议。有没有同学和他不太一样？似乎没有，这第一个内容比较简单，我们一起看一看。"我的父亲终于决定送我出国留学。前提是不准娶一个红毛绿眼睛的外国婆子回家。这点我倒是遵命了。"那么这个"红毛绿眼睛"形容什么？

学生：外国人。

教师：外国人的长相，包括他的头发、肤色跟我们不一样，是不是？用这样一个语言色彩代表情感在里头，还有点严厉。我觉得没有问题，这是感情色彩。其二是"绿油油的竹园，绿森森的瓜、绿油油的菜畦，绿翠翠的豆荚。"它就是客观色彩。它确实是客观存在的，但是加上"绿油油""绿森森""绿翠翠"就显示出这个地方的东西怎么样？特别的……一个绿翠，客观里头，带出了形象。其三，"头上扎着白头绳，乌裙，蓝夹袄，月白背心"这是鲁迅写的祥林嫂，我想这就是非常客观的色彩，没有带一点点的情感。"我国严禁出版黄色刊物"这里的"黄色"指不健康的东西，好，我想问一下同学，"永远是鲜红的"象征什么？"青春应当是鲜红的"，象征什么？刚才说象征着热情，还有呢？

学生：活泼的。

教师：活泼的，向上的，这个没问题。还有"苍白的，暗淡的，只是宇宙间一闪而过"。好，这个清楚了，再来说说"黄古隆冬"的形象色彩。

我想这是我们同学第一次接触到语言的色彩。刚才课前有同学问，老师，这个语言的色彩，我们有的懂，有的不是太懂。在这么多内容里面，我想问大家，你们最不懂的是什么？最不能理解的是哪一种色彩？

学生：黄古隆冬……

教师："黄古隆冬"这个形象色彩不太理解是不是？好，来请坐。还有没有同学对这里的色彩不太理解的？来，这位同学说说看，这么多内容里面哪个不是太懂？

学生：形象色彩。

教师：形象色彩不是太懂？这是正常的。我们第一次接触到语言的色彩，作为语言文字学来说，有一些基本的概念，我们一定要知道。这里给同学们补充了一个微型讲座，同学们听完这个讲座，应当对这个色彩有了一定的理解，我们今天就是要讲色彩词和色彩义。

那么首先就要了解什么是色彩词？我刚刚前面说了，世界是彩色的，那么我们汉语言呢，也是彩色的，这种彩色是通过什么来表达？通过色彩词来表现，色彩词是表示颜色的词。首先就要有颜色。其二，什么叫色彩义？大家看一下，色彩词的含义是由人的主观的态度产生的附加意义，也就是这个色彩词里要附加作者主观的态度，它含有客观色彩，形象色彩，还有感情色彩、语体色彩、象征义、引申义。刚才那个故事就是语体色彩。我们有口语，还有书面语。口语中最常用，比如说：父亲、母亲、爸爸、妈妈、爹、娘……是不是？这些都是有区分的。那么，我们要对色彩词的色彩再做一个细化的解释。客观色彩不含有作者的主观情感，是不是？它就是色彩本身，比如大家看之前讲的“月白的背心”。形象色彩呢，刚才很多同学说对形象色彩不是很清楚，是指词所引起的事物的视觉形象或者听觉形象的一种联想。它有加上我们读者的一种联想，就比如说刚才说这个人是“黄古隆冬”的，“黄古隆冬”是什么我们也不太清楚，可不可以想象？好，视觉的想象、听觉的想象。大家应该可以从这个角度去理解。

学生：嗯……

教师：褒义，贬义，还有呢？中性色彩。是不是？这个还是比较好理解的。还有一个语体色彩：口语色彩。另外可能会稍微难一点的是什么？象征义、引申义。引申义是指词在本意基础上进行推演而形成的。很多词的本意经过时代的不断发展会延伸出很多其他的含义，这个是词本身运动的，词语内部的一个规律，很多词语都具有引申义。象征义，就是运用象征的手法形成的词义。这个可能不太好理解，我觉得没关系，我们通过第二个练习进一步了解。刚刚我们做的是单一个词里头的一个色彩词，比如说像红、白、绿。后面的一组练习是一个成语。同学们四个人一组，一组讲两个成语，仔细分析成语的色彩。好，一会儿我选一组来讲。

（学生讨论）

教师：同学们讨论得很热烈，因为我知道汉语的语言是非常妙的，它的语言里面不单指一个色彩，它里面融合了很多，但它给我们最直观的是什么？来，丽娜那个组，你们组选哪个人来说，选一组成语来讲。

学生：“忠心赤胆”和“橙黄橘绿”。

教师：你选择的是“忠心赤胆”和“橙黄橘绿”。

学生：我和我小组的同学认为“忠心赤胆”的这个“赤”，它是表示一种忠心的感情色彩，是一种褒义词。

教师：“忠心赤胆”是一种褒义词，具有感情色彩。

学生：“橙黄橘绿”是一种客观色彩。

教师：只是一种客观的东西。他说完你们组还有没有要补充的？……好，他说这个“赤胆忠心”具有感情色彩，是褒义的。那么“橙黄橘绿”只是客观的。那么，我们说，我这个人有一颗“赤胆忠心”，这个“赤胆忠心”除了褒义以外，还有一个什么意义在里面？还有一个象征在里面是不是？因为红色是中国最喜欢的颜色，然后红表示的是一种忠心耿耿，所以它就是象征义。是不是？这个情感毫无疑问是褒义的。“橙黄橘绿”呢？当然是客观的了，没有问题。但是“橙黄橘绿”还有引申，引申什么？丰收，秋天的丰收。秋天的丰收可以叫“橙黄橘绿”。好，来，请坐。……这个组，你们选谁来说。

学生：我们选的和他们一样。

教师：那我们重新换。

学生：“白纸黑字”。

教师：“白纸黑字”和“姹紫嫣红”，是吧？来，说说看。

学生：“白字黑字”是客观的。

教师：客观色彩。

学生：“姹紫嫣红”是一种形象色彩。

教师：形象色彩，是不是？同学们有没有做补充的？好，刚才这位同学说了……

学生：感情色彩。

教师：感情色彩怎么说？

学生：“白纸黑字”一般说证据。

教师：“白纸黑字”这个是证据是不是？这是一个什么？

学生：引申义。

教师：引申义。应该是具有引申义——比喻证据。“白纸黑字”写在这了，你看，是不是？“姹紫嫣红”还是形象色彩。好，来，你们这个组……你们这个组选哪一个？

学生：“灯红酒绿”。

教师：“灯红酒绿”，还有呢？“花花绿绿”。

学生：“灯红酒绿”应该是引申义

教师：引申义，引申什么？

学生：引申……

教师：他过着一种灯红酒绿的生活

学生：引申奢靡的……

教师：奢靡的……然后呢？

学生："花花绿绿"应该是形象色彩。

教师：比较形象的色彩，"花花绿绿"。好，还有没有补充的了？刚才她说"灯红酒绿"是一种引申义，然后"花花绿绿"是一种形象的色彩。好，有没有补充？没有补充看下面这个。"灯红酒绿"应该没有什么问题，是一种引申义。那么，"花花绿绿"呢？它除了是一种形象色彩，还有什么意思？说他这个人啊，肚子里有一种花花绿绿的，"花花绿绿"指的是什么？

学生：肚子里的肠子。

教师：花花肠子，就是有一点……对对对，小计谋，又会出一些鬼点子。它是引申义。汉语非常有意思。好，来，下一个组，你们这个组选的是什么？

学生："唇红齿白"和"近墨者黑"。

教师："唇红齿白"。

学生："唇红齿白"是客观色彩。

教师：客观色彩。

学生："近墨者黑"是象征意义。

教师：象征义。好，能不能说说象征意义的理由。

学生："墨"代表颜色的话，应该象征着不好的。

教师：不好的人。

学生："黑"就是应该象征着……变坏。

教师：变坏。所以他有一个"近墨者黑"，还有呢……"近朱者赤"。是不是，好，这个没问题。"唇红齿白"，客观色彩，但是在形容这个人的时候……褒义的。"唇红齿白"，长得多好，是不是？好，请坐，没问题了。还有最后一组，来，这一组，你们说吧，"青面獠牙"和"筚路蓝缕"。比较难解一下，来。

学生："青面獠牙"引申义。

教师："青面獠牙"，引申义，引申什么？

学生：形容面目狰狞的人。

教师：面目狰狞的人，"青面獠牙"。"筚路蓝缕"呢？

学生："筚路蓝缕"什么意思？

教师：哦，"筚路蓝缕"这个词语不太懂，哪个组知道这个成语？……什么叫"筚路"？是一种柴车。"蓝缕"是穿的那种蓝色的衣服，破衣衫，破衣衫叫"蓝缕"。坐着柴车，穿着破衣衫，后来这个词语就引申出来，它是指创业的艰辛，引申出来"筚路蓝缕"，好，请坐。"青面獠牙"这个没有问题，一般来说都是贬义，就是面目非常地狰狞。

好了，中国的语言，非常丰富，它一个词里不单单存在一种色彩，它的色彩可能还有很多融在一起，这和我们情感的丰富性是一样的。所以同学们刚才在做这个词语练习中，语体色彩没有太大问题，感情色彩没有太大问题，形象色彩，同学们可能有一点模糊的是什么？……你们比较模糊的一种是引申，还有一种是象征。

那我给同学们补充一点常识。给大家讲微型讲座二，引申义和象征义。所谓的引申，是词义运动变化最常见的一种方式，也是词义内部运动的基本形式，绝大部分的词义，由古至今的变化，都有引申的韵味，就是因为世界都是运动的，我们词语也是变化的，所以引申义是词语运动的最基本的形式。很多词语都具有它的引申义，但是引申也有很多种，象征其实是引申义的一种，所以是引申里面的一个部分，可以称之为象征引申。好，但这里给大家强调一下，什么叫“象征”？什么叫“象征义”？这个要区分。

比如说我们经常在古典诗歌里面，古文里面，或者在很多的文字里面会看到，菊花是象征着……比如说陶渊明的隐士，松树是象征着高风亮节，莲花象征着出淤泥而不染，但是只是在这本书说或这篇文章里面临时的一个以物托义。那么什么叫“象征义”呢？象征义是已经约定俗成，在词语中永久性的意义。比如说，我们说鸽子就知道它象征着什么？

学生：和平。

教师：和平。可是鸽子和和平之间有没有相似的地方？完全没有。但是人们约定俗成了。一说赤胆，我们刚才说赤胆，马上知道象征着忠心，这个就已经是约定俗成的，所以象征和象征义是不太一样的。

我们今天要说的是象征义。已经在汉语言里面非常永久，基本上存在下来的一种意思。好，大家明白吗？所以一定要区分开来。

好了，那么通过前面的两个练习，同学们对汉语言应该有一个最基本的认识了。语言中，色彩非常丰富的。那么如何使我们的语言更加形象化，更加生动？那你就要学会运用一些色彩的语言，我想要得到这样的印证，中国的古诗不得不说，在中国古典诗歌里，运用色彩非常非常多，而且它的色彩词运用非常妙，诗歌中就那么一个字，我们可以读出一个作者的形象，可以读出作者的情感，还可以想象出作者的前世今生。好了，有的同学刚才还在那边微然一笑，可能还不是太能想象，没有关系，我们现在开始我们第三个练习，让大家感受一下中国古典诗词里色彩的魅力。这都是大家非常熟悉的，来，一起把这个古典诗词读一读。

【阅深文本】——用诗词巩固、用散文延伸

学生：

两个黄鹂鸣翠柳，一行白鹭上青天。——《绝句》唐·杜甫

流光容易把人抛，红了樱桃绿了芭蕉。——《一剪梅·舟过吴江》宋·蒋捷

冲天香阵透长安，满城尽带黄金甲。——《不第后赋菊》唐·王巢

春风又绿江南岸，明月何时照我还。——《泊船瓜州》唐·王安石

黄沙百战穿金甲，不破楼兰终不还。——《从军七首·其四》唐·王昌龄

赤橙黄绿青蓝紫，谁持彩练当空舞。——《菩萨蛮·大柏地》毛泽东

教师：好，凡是有颜色的词，我都用红色给它标出来了。同学们现在两个三个一组都行，你们讨论一下，你自己喜欢选哪一句来说说看，这个色彩词的魅力在哪里。很多诗歌都是大家非常熟悉的。

（学生讨论）

教师：刚才这个诗歌里面，哪一句特别熟悉？

学生："春风又绿江南岸"……

教师："春风又绿江南岸"，还有哪一句？哪一句特别熟？

学生：第二句。

教师：第二句，"流光容易把人抛，红了樱桃绿了芭蕉"。还有第一句，好，来。哪个同学先说第一句，第一句比较容易。来，哪个同学说第一句。……伟杰说，你说第一句。"两个黄鹂鸣翠柳，一行白鹭上青天"。

学生：这是客观色彩，就是黄鹂和翠柳，白鹭和青天。

教师：刚才说的，这除了色彩，现在要分析这个诗中的色彩，透过这种颜色的词你读到什么？比刚才的稍微要难一点。

学生：通过这个……

教师：对，透过这个"黄鹂""翠柳""一行白鹭""上青天"，你读出一个什么样的画面出来？

学生：春天。

教师：春天，还有呢？春天什么样的景象？

学生：春意盎然。

教师：春意盎然，好，他读出了春意盎然。

学生：到处生机勃勃。

教师：到处生机勃勃。读出了诗人的一种情感色彩，什么样的情感？你看这个颜色特别地……翠绿、鲜亮，早春充满生机勃勃的，那诗人看到这样的景象怎么样？

学生：愉悦。

教师：愉悦，喜悦之情，这种颜色我看到了一种喜悦之情。好，请坐。来，第二句谁来？“流光容易把人抛，红了樱桃绿了芭蕉”，这句谁来？来，拿着这个读，我们就说第二句吧。我们就自由说，不要老师再点。

学生：这里的“红”是做动词来用的，它应该是带有些感情色彩的。

教师：那你读出什么感情色彩了？

学生：就是……嗯……可以感受到在流光之中樱桃变红了，芭蕉变绿了。

教师：那不是可以吃了吗？“红了樱桃，绿了芭蕉”，是这样的一种情感？你看，“流光容易把人抛，红了樱桃绿了芭蕉”……好，我现在不讲什么意义，我刚说透过这种颜色的词，看到什么，你读到什么？刚才伟杰已经给你做了一个非常好的示范。通过这个“黄鹂”“翠柳”“白鹭”他看到春天蓬勃的景象。他读到诗人一种喜悦之情。你透过这个“红了樱桃，绿了芭蕉”这个颜色的词……

学生：读到了时光荏苒带来的变化。

教师：时光荏苒带来的变化……什么样的变化？

学生：就是一些，比如说樱桃啊芭蕉这些植物……就是它……

教师：樱桃红了，芭蕉绿了，时光流走了，接下来是什么？

学生：人老了。

教师：人老了，光阴似水，那么作者的情感是什么？任何时光流逝对于诗人来讲都是一个叹息，它绝对不是让他喜悦的，所以要从这里看出诗人的伤感。好，请坐，来，现在到你们这个组了，来说的是第三句，“冲天香阵透长安，满城尽带黄金甲”。

学生：“黄金甲”这边看起来就是……豪华，然后“满城尽带黄金甲”就是很霸气的样子。

教师：霸气的样子，很棒，其实刚才他要说的是哪种花呢？

学生：菊花。

教师：菊花本身是隐士、文人爱好的花，可是在这里却写成什么？

学生：黄金甲。

教师：金甲，很霸气豪气的花，对不对？这个盔甲。其实你要看这个作者是谁呀？黄巢，他是唐朝农民起义的将领。黄巢占领了长安以后，先攻乡镇，后占长安，满城尽是黄金甲。把黄色的花就变成了农民起义中的盔甲一样，把这花写得豪气，是不是？通过这个颜色看出了农民的霸气，很特别吧。好，来，请坐。“春风又绿江南岸，明月何时照我还”，来，你们这个组来说。

学生：这个既有客观色彩，又有感情色彩，表达了作者对家乡的怀念。

教师：家乡的怀念。好，请坐。其实，“春风又绿江南岸”是王安石《泊船瓜洲》里面的诗句。这个“绿”字是很经典的，他斟酌许久，还是觉得这个“绿”是最好的。“绿”字有情感，它更有一种动态感。“又绿江南岸”可以看出诗人的一种喜悦的之情潜藏其中。

好，后面这首去年学过了。“黄沙百战穿金甲，不破楼兰终不还”，“黄沙”，这个颜色已经点出了西北战场的地域特色。第二个，“穿金甲”，你看这是士兵的铠甲，写出了士兵的这种英勇、善战的豪气，豪气冲天，再加上黄沙漫天，他写了战场的这种气氛，写得特别好。那么后面我会重点给大家讲一讲。请读下一句。

学生：“赤橙黄绿青蓝紫，谁持彩练当空舞。”

教师：谁能把七种颜色全部糅和在一起？毛泽东！这是毛泽东在1933年，写战争回忆的诗词。一个夏日的午后，彩虹当天，毛泽东把所有的颜色集中到他的诗里面，“谁持彩练当空舞”，谁能把七种颜色握在手中？只有他这么有气魄的人，才可以把这么有色彩的词结合在一起。

那好，我们请同学做这个古典的诗词的练习，大家是很熟悉的。中国古典诗词里面运用色彩词是最多的，也是非常有韵味的。语言的色彩点点滴滴，刚才前面从一个词，一个成语，一句诗里头，都谈到了语言的魅力。

请同学们看一则材料，这个材料是在113页。在闻一多先生一首现代小诗《色彩》中，他把语言写得充满了生命，充满了情感，写得特别好。来，我请全班同学把这首诗读一读。

学生：（齐读）

绿给了我发展，
红给了我热情，
黄教我以忠义，

蓝教我以高洁，
粉红赐我以希望，
灰白赠我以悲哀。

教师：因此，我们把语言看成是独立于人以外的一个工具。语言它本身是具有生命的。所以我们经常看见文字就会说“睹字思情”“浮想联翩”，后面，我给大家推荐一篇作家的散文。她是一个特别独特的人，她说文字在她的笔下才真正具有了生命。她曾经说，苍凉之所以有深沉的回忆，就因为像葱绿配桃红，是一种参差的对照。请大家做一个片段练习。这个片段练习你们合作，大家知道我刚才推荐的是哪一位作家？

学生：张爱玲。

教师：我给大家推荐的是她的一篇散文《秋雨》的一个片段。好，请赏析散文中的色彩，同学们可以看看这个材料的要求。从形象色彩的角度赏析张爱玲的《秋雨》，来分析文本中所蕴含的思想感情。从这样形象色彩的语言里，你看到怎样的一个张爱玲？好，前面的时间给大家自由地读，把你们的声音放出来，自由地读两遍，然后我们来分析。

（学生自由朗读）

教师：我请一个同学先把《秋雨》读一下。然后请大家四个人讨论一下：你从这个色彩的语言里面看出了怎样的一个张爱玲？还可以选择某一句来做分析，讨论一下。

学生：

《秋雨》，张爱玲。雨，像银灰色黏湿的蛛丝，织成一片轻柔的网，网住了整个秋的世界。天也是暗沉沉的，像古老的住宅里缠满着蛛丝网的屋顶。那堆在天上的灰白色的云片，就像屋顶上剥落的白粉。在这古旧的屋顶的笼罩下，一切都是异常的沉闷。桔红色的房屋，像披着鲜艳的袈裟的老僧，垂头合目，受着雨的洗礼。那潮湿的红砖，发出有刺激性的猪血的颜色和墙下绿油油的桂叶成为强烈的对照。灰色的癞蛤蟆，在湿烂发霉的泥地里跳跃着；在秋雨的沉闷的网底，只有它是唯一的充满愉快的生气的东西。它背上灰黄斑驳的花纹，跟沉闷的天空遥遥相应，造成和谐的色调。它噗通噗通的跳着，从草窠里，跳到泥里，溅出深绿的水花。雨，像银灰色黏濡的蛛丝，织成一片轻柔的网，网住了整个秋的世界。

教师：好，请坐，有两个字读得不够准确。第一个是“草窠里”，前面一个

“像银灰色黏湿的蛛丝。”好，来，四人一组讨论。选一个词来做解释，选择一个有颜色的词来分析语言情感，从这个语言中你看到了一个怎样的张爱玲。

（学生讨论）

教师：好，同学们讨论得很热烈。来，这一组你们选择哪一句。

学生：天也是暗沉的。

学生：暗沉是一个形象情感，描写了一个阴沉的环境，表达了张爱玲低沉的心情。

教师：所以，你看到了一个怎样的张爱玲？

学生：比较忧郁的。

教师：忧郁的张爱玲，你看她选择了一个阴沉沉的，一个客观的比较形象的色彩，她看到了一个比较忧郁的张爱玲。好，请坐。来，这一小组，你们选择了哪一句？

学生：“雨，像银灰色黏濡的蛛丝，织成一片轻柔的网，网住了整个秋的世界。”这是一个比较大的背景描写，然后灰色是带有一些污尘、伤感的气息。从这里可以看出张爱玲此时的话，我觉得应该是带有一些淡淡的感伤。

教师：好的，她把银灰色看成一个背景，然后看到一个暗淡、感伤的张爱玲，她刚才看到的是感伤的张爱玲。来，另外这个组，说说看，你们选的是哪一句。

学生：“那堆在天上的灰白色的云片，就像屋顶上剥落的白粉。”

学生：“灰白色”也是抑郁的色彩。

教师：抑郁。那你看到了怎样的张爱玲呢？

学生：她是一个……绝望的。

教师：你看到一个绝望的张爱玲。好了，刚才三组的同学都选择了一个比较灰色调的，都看到一个灰色的张爱玲，有忧郁的，有略带感伤的。绝望的张爱玲。那么下面有没有同学再选一选，比较有颜色的……来，这位同学，你选一个有颜色的。

学生：“它背上灰黄斑驳的花纹，跟沉闷的天空遥遥相应，造成和谐的色调”。

教师：造成和谐的色调，是吗？好，说说看。

学生：“从灰黄斑驳的花纹”感觉是沉郁、悲伤的。

教师：一种沉郁、悲伤的感情。那你又看到了怎样的张爱玲呢？

学生：忧郁的。

教师：忧郁的，还有呢？

学生：没有了。

教师：没有了。因为一场秋雨，把张爱玲带到了一个特定的背景下，所以呈现出来的颜色也比较灰暗。但是在这篇散文里面，同学们有没有注意到，有没有颜色特别鲜亮的词？“桔红色的房屋，像披着鲜艳的袈裟的老僧”，你看在灰色的背景下，这两种颜色显得特别的醒目。“那潮湿的红砖，发出有刺激性的猪血的颜色和墙下绿油油的桂叶成为强烈的对照”，在灰色的背景下，凸显了这样“桔红色”“红色”，还有“绿油油”，大家思考下，文章底色是灰色的，在这个灰色的底色下，这么葱绿的，这么桃红的颜色，给我们一个什么感觉？视觉的冲击感，所以也就应验了她自己所说的一句话，“苍凉之所以有深长的回味，就因为像葱绿配桃红，是一种参差的对照。”其实，刚才通过作家非常形象的语言，是不是可以体会到这么一种孤独、苍凉、美丽、略带伤感的氛围。我们是否看到，我不喜欢的是一种壮烈，我喜欢的是悲壮，然后更喜欢的是一种苍凉的这样一种审美偏爱的张爱玲。而且，我们也看到了一个孤独、寂寞、顾影自怜，还有略带忧郁的、感时伤逝的张爱玲。那么你们从何看到张爱玲呢？就是通过这些充满色彩的文字。请同学们回顾一下我们今天所上的课的内容是什么？第一个，我们的题目是什么？

学生：《淡妆浓抹总相宜——语言的色彩》。

【阅出文本】——用体验运用、用作业强化

教师：好，我们一开课是谈这个语言的语体色彩；然后再说说这个词的感情色彩；接着再看到这个词的形象色彩，所以同学们在学习语言色彩的同时，一定要记住这三种语言色彩。只有把这语言的三种色彩合理运用，语言才富有生命的色彩。这是今天语言色彩课的要求。语言一定要有色彩。有了情感它就一定有生命。有了生命我们才会永远记住它。我是一个喜欢旅游的老师，每到一处都特别喜欢看风景区的导游词。我去过黄山，他们的导游词写得非常好，充满了色彩。同学们能不能以东道主的身份写一段非常热情、热烈、色彩鲜明的介绍家乡美丽风景的导游词呢。这就是布置给大家的作业。同学们要把语体色彩、语言色彩……运用到这一段导游词里面，看看谁的家乡更具有美丽的色彩，下次课上分享。

教师：好，下课。

第四章 阅野·阅美，这是一方美的视界

★阅野·阅美：拓展阅读视野，生长审美情趣。

★本章重点：在音乐、自然、故事、经典中拓展视野，提升审美品质。

★开拓文本：音乐视界，自然视界，故事视界，经典视界。

★开拓生本：在品读与习作中体悟美的众生相。

阅野,即阅读视野。苏霍姆林斯基说:“潺潺小溪,每日不断,注入思想的大河。读书不是为了应付明天的课。而是出自内心的需要和对知识的渴求。”读无用之书,做有用之人。这是阅读之道。为了让自己的生命始终处于成长的美好姿态,为了不断提高自己,追求学术、道德、人格的完善。雅思贝尔斯说“决定教育成功的因素,不在于语言的天才、数学的头脑或者实用的本领,而在于具备精神震撼的内在准备。”[①]我以为这种“精神震撼的内在准备”在于真实性的阅读视野。阅读文字就是阅读世界。只有这样,对学生未来的成长才具有非凡的意义。

《义务教育语文课程标准(2011 版)》在第三学段提出“扩展阅读面”,在第四学段提出“学会制定自己的阅读计划,广泛阅读各种类型的读物”[②]。《普通高中语文课程标准(2017 年版 2020 年修订)》提出:“让学生在阅读中拓宽视野,领略人类社会气象与文化”[③]。这两份课标都要求增加阅读量,扩大阅读面,即扩大阅读视野。而这一领域包含了文学、科学、历史、哲学、艺术等社会的方方面面。

阅美,即在阅读之中生长审美情趣。德国著名诗人、哲学家席勒说:“若要把感性的人变为理性的人,唯一的路径是先使他成为审美的人。”而诗人艾布·马迪也说:“唯有美的心灵才会看到美的生活。”而书籍便能向人展现文字之美、生活之美、人格之美、艺术之美……在书的润泽之中,人才能渐渐长出能捕捉美的眼睛,能感悟美的心灵与能创造美的双手,成为席勒所说的“审美之人”。

第一节 音乐之野

音乐是什么?《礼记·乐记》上说得好:“凡音之起,由人心生也。人心

---

① 雅思贝尔斯.什么是教育[M].邹进.译 北京:生活·读书·新知三联书店,1991:100.

② 中华人民共和国教育部.义务教育语文课程标准(2011 年版)[S].北京:北京师范大学出版社,2012:16,41-42,132.

③ 中华人民共和国教育部.普通高中语文课程标准(2017 年版 2020 年修订)[S].北京.人民教育出版社.2018:57-58.

之动，物使之然也。感于物而动，故形于声。声相应，故生变，变成方，谓之音。比音而乐之，及干戚羽旄，谓之乐。”音乐在人类生活和意识中有着广泛而深刻的影响，因此有了许多美丽的音乐神话、故事传说……哲学家也用音乐的寓言来寄喻他的思想。这种最微妙的创造性的形式，也就启示着最深刻的内容。音乐理论家和作曲家姆尼兹·豪普德曼在《和声与节拍的本性》里称“音乐是流动的建筑”。这话的意思是，音乐虽是在时间里不停地演奏着，但它的内部具有极其严整的形式、间架和结构，依顺着和声、节奏、旋律的规律，像一座建筑，里面具有自己独特的音乐建筑风格。在中国古代，孔子是个极爱音乐的人，也是最懂音乐的人。《论语》上说他在齐闻韶，三月不知肉味：“不图为乐之至于斯也！”他极简约而精确地说出了一个乐曲的构造。在这里，孔子不只欣赏音乐的形式美，他更重视音乐的内容美。

那如何阅读音乐文本？如何打开学生的音乐视界呢？我以为可以阅经人的五官：视觉、听觉、触觉、味觉、嗅觉——从通感阅览音乐文本。我们以李贺的《李凭箜篌引》为例，来谈谈音乐文本及音乐视界的问题[①]。

文本：

李凭箜篌引

唐　李贺

吴丝蜀桐张高秋，空山凝云颓不流。
江娥啼竹素女愁，李凭中国弹箜篌。
昆山玉碎凤凰叫，芙蓉泣露香兰笑。
十二门前融冷光，二十三丝动紫皇。
女娲炼石补天处，石破天惊逗秋雨。
梦入神山教神妪，老鱼跳波瘦蛟舞。
吴质不眠倚桂树，露脚斜飞湿寒兔。

《李凭箜篌引》是唐代诗人李贺的作品。此诗是一首七言古诗。

此诗运用一连串出人意表的比喻，传神地再现了乐工李凭创造的诗意

① 张萍.止之于有穷　流之于无止——品读《李凭箜篌引》中的音乐描写[J].中学语文，2020(9)：48-50.

浓郁的音乐境界，生动地记录了李凭弹奏箜篌的高超技艺，也表现了作者对乐曲有深刻的理解，具备丰富的艺术想象力。全诗语言峭丽，构思新奇，独辟蹊径，对乐曲本身，仅用两句略加描摹，而将大量笔墨用来渲染乐曲惊天地、泣鬼神的动人效果，大量的联想、想象和神话传说，使作品充满浪漫主义气息①。

一、阅音之味——品人生传奇之野

《李凭箜篌引》是李贺的代表作，李贺年少就有才名，可惜仕途坎坷，怀才不遇，一生抑郁，于是形成了他凄艳诡谲的诗风，后世称其为"诗鬼"。其作品继承前代积极浪漫主义传统，运用传说，熔铸词彩，创造出一种新奇瑰丽的境界，形成了自己独特的风格。

李贺的一生可以归纳为：少年成名的辉煌，家道中落的苦伤，举仕无门的惆怅，从军无路的失落，孤独潦倒的绝望，抑郁而死的唏嘘。唐代王维被称为"诗佛"，李白被称为"诗仙"，杜甫被称为"诗圣"，为什么李贺被称为"诗鬼"呢？他的诗歌"鬼"在哪里？

其一，李贺是一位短命的天才诗人。

史料记载，李贺是一位短命的天才诗人，短短 27 载，却有着一个传奇的人生。

《李凭箜篌引》是写于唐代大约 811 年到 813 年，此时李贺任奉礼郎。奉礼郎做的是什么？是朝廷里有关丧葬的仪式的主事，他在长安做了三年比九品官芝麻官还要小的奉礼郎。他每天看到的就是这些比较凄凉的祭祀场面，这和他后来诡异的诗风也有一定的关联。

他年少成名，7 岁的时候就写了佳作《高轩过》，名扬京洛。18 岁的时候，他到东都洛阳去拜访韩愈，奉上了一首《雁门太守行》，韩愈当时就拍案叫绝。其中有两句诗"黑云压城城欲摧，甲光向日金鳞开"，广为流传。李贺非常喜欢边塞诗，他有一个从军梦、侠客梦，但是他天生瘦弱，势单力薄，是一个清瘦的文人。

《致酒行》是在他 20 岁时写的，其中有佳句"我有迷魂招不得，雄鸡一声天下白"，我们选修课文里面有收集这首诗，后来毛泽东也引用了这一佳

① 李凭箜篌引[EB/OL].[2021-07-08]. https://so. gushiwen. cn/shiwenv_77b08ab3153f.aspx.

句。《金铜仙人辞汉歌》也是他的名篇，其中诗句“衰兰送客咸阳道，天若有情天亦老”也是经典名句。“天若有情天亦老”这句诗后来一直被众多的文人雅士钟爱。从宋代石曼卿“天若有情天亦老，月如无恨月长圆”，到元好问“天若有情天亦老，世间原只无情好”，再到毛泽东“天若有情天亦老，人间正道是沧桑”，可见李贺诗歌的影响力。

李贺是唐代李王朝的后代，后家道中落。他参加科举考试的时候，因才见妒，迫于流言，他放弃了科举考试，回到了故乡，他胸怀从军梦、侠客梦，但是他身体的条件和现实导致了他报国无门。后来他又到了长安，受到韩愈等一些名流的推荐，做了三年的官。

我们来看李贺：少年成名的辉煌，家道中落的苦伤，举仕无门的惆怅，从军无路的失落，孤独潦倒的绝望，抑郁而死的唏嘘。因而李贺的诗风与他人生经历有着密切的相关。

其二，李贺是一个“苦吟”诗人。

李贺形体瘦弱，长相奇葩。但是他给人们留下的印象却是极具特点的：李贺常常骑着一头驴，在驴上吟诗，旁边经常有个书童，背着一个口袋。只要灵光乍现的时候，他马上就把写好的诗句装到书童的口袋。早上出去的时候是空空的口袋，晚上回来是满满的一口袋的诗句。李贺这个苦吟的形象，生动地显示出李贺诗歌创作的勤奋。

二、阅音之妙——品金石丝竹之野

（一）知李凭

诗歌中的李凭，是梨园弟子，因擅弹箜篌而名噪一时，是中唐时期最著名的宫廷演奏家之一。杜甫笔下的李龟年是位歌者，而李贺笔下的李凭是位演奏家。在长安的三年，李贺主持丧葬祭祀的工作，在祭祀的时候会用到音乐，他在这里认识了李凭。李贺同时期诗人顾况有《李供奉弹箜篌歌》诗中说：“天子一日一回见，王侯将相立马迎”，可见李凭在当时的地位。

题目中“引”是古代诗歌的题材，篇幅较长，音节格律一般比较自由，它有五言、七言，还有杂言。

（二）晓箜篌

箜篌是中国古代传统弹弦乐器，又称拨弦乐器，最初称“坎侯”或“空侯”，在古代除宫廷雅乐使用外，在民间也广泛流传[①]。

《礼记·乐记》：“声相应，故生变，变成方，谓之音。”“声相应”，有人是通过器乐表现出来，有人是通过声音表现出来的，所以我们音乐里面有一种叫作声乐，有一种叫器乐。“比音而乐之，及干戚羽旄，谓之乐。”“乐”字是多音字，“比音而乐(le)之”，听到这声音非常快乐，然后就可以跳舞舞动，“谓之乐(yue)也。”

三、阅音之声——品箜篌诡异之野

(一)听箜篌诡异之韵

《李凭箜篌引》是一首把音乐写到极致的诗歌，我们就要先听一听朗读，听听李贺如何写出箜篌的诡异之韵律。

从后世评论《李凭箜篌引》中我们感受到诗人对优美音乐的描写与赞叹——余音绕梁，三日不绝。声震林木，响遏行云。瓠巴鼓瑟，而鸟舞鱼跃。座上美人心尽死，尊前旅客泪难收[②]。评价中的“瓠巴”是指俘虏。“瓠巴鼓瑟，而鸟舞鱼跃，座上美人心尽死”，这个“死”而不是说死去，是为这个被音乐牢牢地抓住，什么都不想，只想到音乐里面的东西。“尊前旅客泪难收”，像琵琶行里面的“江州司马青衫湿”，有异曲同工之妙。

(二)析箜篌诡异之点

李贺在这首诗里面怎么来描写箜篌的美妙？我们可以从诗句中的语言去分析。

“吴丝蜀桐张高秋，空山凝云颓不流。江娥啼竹素女愁，李凭中国弹箜篌。”

其中“吴丝蜀桐张高秋”有一个动词“张”，“空山凝云颓不流”这里有一个“颓”字。“吴丝蜀桐”，吴地的丝，蜀地的桐，这两个应该是说是制作箜篌的材料。因为大家知道吴丝和蜀桐是名品，那么就是说制作箜篌的材料非常名贵。我们说“工欲善其事，必先利其器”，演奏出箜篌这么美妙的音乐

① 箜篌[EB/OL].[2021-07-08].https://baike.baidu.com/item/%E7%AE%9C%E7%AF%8C/339401?fr=aladdin.

② 刘安.淮南子·卷十六说山训[M].长沙：岳麓出版社，2015.

的话，那么它的制作工艺和材料选取需要十分谨慎。

“张”高秋，这个“张”字非常有意思，平常讲的这个“张”就是“张开”的意思，但是在这个诗句里面，它解释为“弹奏”。弹奏什么？“高秋”是指什么呢？是指在秋高气爽的秋天来弹奏箜篌。把琴和秋高气爽的天空联系起来，它就构成了一个异常空旷的背景。在天宇之下只有箜篌，那么箜篌的整个意蕴就变得非常宏大。

那么音乐声到底如何呢？我们接下来看“空山凝云颓不流”。你看，因为我在天地间弹奏箜篌，那么空山凝云也就有了着落。我们本来说云彩是在天空中自由流动，此时他说这里“空山凝云”，好像大自然的山也清空了，好像什么都没有了。因箜篌声，天上的流云也不走了，全部都停下来了，“颓不留”什么意思？不想动了，觉得非常地颓废，就像被箜篌的声音影响到颓废，甚至不能飘动的程度。

“江娥啼竹素女愁”，这写到了一个典故。我们所说到的箜篌声，已经能让湘江里头的传说中的两位女子“啼”“愁”。把悲剧性的典故，与箜篌的音响效果连接在一起，使它历史的境界得以延伸，这个愁已经穿越时空。

那么如此高超技艺的人是谁呢？——“李凭中国弹箜篌”。中国就是指中原，此处立刻推出了这位演奏者。

（三）赏箜篌诡异之声

“昆山玉碎凤凰叫，芙蓉泣露香兰笑。”这两句应该写的是箜篌的音响效果非常地强烈。连昆山之玉都被震碎。《诗经》曾经有云：“凤凰鸣矣，于彼高岗，梧桐生矣，于彼朝阳。”“凤凰”“梧桐”是高贵、高雅的事物，所以他在写箜篌时用“昆山玉”和“凤凰”的意象衬托箜篌声之高雅。

为描写箜篌弹奏的声音，李贺在此运用意象，极尽描摹音响的效果。我们可以想象在李贺的笔下，箜篌的声音是如此之美妙：昆山之玉可以碎，凤凰可以叫，芙蓉可以泣，香兰可以笑。四者意象皆贵重之物，但是他们发出的声音是不完全统一。有碎、有哭、有笑，但也不单只有凄厉，还有清脆、和缓、冶丽，所以里头有悲欢，有兴奋，也有凄厉。所以这是一种复合的音响，与现在西方交响乐有点像。李贺在这里用四个不同的意象，把箜篌的声音描摹得如此之精妙。

四、阅音之典——品神话故事之野

诗句中有“十二门前融冷光，二十三丝动紫皇”。其中“十二门”是指当时整个皇家宫阙，大唐盛世整个长安城的建筑，也可借代皇帝；“二十三丝”跟箜篌的弦是一样的，借代箜篌；“紫皇”是道家的神仙，它是属于神话人物。因此，李贺笔下的箜篌声是可以上天入地的，感动天，感动地，也感动最高的统治者。

除此以外，后面的诗句还有写到“女娲炼石补天处，石破天惊逗秋雨”，又写到的女娲，这都是神话中的人物。

“女娲补石”，大家都知道。当箜篌美妙的音乐声传到天上时，女娲正在补天，但是听得入迷了，忘记了自己正在补天的职责。结果石破天惊，秋雨大泻，失职了。

五、阅音之色——品诗画色彩之野

色彩语言之于文学，就如丹青之于国画，旋律之于音乐。因而品诗歌中的色彩画面，可以直接作用于人的感官，触动心灵。

李贺是善于运用色彩语言的高手：“梦入神山教神妪，老鱼跳波瘦蛟舞。”“蛟”与“鱼”为意象，物物皆显示诗人的语不惊人死不休。箜篌的声音上天入地，老鱼也可以跳波。这本来是非常很少见的：奇特的鱼，它可以在波浪中跳起舞来，瘦蛟也可以舞翩跹。“吴质不眠倚桂树，露脚斜飞湿寒兔”，写到了哪里？写到的月宫中箜篌的乐音，使吴刚忘了自己的劳作，吴刚不眠，而转入沉吟，任斜飞的露水湿了月兔。

这里有几幅非常特殊的画面，比如说梦入神山，老鱼跳波，瘦蛟起舞，还有前面的昆山玉碎，香兰气哭，那种纷飞的想象，有相对静止的，也有动态感的，多种意象相组合。有人评价李贺的诗为“冷若秋霜、艳若桃李”。如果“昆山玉碎凤凰叫”较为冷烈，那么“芙蓉泣露香兰笑”应该是比较浓艳的。诸如这样就形成非常强烈的对比。

六、阅音之象——品描摹意象之野

（一）卓异的意象选择

《文心雕龙》中说："独照之匠，窥意象而运斤。"朱光潜认为："美感的世界纯粹是意象的世界。"

我们来看看李贺是如何选择意象的？

他选择静态、动态的意象：玉碎凤叫，荷泣兰笑。空山凝云，石破天惊。老鱼跳波、瘦蛟起舞、露湿寒兔。

音乐声不仅使人动容，而且感天动地，还为之倾倒。不管是天皇还是帝皇，不管是江娥啼竹还是素女愁容，或是吴质不眠……通过这些意象，作者营造出一种哀伤、凄冷的意境。

（二）独特的手法表现

在李贺的诗中有一个非常重要的表现手法——侧面烘托。

你看：天空浮云停步聆听；江娥素女愁啼哀思；补天女娲石破天惊；山中神妪折服请教；老鱼瘦蛟跳跃起舞；伐树吴刚通宵不眠；月宫玉兔如醉如痴。李贺借这些意象动作侧面烘托箜篌声音的美妙。

汉乐府诗《陌上桑》也是用同样的手法。秦罗敷是历史上最美的女子。"行者见罗敷，下担捋髭须。少年见罗敷，脱帽著帩头。耕者忘其犁，锄者忘其锄；来归相怨怒，但坐观罗敷。"这里没有一句写秦罗敷长得多么美，但是是从行者、少年、耕者、锄者来写。行者见罗敷——"下担捋髭须"。少年见罗敷——"脱帽著翘头"。他们都表示一种致敬，一种对美丽的致敬。这些劳作者忘记了自己的劳作，锄者也忘记了。这些都是普通的人，爱美之心人皆有之。"来归相怨怒"，大家都在觉得路给堵住了，但是他们只是坐在这里观罗敷。你看这就是侧面烘托的写法，非常好。

七、阅音之本——品类比群文之野

品读写音乐的诗歌，可以选择相类的作品加以赏析比照。

如李白曾经也写过《听蜀僧濬弹琴》："蜀僧抱绿绮，西下峨眉峰，为我一挥手，如听万壑松。客心洗流水，余响入霜钟。不觉碧山暮，秋云暗几重。”他也是借助其他景物来写音乐。

又如韩愈的《听颖师弹琴》：“昵昵儿女语，恩怨相尔汝。划然变轩昂，勇士赴敌场。浮云柳絮无根蒂，天地阔远随飞扬。喧啾百鸟群，忽见孤凤皇。跻攀分寸不可上，失势一落千丈强。嗟余有两耳，未省听丝篁。自闻颖师弹，起坐在一旁。推手遽止之，湿衣泪滂滂。颖乎尔诚能，无以冰炭置我肠！”

再如白居易的《琵琶行》：“大弦嘈嘈如急雨，小弦切切如私语。嘈嘈切切错杂弹，大珠小珠落玉盘。间关莺语花底滑，幽咽泉流冰下难。”“银瓶乍破水浆迸，铁骑突出刀枪鸣。曲终收拨当心画，四弦一声如裂帛。”

阅音之味，品人生传奇之野；阅音之妙，品金石丝竹之野；阅音之声，品箜篌诡异之野；阅音之典，品神话故事之野；阅音之色，品诗画色彩之野；阅音之象，品描摹意象之野；阅音乐之本，品类比群文之野。因此从五官通感的角度去阅读去赏析音乐文本，一定可以记住这个诡异的诗人——李贺，也一定可以带领学生走进不一样的音乐视界。

第二节　自然之野

波德莱尔在《感应》中曾吟咏道：

自然是一座神殿，那里有活的柱子，
不时发出一些含糊不清的语音；
行人经过该处，穿过象征的森林，
森林露出亲切的眼光对人注视。
……

这是西方美学中的自然山水，它并不独立存在。它有花，却不向现实开放，它有风，却也并不向现实吹拂……一切的一切，都是世界象征。

中国美学中的自然山水则是一个超越的世界，无论是“明月松间照，清泉石上流”，还是“大漠孤烟直，长河落日圆”，都是一个“本来如此”的世界。正像潘知常教授所说的那样，自然山水是诗性人生的合乎逻辑的继续。在这里，不再是自然山水像人一样，而是人像自然山水一样。自然山水则被禀赋了一种独立的品格，不是一种终极的、彼岸的美，而是一种现实的、此岸的美。就像顾城在诗歌中所说：从叶到花，或从花到叶，于科研是一个过程，而于生命自身则永远只在此刻。花和叶都是一种记忆的方式，果子同时也是种子。生命是闪耀的此刻，不是过程，就像芳香不需要道路一样①。如何引导学生从东西方审美中从去倾听自然山水的声音，这是语文教师必修的科目。

清代袁枚在《随园诗话》中有言：“文似看山不喜平”。文章一旦有了波澜，事件就会妙趣横生。这一节，就聊聊记叙文中的“景物描写”，聊聊如何让景物说出话来，如何在自然景物描写中打开学生的自然之野。

① 顾城.顾城诗全编[M].上海：上海三联书店，1993.

一、精心重温课文选本，想象景物描写之野

说到景物描写，就会想到弘一大师——李叔同的《送别》："长亭外，古道边，芳草碧连天。晚风拂柳笛声残，夕阳山外山。天之涯，海之角，知交半零落。一壶浊酒尽余欢，今宵别梦寒。"读完，令人眼前蓦然出现一条绵长的古道，荒草萋萋，一直绵延到天的尽头。晚风吹，笛声残，一壶浊酒，知己分别，让人不由得发出一声长长的叹息，心中满满都是深秋的凉意。这便是景物在无声地诉说。

景物描写在文学作品中妙处多多，我们课本中这样的例子比比皆是。这里例举语文课本中一些精彩的景物描写，看看它们的效用如何。

（一）莫怀戚《散步》

"这南方初春的田野，大块小块的新绿随意地铺着，有的浓，有的淡；树上的绿芽也密了；田野里的冬水也咕咕地起着水泡……这一切使人想起一样东西——生命。

……

但是母亲摸摸孙儿的小脑瓜，变了主意："还是走小路吧。"她的眼随小路望去：那里有金色的菜花，两行整齐的桑树，尽头一口水波粼粼的鱼塘。"我走不过去的地方，你就背着我。"母亲对我说。

这样，我们在阳光下，向着那菜花、桑树和鱼塘走去。到了一处，我蹲下来，背起了母亲，妻子也蹲下来，背起了儿子。我的母亲虽然高大，然而很瘦，自然不算重；儿子虽然很胖，毕竟幼小，自然也轻。但我和妻子都是慢慢地，稳稳地，走得很仔细，好像我背上的同她背上的加起来，就是整个世界。"（七年级上册第一单元）

王君老师在《听王君讲经典名篇》中，对《散步》中的景物描写做了深入的评析：莫怀戚在《散步》中之所以选"菜花""桑树""鱼塘"，是独具匠心的。"儿童急走追黄蝶，飞入菜花无处寻。"有菜花的地方就有生气。"开轩面场圃，把酒话桑麻"，"狗吠深巷中，鸡鸣桑树颠"，有桑树的地方就有人家。"池塘生春草，园柳变鸣禽"，这里的菜花、桑树、鱼塘代表了和谐、幸福、美好。

这样看来，我们在选择景物的时候，要精心选择。我们看到的景物会很多，但不能眉毛胡子一把抓，否则，景物描写就没有依托、没有方向，也不能张弛有度地表现文章意旨。因此，进入我们笔下的景物要经过仔细甄别，眼前的实景也要与人物的情感密切结合起来。

鲁迅的小说《故乡》，开头写阴晦严寒的深冬气氛，荒凉萧索、没有活气的村景，贴切地衬出了自己的悲凉心情；孙犁的《荷花淀》一文，开头将夜写得充满诗情画意，只是为了揭示水生嫂那恬静、安乐的心境；都德的《最后一课》，小弗郎士听画眉鸟宛转地唱歌，极恰切地写出小弗郎士少年不识愁滋味，还只顾得自己玩的心境。

（二）莫泊桑《我的叔叔于勒》

在一家人接到于勒的信，得知于勒发了财，不久要回来报恩时，他们一家人到哲尔赛岛旅行，当时看到的海中景色是这样的——

我们上了轮船，离开栈桥，在一片平静的好似绿色大理石桌面的海上驶向远处。正如那些不常旅行的人们一样，我们感到快活而骄傲。（九年级上第三单元）

可是当父母得知于勒又重新落魄成了一个乞丐的时候，他们眼中的大海也随之发生了巨变——

后来大家都不再说话。在我们面前，天边远处仿佛有一片紫色的阴影从海里钻出来。那就是哲尔赛岛了。（九年级上第三单元）

其实大海还是那个大海，大海没有什么变化，变化的是人心。什么样的心情就会有什么样的景物，什么样的景物，就能表现什么样的心情。

（三）《鲈鱼奇缘》

其中有这样一段景物描写——

在鲈鱼钓猎开禁前的一天傍晚，他和妈妈又来钓鱼。安好诱饵后，他将鱼线甩向湖心，湖水在落日的余晖中荡起道道涟漪。当月升中天的时候，那波纹又变成了银白色的，景色十分优美。

突然，钓竿的另一头儿沉了下去。他知道一定有大家伙上钩了，便急忙收起鱼线。母亲在一旁静静地看着儿子娴熟的动作。

终于，孩子小心翼翼地把一条竭力挣扎的大鱼拉出水面。好大的鱼啊！在此之前他还没见过这么大的鱼呢。它是一条鲈鱼。

第一段中的景物描写，表现了傍晚时分，湖中美丽的景象，它渲染了一种安静、静谧的气氛，带给人一种愉悦之感，这种美好的感觉与下文将要发生的故事所带给人的感觉是一样的。

这其实就是以“乐景写乐情”或“悲景写悲情”。景物的喜乐与人物的喜乐融为一体，合二为一，景为情设，情为景扬。

看来，我们写文章时，如果能将景物描写融汇到人物的心理活动中去，那样的景物就成为人物的代名词。

但是也有例外的情况。比如鲁迅的小说《祝福》，这篇小说写的是在旧社会，祥林嫂跟命运抗争却最终悲惨地死去的故事。可是，鲁迅却把祥林嫂的死放在了大年夜，放在了家家户户鞭炮齐鸣、庆祝新年的时候。小说的那段景物是这样写的——

旧历的年底毕竟最像年底，村镇上不必说，就在天空中也显出将到新年的气象来。灰白色的沉重的晚云中间时时发出闪光，接着一声钝响，是送灶的爆竹；近处燃放的可就更强烈了，震耳的大音还没有息，空气里已经散满了幽微的火药香。

此处描写用新年的祝福，新年的憧憬反衬出祥林嫂走投无路，这就叫“以乐景写哀情，使哀者更哀”。

（四）鲁迅《孔乙己》

孔乙己是封建社会中一个落魄的读书人，一生没有进学。由于偷丁举人的书，被吊着打，打折了腿。在当时的社会中，孔乙己只是人们眼中的一个笑料，人们以取笑孔乙己的精神伤疤为乐事。这时候，小说中有一段景物描写——

中秋过后，秋风一天凉比一天。

这段景物描写，一方面渲染了一种悲凉的气氛。另一方面，透露出此时已经是深秋了，而孔乙己还穿着一件破夹袄，他又被打成了残废，映衬出社会环境的冷酷无情。而孔乙己的结局，文中只给出了一句话——“孔乙己大约的确是死了。”在那样的社会环境下，没有进学的孔乙己只能是死路一条。而这句景物描写无疑推动了故事的发展，成了压在孔乙己生命中的最后一根稻草。

（五）沈石溪《斑羚飞渡》

景物描写还可以推动故事情节的发展。《斑羚飞渡》中对镰刀头羊的一段描写——

……镰刀头羊孤零零地站在山峰上，既没有年轻的斑羚需要它做空中垫脚石飞到对岸去，也没有谁来帮它飞渡。只见它迈着坚定的步伐，走向那道绚丽的彩虹。弯弯的彩虹一头连着伤心崖，一头连着对岸的山峰，像一座美丽的桥。

它走了上去，消失在一片灿烂中。（七年级下第六单元）

这道绚丽的彩虹，让我想到了文天祥的《正气歌》：“天地有正气，杂然赋流形。下则为河岳，上则为日星。”这里用彩虹烘托了镰刀头羊的光辉形象，突出了镰刀头羊的精神，它的精神与星月同辉，与天地同在。

（六）都德《最后一课》

景物描写可以突出人物的精神，烘托人物。《最后一课》的开头是这样的——

天气那么暖和，那么晴朗！

画眉在树林边宛转地唱歌；锯木厂后边草地上，普鲁士士兵正在操练。这些景象，比分词用法有趣多了；可是我还能管住自己，急忙向学校跑去。

这里开篇的景物描写交代环境、背景。

我读过一篇小说，大概讲的是在一个荒寒的小山村，滴水成冰，而孩子们的教室窗户上根本没有玻璃，只是蒙着一些塑料布。塑料布早已经破烂不堪，寒风肆无忌惮地灌进来，整个教室冷得像冰窖。在这样的环境下，男孩子们创造了对他们而言很好玩又很实用的游戏——“挤油”。就是一些男孩子，一起贴着墙，往教室的旮旯挤，与其说这是一种游戏，不如说这是一种独特的取暖方式。

这里景物描写的作用主要就是设置故事发生的环境背景，为下文故事的发生做铺垫。

PPT：运用景物描写的注意事项

1. 从位置的角度上来看，开头写景一般交代环境背景；中间写景一般表现人物心情；结尾写景一般深化主题、升华感情。

2. 要精细观察，抓住景物特征描写。只有抓住特征写风景，才能做到真，“好让读者看完以后，闭上眼就立刻能想象出你所写的风景”。

3. 要选好写景的时机和写景的角度。契诃夫认为“风景描写只有在适当的时候，在它能像音乐或者由音乐伴奏的朗诵，向读者传达这样那样心情的时候，才合适，才不至于把局面弄糟。”

4. 写景应渗透人物的感情。写景不应该是自然主义的纯客观的描绘。王国维在《人间词话》里把境界分为“无我之境”和“有我之境”。所谓“有我之境”即“物皆著我之色彩”，作者或人物的思想感情作用于周围的自物景物，在所写的景物上直接渗透作者的感情。

二、精心选择阅读文本，构思景物描写之妙

那么，如何才能实现自然的人化呢？

首先要做到的是对大自然起心动念。说得形象些，就是把对自然的描写当作写给大自然的情话那样进行构思。如曾经获得第七届茅盾文学奖的作品《额尔古纳河右岸》，作者迟子建在小说开篇写道：

我是雨和雪的老熟人了，我有九十几岁了。雨雪看老了我，我也把雨雪看老了。

这种凝重又苍凉的语言，这是说给大自然的另一种情话。

注重细节与内心体验是艺术散文独特情感体验的载体。那么在《稼轩词》中，我看到有一句诗特别美妙——“我见青山多妩媚，料青山见我应如是”。辛弃疾选择青山作为说话的对象。

苏轼在《海棠》中写道：

只恐夜深花睡去，故烧高烛照红妆。

你看，苏轼这个豪放派的诗人用另外一种情话，对大自然做无限深情的述说。

日本作家川端康成，在《花未眠》同样写到了海棠花，他是这样写的——

凌晨 4 点钟，我看见海棠花，海棠花未眠，……它盛放，含有一种哀伤的美。

川端康城写夜里盛开的海棠，说它的盛放还有一种哀伤的美。这种哀伤的美写出来就在读者心中留下很深的烙印。

中国古典名著《红楼梦》第三十七回，林黛玉和大观园的姊妹，成立海棠诗社，要求以海棠为例创作的诗歌，那时林黛玉所做的"海棠诗"，其中有——

半卷湘帘半掩门，碾冰为土玉为盆。
偷来梨蕊三分白，借得梅花一缕魂。

你看，这一个"偷"字，一个"借"字，把海棠的俏皮劲儿写出来了：这三分白为海棠着色了，一缕香为海棠铸魂了。这样一来白海棠就不是白海棠了，而是一位冰肌玉骨的傲视的佳人了。

当你试着给大自然写情话，相信大自然也会给你回馈。你以哪一种心态关照大自然，那么大自然一定会以哪一种心态来关照你。

三、精心选择点评文本，分析景物描写之思

如何才能对自然景物进行人化的描写呢？这是个很关键的问题。这里选择一篇学生的习作，这样比较靠近学生。预设为"阅读—评点—分析"三步，带领学生摹学。

如以学生习作《一隅》（苏州某中学学生所写）为例：

文中句①：不知那一阵细风吹过，便摇晃得直不起腰的蔷薇，听惯了我低低的倾诉，可还经得起他人的抚触？不知那骨瘦如柴的猫儿，是否会被凌乱的脚步吓到。

学生评语：比较生动形象，有能看到蔷薇的感觉。

文中句②：每一片花瓣都知道我的过往，每一叶爬山虎都了解我的过去，当那些猫儿从小心翼翼地远远逃开，转变为慢慢靠近时，我们心意就此相通了，我们真正了解彼此，连呼吸都听得真切。

学生评语：就是感觉这一隅的这些花瓣、爬山虎、猫和她是朋友一样。

美，因发现而诞生。美，也因发现而怀念。这两段文字描写，我们选择这两段，构建了一种不忍去打扰的心境。视域的沦陷，带来了愤怒，带来了无助，带来了无奈。作者这里将散文的外在结构和她内在的体验结合在一起，值得同学们借鉴。

那么如何才能实现大自然的人化呢？

我以为一要起心；二要动念。

四、精心设置练笔文题，悟景物描写之话

大自然的景物要说与谁听？首先要说与读者，说与大自然，说与家人，说与心情，说与作者。其次，我们要对自然起心、动念。

故乡是什么？我在浦城读到对故乡最美的注解：故乡是可以出发的地方，故乡是心灵栖息的地方，春天想得最多的是南浦西畔的垂杨柳；夏天想得最多的是水南桥南浦上纳凉的人群；秋天想得最多的是满城尽带丹桂的飘香；冬天想到最多的是望安浮桥那绝美的倩影。浦城有两个美丽的典故。第一个叫“梦笔生花”，第二个叫“江郎才尽”。我想借用这两个典故，让学生学习《一隅》中的描写，选择家乡的一隅，来写它的风景，或者风物，或者风情。

【学生习作】(浦城二中)

(一)

学生:秋天到了,又是一年桂花开的时节。大街上的桂花全部都绽放了,那桂花香是清新的,一走过,没有谁身上的香水味,也没有谁身上的油漆味,只有那清香的桂花味。那是一种来自大自然的味道,这是我家乡的味道。

我的点评:她选的浦城的桂花香,她认为这个桂花香没有其他人为的因素,纯天然的,属于大自然的,最后她认为这是一种家乡的味道。她把这个情话说给家乡来听。

(二)

学生:在我眼中,故乡是比任何繁华城市都美的地方。我最爱的季节是秋,每当这时,街道上、田园边、公园中,都开满了桂花,柔和的秋风伴随着桂花的芳香,沐浴在故乡的各个角落。

我的点评:看来浦城的桂花真的是一个特别棒的东西,而且这种味道已经渗透到每个同学的心上,她把这个情话说给桂花来听。

(三)

学生:夏夜的晚风吹拂着道旁的绿树,风吹柳的沙沙声,伴随着水流的潺潺声和蟋蟀的欢歌,奏出了美妙的旋律。听到这曲子的人们不陶醉在其中也难,这也是我喜欢故乡夏季的原因。

我的评点:我们这位同学是选择夏季故乡的声音。用蟋蟀声、潺潺的流水声构成故乡的夏天。所以她把这个情话写给大自然的蟋蟀,还有潺潺的水声。

(四)

学生:在我的家乡,一年四季每个时节都令我深深地痴迷。无论是春天满山遍野的花朵,还是夏天尽情热烈的球场,秋天街道上一阵阵的桂花飘下,以及冬天屋檐上那懒散打盹的小猫。

我的点评:你看这个同学写得特别好。写的一年四季,用的一个词是“痴迷”。“春天山上漫山遍野的花朵”,有颜色;“夏天激情热烈的球场”,有人的一种活动的情景。茅盾先生说,自然界最美妙的风景就是人。

秋天，当然少不了桂花香了。但是冬天他没写完，他刚才的思维特别棒，冬天在屋檐上懒散地打盹的那只猫，把这个悠闲写出来了。有风景，还有风情，更有风物在里面。此时的故乡在你们的笔中已经是生花了。

这节写作课，重温了文本、选择了习作、安排了摹写，让学生明白了在写作上要起心动念，抓住细节、通过细节，把自己的情感抒发出来。

【课堂实录】

❁你把情话说与谁听？

——《大自然景物描写》中自然之野

学生：老师好！

教师：同学们好，请坐。

教师：很喜欢和我们的同学一起来上这节课。清代有一位大作家，名叫袁枚，他在《随园诗话》里面有这样一句话："文似看山不喜平"。也就是说他要求写作中要有波澜、有起伏。那么在写景的记叙文中，如何让我们的文章、我们的景物写出之后令读者"如闻其声，如见其形，如临其境"呢？从我的理解来讲，就是你把情话说与谁来听。

下面老师推荐一下，我最喜欢的一首诗歌，李叔同的《送别》。全班同学和老师一起，把这首诗歌用你自己所理解的情感，一起来读一读。

学生：长亭外，古道边，芳草碧连天。晚风拂柳笛声残，夕阳山外山。天之涯，海之角，知交半零落。一壶浊酒尽馀欢，今宵别梦寒。

教师：李叔同的《送别》在中国则已成为骊歌中不二的经典。很多同学都会唱。你看，在诗中借助"长亭"，借助"芳草"，借助"古道"，来表达一种离人之愁、相思之苦。所以李叔同在他的《送别》中，把他的情话说给谁听了？好，我请一位同学说。

学生A：大自然。

教师：他把他的情话说给了大自然听。说给大自然的好多景物听，比如"长亭"，比如"古道"，比如"芳草"，比如"晚风"……可是，大自然此时是无言的，所以此时无声……

学生：胜有声。

教师：那是无言的述说。好，非常好。

（板书：谁？）

教师：说与大自然来听。我们来看第一个，说与大自然听。

（板书：大自然）

教师：接下来，再给大家展现另外一个片段。请哪位同学替老师读一下这篇文章——莫怀戚的《散步》。来，请哪位同学来读一下。请我们这位男生。

学生B：但是母亲摸摸孙儿的小脑瓜，变了主意："还是走小路吧。"她的眼随小路望去：那里有金色的菜花，两行整齐的桑树，尽头有水波粼粼的鱼塘。"我走不过去的地方，你就背着我。"母亲对我说。

教师：好，请坐。

教师：这篇文章是放在写景写亲人的第一单元，那么同学们一起和老师看一下，作者在选择这些景物的时候，他选了"金色的菜花"，选了"整齐的桑树"，选了"水波粼粼的鱼塘"，这个可有讲究了，在我们中国很多的诗歌之中，有菜花的地方，一定是有生气的，比如说我们学过的诗歌"开轩面场圃，把酒话桑麻"，多好啊。"狗吠深巷中，鸡鸣桑树颠"写出了有人家，对吧，有人家就有生气。那么也就是说这里的菜花，这里的桑树，这里的鱼塘，作者在选择这些景物的时候，是非常有讲究的。那么请问同学，莫怀戚先生在这篇文章里面，他把这个情话说给谁听了呢？……来，哪位同学说一下？

学生C：他把情话说给孙儿听。

教师：说给谁？

学生C：孙儿……

教师：孙儿听？对不对呀？对对对，可以理解。那么，这里本身有几个人物啊？他们一家人吗？

学生：四个。

教师：妻子，还有呢？自己、母亲，还有他的儿子，四个人。祖孙三代。那么我们能不能笼统一下，这个情话是说给……

学生：家人。

教师：对了，非常棒，说给家人听。

（板书：家人）

教师：这是我们要讲的第二种。好，请坐。来，同学们和老师一块再来看，这篇文章大家特别熟悉，是莫泊桑写的《我的叔叔于勒》。这两段，我想请全班同学读一下，但是，你得注意我红色标注的部分。你准备用什么样的感情来读，我要听出有区别。来，我起个头。一二读。

学生：我们上了轮船，离开栈桥，在一片平静的好似绿色大理石桌面的海上驶向远处。正如那些不常旅行的人们一样，我们感到快活而骄傲。

后来大家都不再说话。在我们面前，天边远处仿佛有一片紫色的阴影从海里钻出来。那就是哲尔赛岛了。

教师：好，我刚才听我们同学在读的时候，好像还缺了一点什么。大家思考一下，缺了什么？

学生：感情。

教师：对，缺了感情，我找个同学再示范一下。

教师：这位同学，你觉得缺了感情对不对？好，你来试一试，如何把这个缺失的部分补上。

学生D：我们上了轮船，离开栈桥，在一片平静的好似绿色大理石桌面的海上驶向远处。正如那些不常旅行的人们一样，我们感到快活而骄傲。

后来大家都不再说话。在我们面前，天边远处仿佛有一片紫色的阴影从海里钻出来。那就是哲尔赛岛了。

教师：好，我先问一下同学们，有没有听出一点点情感的变化？

学生：有。

教师：有，是不是？好，同学给我们做了一个很好的示范。但是我觉得这个情感还不足，我觉得可以读得更好一些，对吗？因为大家知道于勒是他们一家人的什么？

学生：希望。

教师：是希望，是梦想，是不是？因为觉得我的叔叔于勒如果回来的时候，我们将成为什么？

学生：富人。

教师：我们将成为富人，我们将过上上流人的生活，我们一家就抱着这样的希望。你看姐姐出嫁有着落了，那么此时的大海好似绿色大理石的桌面，心情特别愉悦，对吧？可是后来在船上看到那个卖牡蛎的人，衣衫褴褛的，就是我的叔叔于勒，那我们家所有的希望都怎么样？

学生：破灭了。

教师：破灭了，我们就不说话。不说话了怎么样？文本中是这样描写的："天边远处仿佛有一片紫色的阴影从海里钻出来。那就是哲尔赛岛了。"这哲尔赛岛本来是我们一家人充满希望的"诗和远方"，可是此时，它却是让我们一家人梦破碎的地方。哲尔赛岛还是那哲尔赛岛吗？大海还是那片大海是吧？可是大海因什么而变化？

学生：心情。

教师：因心情而变化。所以说这个情话说给谁听？……说给谁听？

学生D：心情。

教师：我觉得这个同学说得太好了，说给心情来听，非常好，给这个同学掌声。

（掌声响起）

教师：这个自然景物，说给心情来听。

（板书：心情）

教师：可能，他不需要语言，他就是默默无语，但是心知道。好，是吧，心知道。好了，那么我们继续往后走。

教师：这篇文章大家也熟悉，沈石溪的《斑羚飞渡》。来，请哪个同学也帮老师读一读。来，我们这位同学。

学生E：镰刀头羊孤零零地站在山峰上，既没有年轻的斑羚需要它做空中垫脚石飞到对岸去，也没有谁来帮它飞渡。只见它迈着坚定的步伐，走向那道绚丽的彩虹。弯弯的彩虹一头连着伤心崖，一头连着对岸的山峰，像一座美丽的桥。

它走了上去，消失在一片灿烂中。

教师：好，其他同学应该也读过这篇文章。在这里，斑羚飞渡，写的那个形象是什么？那是斑羚，对吧？可是此时，他为什么要把彩虹这个自然的景物，和斑羚飞渡这种形象结合在一起？作者在这里，他想把他的情话告诉谁？

（学生思考）

教师：作者的眼中看到了斑羚飞渡的形象，而且是他的一种内心世界的什么？描写，他的心理的描写。那么，借用这个自然环境的描写，他想把他的这种情话说与谁听呢？

学生F：他想把这个情话告诉读者，告诉他们做事要勇敢。

教师：特别好，他想把这个情话说给读者来听。好，是不是这样子？好，请坐，特别棒。说给读者来听，就是我们所有读这篇文章的读者。

（板书：读者）

教师：好，说给读者来听。那么从我们刚才四个片段的演示之中，我们是否可以有这样一个推测的结论：如果我要把这个景写得十分地生动，是不是需要用一种与大自然相恋的感觉,把情话告诉给它。这个情话可能是自言自语,可能是默默无语,可能是扪心自问,也可能是大声地呐喊……可能是或悲或喜,或焦灼,或失落等等。我觉得人的情感是特别特别丰富的。大家觉得这是决定于在谁的手上的呢?

学生:作者。

教师:作者!对,作者。那刚才我们说作者是谁啊?

学生:沈石溪。

教师:对,就是我们刚才说的沈石溪啊,莫怀戚啊,莫泊桑啊,等等的这些作者。但是今天我要和同学们聊一聊的是,我们自己的写作呀,我们记叙文的写作,那么,这个作者就是谁啊?

学生:我。

教师:就是我。就是你们自己,我亲爱的同学们,就是你们自己。所以说,这些情话它要写的东西确实是诸多方面的。比如说,我们刚才说了读者,还有呢……作者。

(板书:作者)

教师:那就是还有你在其中。好了,那么接下来我们学习写作方法的第二层次:如何才能把这些自然进行人化呢?这个是很关键的。所以,我选择苏州高一学生的习作,以共享为话题,就是说,现在是共享时代、共享单车、共享平台……但是,你是否觉得有些东西,是不需要共享的,然后自选一个话题,自拟一个题目,然后写一篇不到800字的作文。这是一篇考场作文,特别荣幸,有时间,然后有这么一个平台,在这个地方读一下我选择的一篇佳作。我觉得特别喜欢,请一个同学替我读一下,好不好?看看这篇文章,怎样将自然人化。

学生G:《一隅》。城南的一隅曾是我钟爱的地方,后来,更多人发现了它,后来,我再没有踏足那里。我纵然是不舍的,不知那一阵细风吹过,便摇晃得直不起腰的蔷薇,听惯了我低低的倾诉,可还经得起他人的抚触?不知那骨瘦如柴的猫儿,是否会被凌乱的脚步吓到。我纵然是想念它们的,可我再不会去见它们了。就像鸟儿发现巢中多了些许陌生的味道,它惊慌失措。……

(全篇作文朗读)

教师:我觉得这里应该有掌声啊。同学读得非常好。

(掌声响起)

教师:这是一篇高一的,应该是一个大姐姐的文章。同学们看一看,如果我刚才用这样一个题目"如何实现自然的人化?"你能不能寻找出一两处,或者一处,看一看她的情话的部分。你自己的感觉,她有吗？来,请靠得最近的同桌回答一下。

同学H:不知那一阵细风吹过,便摇晃得直不起腰的蔷薇,听惯了我低低的倾诉,可还经得起他人的抚触？不知那骨瘦如柴的猫儿,是否会被凌乱的脚步吓到。

教师:好,我问一下,为什么你选择我画了横线的部分?

同学H:我觉得她写得挺好的。

教师:好在哪?

同学H:就是描写蔷薇,就是……比较生动,比较形象,就感觉能看到蔷薇。

教师:我觉得刚才我们同学有一句话说得非常好,她说读了这句话她能看到蔷薇。读者可以看到蔷薇,好像她把她的情话说与蔷薇来听,是不是？好,来,再找一个男同学。哪个男同学来说一下？有举手的同学吗？……有,特别棒。

同学I:每一片花瓣都知道我的过往,每一叶爬山虎都了解我的过去,当那些猫儿从小心翼翼地远远逃开,转变为慢慢靠近时,我们心意就此相通了,我们真正了解彼此,连呼吸都听得真切。

教师:来,说一下你的感受。

同学I:就是感觉这些,嗯……这一隅的这些花瓣、爬山虎、猫啊什么的,感觉和她是朋友一样。

教师:把所有的景物都纳为自己的亲朋好友,是不是？和她低低地诉说,慢慢地靠近。因为靠近,由此心就怎么？变得更加近了。好,请坐。

那么,这样一篇文章,我觉得她写得最妙的,就是她的情感有体验,是不是？而且这种情感的体验才使文章的中心句一下子就能戳到人心。文章的中心句是哪一句?

教师和学生:美,因发现而诞生。美,也因发现而怀念。

教师:那么这两段文字的描写,它是主体文字的描写,作者构建了一种不忍去打扰的情境,是不是？也是以此为基础,那些入侵者出现了,进而就融合了一种景和情之间的一种微妙的关系,也让读者产生了一种很深的共鸣。

本来觉得城中的一隅,是存在心中的美。但是视域的沦陷,带来了愤怒,带来了无助,带来了无奈,是不是？没办法。作者把这个散文的外在的结构和她内在的体验结合在一起，在这里可以给同学一点点借鉴。

但是，无论这个自然景物如何，我觉得有一点要跟同学做一个分享：所有这个情感体验，它必须是通过对景物细节的描写，细节是一切情感体验的载体。好了，在此，就要和我们的同学再做一个分享：那么如何才能实现大自然的人化呢？我觉得有一个词我得写出来：一，要起心；其二呢，要动念。要起心动念。

（板书：起心、动念）

教师：对自然环境要有某种企图——我想和你说情话，我要锁定一个目标啊，是不是？然后把我心中的这种情感呢，告诉它，接下来，那就要寻找到描写景物的一个细节。

（板书：细节）

教师：一定要借助细节，把自己的情感抒发出来。所以细节它是起心动念的一个载体。好，那也就是说起心动念。那么如何做到这个起心动念呢？获得第七届茅盾文学奖的长篇小说——迟子建的《额尔古纳河右岸》。其中有一段话我觉得特别好，可以读给大家听，和我们今天要讲的课特别契合。

在整篇小说的开头，她是这样写的："我是雨和雪的老熟人了，我有90岁了，雨雪看老了我，我把雨雪也看老了。"同学们看，就这样的一段文字，带着凝重与苍凉，是说给大自然的另一种情话。

那么在我们中国古诗词里面，大家也学过很多，比如说，宋代有两位豪放派的词人，一位是辛弃疾，一位是苏轼。在辛弃疾《稼轩词》中，我看到有一句词特别美妙："我见青山多妩媚，料青山见我应如是。"辛弃疾选择青山作为说话的对象。苏轼在一首《海棠》的诗歌中，他是这样写的："只恐夜深花睡去，故烧高烛照红妆。"你看，苏轼在这里用另外一种情话，对大自然做无限深情的诉说。好，那么我们刚才说到的是中国，而我们的邻境，日本，有一个非常著名的作家川端康成，曾经获得诺贝尔文学奖。他在《花未眠》这篇文章里面，同样写到了海棠花，他是这样写的："凌晨四点钟，醒来发现海棠花，海棠花未眠……它盛放，还有一种哀伤的美。"川端康成完美演绎了日本"物哀""幽玄"的美学。

再讲到我们中国古典名著《红楼梦》里头，比如说在《红楼梦》三十七回，林黛玉和姊妹们成立了海棠诗社，在三十七回里面就以海棠为例创作的诗歌，那么林黛玉是最后一个交稿的，你看她如何写海棠呢？因为她诗歌比较长，但其中有两句："半卷湘帘半掩门，碾冰为土玉为盆。偷来梨蕊三分白，借得梅花一缕魂。”这里一个“偷”字，一个“借”字，把海棠的俏皮劲儿写出来了。这个三分白为海棠着色了，一缕香为海棠铸魂了。此时的海棠花已经不再是自然界中的海棠花，而是一个冰肌玉骨、孤标傲世的美丽佳人。从这里来看，无论你以哪一种心态关照大自然，大自然都一定会以这一种心态来关照你。或悲悯，或抒怀，或激越，或悲怆。

我请大家看一下，这个是昨天晚上，我在宾馆备课的时候，顺手拿起我们浦城的介绍，浦城的介绍里面有两句，写的是两个典故，给我印象特别深刻。第一个叫“梦笔生花”，第二个叫“江郎才尽”。那么我想借用这两个典故，再结合一起学习的《一隅》，选择家乡的一隅，来写它的风景，或者风物，或者风情。看看谁能够落笔生花。

好，那么现在，我们课堂给大家时间，你用你自己的笔，把你的家乡写出那么一小片段，一会儿和同学们一起做一个分享。

【学生写作】略。

第三节　故事之野

无论是现实世界中发生的事，还是文学创作中的虚构，故事事件在叙事作品中总是以某种方式得到再现。西方叙事学家一般采用“故事”(story)与“话语”(discourse)来指代这两个层次。叙事作品的意义在很大程度上源于这两个层次之间的相互作用①。

语文，天生就与叙事知识更为亲近。因为故事可以是感性的、抒情的，是带着生命体温的一种叙述。正如萨特所说：“人总是故事的讲述者，他被自己的故事和别人的故事环绕着生活。他通过这些故事看发生在他身上的一切，而且他试图像他正在讲述这些故事那样生活。”

曹勇军老师在《语文，我和你的故事》一书中蓬勃着盎然的青春气息，澎湃着如火的生命激情，呈现出浩渺的万千气象。他带着孩子在南京的历史文化现场读书，开设了“情境读书课”：在王安石故居半山园探讨“王安石和他的时代”，在豁蒙楼感受冯友兰《中国哲学简史》的深邃博大……他用超越教学的教育情怀、超越课堂的课程视野、超越技术的人文精神，营造出无所不在的语文生活②。书中既有他对美丽语文的诠释，还有他对美丽语文的探索。而这些语文教学故事也为我们提供了真正的语文的全息样本和理想之国。用曹勇军老师的话说，就是借助现场、细节、生活的画面、教育事件的起伏变化，全面展示在今天做一个语文老师，所面对各种困难时内心的挣扎——殚精竭虑寻找对策、克服困难的智慧，以及让知识走近学生生命之后的快乐和陶醉。

第一次读曹勇军老师的文章是《语文，我和你们的故事》。曹老师仿清华大学老校长梅贻琦的名言：“所谓大学者，非谓有大楼之谓也，有大师之谓也”，而仿造的这个句式：“所谓大校者，非谓有大树之谓也，有师生故事之谓也。”是不是也是我们应有的品质？又或者，“所谓名校者，非谓有故事

---

① 申丹，王丽亚.西方叙事学：经典与后经典[M].北京：北京大学出版社，2017.

② 徐飞.这里，有真正的语文.[EB/OL].(2016-01-01)[2021-07-08].http://blog.sina.com.cn/u/1981269233.

之谓也，故事中有精神气质性格之谓也。”[①]其中“师生故事”引起我的兴趣。因为有故事，才想去聆听，因为去聆听，才会有故事。多么富有辩证的哲思。第二次读曹勇军老师文章，是因为约稿，要为曹老师的《葡萄月令》课堂实录写点什么。为此我反复观看了课堂实录，阅读了曹老师的许多文章，所以对其中的“师生故事”又有了新的解意。

故事1：一张PPT

述故事的预设元素，有清简定位。一张PPT上是汪曾祺先生的三句话，自始至终显示在那儿，这俨然成了课堂故事预设的最基本元素。从另一角度看，这又成了本节课上学生不断品味语言的一个很实用的助手，也恰到好处地提醒学生什么是课堂的不蔓不枝，什么是课堂的灵动优美。

这种述故事的预设元素，清简定位在曹老师诸多执教的课例上都有展现。如解读《赤壁赋》一课时，整个课堂就使用了三张PPT：一张问题呈现；一张课堂板书；一张金圣叹评《赤壁赋》。“一”与“三”都是极简的数字！这是曹老师对课堂的定位：清简！“散文，名散，字文，号性情。”曹老师用这样稀松平常的话来结课，令人不禁拍案叫绝！像极了中国画的白描，清简！这种“顿悟”式的教学方式，是洗净铅华，删剪枝蔓，呈现出“白水明田外，碧峰出山后”的美丽。

福楼拜曾经对风格有个精辟的定义：“风格是思想的血液。”别林斯基也有类似的观点，他说，风格是“思想的浮雕”。由此想到，曹老师教学风格的背后应是思想的浮雕。因此，清简不仅是一种方式，更重要的是一种“大道至简”的思想的具体体现。[②] 因此，曹老师这种述故事的预设元素，对于教师，对于学生都是极其重要的。因为教师与学生都是这个故事中的主角，是故事的主体，这就强调了教师与学生在教学中的平等地位与二元思想。

《普通高中语文课程(2017版2020年修订)》指出：对于学科核心素养的研究，不应只存在于知识课程内容层面，还应涉及教与学模式方法的革新。曹勇军老师《葡萄月令》的课堂就是基于核心素养的教学，他根据学生的发展需求，站在学习者的立场上，多角度创设任务情境，借助能让学生去

① 曹勇军.语文，我和你们的故事[M].北京：商务印书馆，2015.

② 成尚荣.苏派的教学风格[J].江苏教育，2010(Z1)：12-16.

“做”的真实情境，为学生展示学科核心素养提供“舞台”，以此为“杠杆”撬动学生的学习，提升其素养。

故事2：一本《蒲桥集》

带故事的宏观起课，有视界定位。“今天，我带来一本书，汪曾祺先生的一本书——散文本《蒲桥集》。今天，我和靖江中学高二(3)班的同学们一起来学习选自这本书的代表作《葡萄月令》。”这是曹老师的开场白。简洁明了！曹老师开课，就带着汪曾祺先生的散文《蒲桥集》入课，这本散文集本身就预示着作家的故事，这其中的妙处之一是，激起学生学习文本的兴趣，引领学生走向文本的故事中；二是，把学生的学习视界放在广阔的作品集中去，给学生一个宏观的故事背景。

《蒲桥集》是作家汪曾祺编写的实体散文，共60多篇。这些散文定位于写凡人小事的小品，目的在于帮助人们发现自己的“凡人小事”之美。除《葡萄月令》外，还有《果园杂记》《紫薇》等相类似的篇目。在结课部分，曹老师也给同学们推荐了《果园杂记》。在汪老的笔下，植物形象鲜明、生动有趣、印象深刻。汪曾祺笔下的文字是亲历、亲见、亲闻的忠实记录，他强调美在身边，美在本分。有生活，才有写作。汪曾祺写人间草木，落笔之处，无不亲切质朴、内涵丰富，甚至有点家常、琐碎，不挖掘什么意义和价值，不讲大道理，只是朴素地描述，刻画生活，仿佛信手拈来、行云流水，却细致入微、妙趣横生、引人入胜，因此这样起课，可以带领学生从宏观上，总体把握汪曾祺散文的精神气质和艺术神韵。

《高中语文课标》不只在界定学习任务群式时提出了“整合”的要求，其他部分也多次提到整合。在课程内容方面，通过主题阅读、比较阅读、专题学习、项目学习等方式，实现知识与能力、过程与方法、情感与价值观的整合[①]。从这个意义上说，曹勇军老师在《葡萄月令》的课堂上，准确把握课程目标，从单元出发，以素养的角度来审视篇目教学、知识教学的作用，引入有助于达成单元目标的各种类型的篇目文本，有机融入阅读与鉴赏、表达与交流、梳理与探究等学习活动，引导学生在运用语言的过程中大量阅读、深入阅读、自主阅读，从而提升语文素养。

---

① 教育部基础教育课程教材专家工作委员会组织编写.王宁，巢宗祺主编.普通高中语文课程标准(2017版)解读[M].北京：高等教育出版社，2018：210-211.

故事 3：一个评价

引故事微观入课，有学情定位。"课前，我请同学们每个人用一句话写出读过此文的感受，大家写得都很精彩。有一个同学的一句话给我留下特别深刻的印象，他说'这是一个朴素到了极点的田园诗'，我觉得这话讲得别致。"曹老师从学生众多的感受中选出"这是一个朴素到极点的田园诗"这句话，而且评价为别致，看似简单的一句评价，却显现出曹老师用心良苦的教学安排。我很欣赏曹老师这一入课——有目标、有观察、有引导。这里我们可以看出学生已经和文本之间有了诉求的故事。引故事微观入课，有学情定位。

课堂教学是一种师生双边参与的动态变化过程。在课堂上，每一个学生都是一个生动的独立个体，他们是主动求知、积极探索的主体。教师是这个变化过程的设计者、组织者、引导者，是为学生服务的。所以曹老师的课堂设计，即教学展开过程中的各个环节，已经把自己的教学思路转为服务于学生身心发展的需要。曹老师是借班上课，他关注学情，分析学生学习的起始能力，全面考虑学生的学习需求。因此，这样的入课能从微观上调动学生的学习兴趣，能辅助、激发、促进学生走进文本的视界，因而也就有了课堂中学生与文本诉求故事的叙述。

如果课堂教学只停留在让情境去"共鸣"，还只是情境的最浅层的作用。在教学中将情境当成目的就容易舍本追末，削落学习的价值[①]。因此需要营造真实的学习环境。即将学习内容、学习方式与自我成长、社会发展进行紧密的关联。曹勇军老师站在课程的视角去理解"情境"，从教学环节走向整体性、综合化的学习任务设计。这种情境式的问题设计，既提供了学生理解学习内容的关键点，也增强了学生思维的深刻性和批判性。

故事 4：一篇《礼记·月令》

牵故事维度拓展，有立体定位。"《葡萄月令》，课前我们也做了预习，下面我想请同学看月令，依据我们阅读以后的体会、认识、理解，说一说月令包括什么内容？"曹老师对问题的设置，目标清晰，贴近学生学情。对于"月令"的理解，曹老师从三个维度引导学生层层深入。

---

① 教育部基础教育课程教材专家工作委员会组织编写.王宁，巢宗祺主编.普通高中语文课程标准(2017 版)解读[M].北京：高等教育出版社，2018：210-211.

首先让学生谈谈自己对“月令”理解，可以说是感性的触摸。

【课堂实录再现】

男生1：我觉得月令就应该是一种时令，是植物按照季节生长的标记。

师：旁边的同学有没有补充的？

其次，从课文中让学生找出文本对“月令”的解答，可以说是理性的认知。

男生2：在本文中，我们可以认为是葡萄每个月生长发育的情况。

师：葡萄每个月生长的状况，还有没有了？

（板书　葡萄）

男生2：劳动者农事的劳作，还有没有了？

（板书　农事）

最后，教师从《礼记·月令》这本儒家经典中寻找到对“月令”最精确、最美丽的描写，可以说是知性的概述。

师：没有了？大家看一看一月份，一月份怎么啦？下大雪了（师生齐答）。二月份呢？刮春风（师生齐答）。

文章里面虽然写天气的内容不是很多，但是他又每每点到天气，以月份逐月地写到天气，附带着写天气，写出葡萄的生长以及葡萄种植的农事劳作。

《月令》其实是古代《礼记》中的一册，汪先生对这册书非常喜欢，他觉得在这种特别的时空框架里，能反映中国人在大自然里中的角色，像诗一样美丽无比，所以他的这篇文章就叫《葡萄月令》。

从感性触摸到理性认知再到知性概述，曹老师步步为营，从农事讲到辛劳人的喜悦，再谈到背后作者豁达的情怀，使得文章具有立体感、厚重感、主题感。这样既能层层扣住学生的质疑，又能和学生一起在课堂上品味汉语的韵味。这不仅教会了学生品读此类散文的方法，更重要的是教会了学生一种思维的方式。

语文学科素养是学生在积极的语言实践活动中积累与构建起来，并在真实的语言运用情境中表现出来的语言能力及其品质。语文教学需要基于布鲁姆线性认知体系的问题设计，逐渐向综合化、情境化任务解决转变。“问题思考”到“任务解决”的设计转变，正是教育目标、学习内容、方式方法整合起来，实现均等的教育内容的覆盖，让学生获得学习的参与，收获作为

“人”的成长[①]。

以上是我从曹勇军老师解读《葡萄月令》中摘取的几个故事。这些故事既能传递出曹老师对教育的理解、信仰和爱，也能表达出学生与曹老师交往过程中的感受、想象和评价。我想，这一节课必将成为学生一生的精神底色和青春记忆。

① 教育部基础教育课程教材专家工作委员会组织编写．王宁，巢宗祺主编．普通高中语文课程标准（2017版）解读[M].北京：高等教育出版社，2018:210-211.

第四节　经典之野

黑格尔说："艺术美高于自然。因为艺术美是由心灵产生和再生的美，心灵和它的产品比自然和它的现象高多少，艺术美也就比自然高多少。"艺术美需要鉴赏，阅读经典名著，能够在丰富美感的同时，提高鉴赏评估其他艺术作品的能力。经典名著凝聚了语言的精华，对经典名著语言的积累、品味、揣摩、吸收，可以提升学生的语言能力，可以丰富学生的情感世界，更可以打开学生的审美世界。

意大利学者卡尔维诺将"经典"定义为："重读都好像初读那样带来发现的书"，"它们带着以前的解释的气息走向我们，背后拖着它们经过文化或多种文化时留下的足迹"①。因此教师自己要重读经典，也要引导学生养成重读经典的习惯，让学生在阅读的过程中找到能够陪伴自己终身的书，常读常新，在不同的年龄获得不同的滋养。

《高中语文课标》强调阅读名著是阅读教育的需要，阅读名著是人文素质教育的需要，阅读名著是传统美德教育的需要。那如何在经典名著的阅读中，打开学生的审美世界？

我们以巴尔扎克的《欧也妮·葛朗台》为例，来谈谈关于经典名著阅读的审美方向。

葛朗台是19世纪法国批判现实主义大师巴尔扎克创作的长篇小说《欧也妮·葛朗台》中的主人公，他以典型的形象意义给世界各国读者留下深刻印象，这个离奇扭曲而又意味深长的艺术形象是巴尔扎克对世界文坛的一大贡献。虽然小说问世已有一百八十多年，但它所激起的反响仍在一代又一代人的灵魂中回荡。人们读着它，心里会激起万千情愫，会引起种种叹息、吃惊、大笑、沉思……这种迷人的艺术效果不仅缘于作者运用夸张的笔法、变形的语言，而且还缘于作者独具匠心，以工笔手法描绘了葛朗台的"眼睛"，通过眼睛这个"窗口"，把葛朗台的心理世界和灵魂展示给

① 卡尔维诺.为什么读经典[M].南京：译林出版社，2012：1，3，5.

读者。①

鲁迅先生说过："要极节省地画出一个人的特点，最好是画出他的眼睛。"课文中有关葛朗台"眼睛"的描写有多处，对于葛朗台形象的塑造起到了十分重要的作用。

巴尔扎克笔下，古老的索漠县城阴郁、荒凉，在一条起伏不平的大街深处，有一座灰暗、阴森、静寂的老屋，住着远近闻名的大富翁葛朗台先生。不过索漠城里的人都相信他有一个堆满黄金的秘库，说他半夜里瞧着黄金累累快乐得不可形容，连他的眼睛都是黄澄澄的，染上了金子的光彩。

"一看见丈夫瞪着金子的眼光，葛朗台太太便叫起来：'上帝呀，快救救我们'！"丈夫瞪着金子的眼光"，是对葛朗台那双眼睛的描写。在葛朗台进入欧也妮母女房间时，他并没有发现"金子"（只看见梳妆匣），这个描写写出了葛朗台眼光的情状：葛朗台睁圆了像金子一样的黄眼睛。作者运用了写实与夸饰结合的手法，艺术地刻画了葛朗台的精神世界，再现了他的灵魂。葛朗台由于极端崇拜"金子"，不但他的灵魂是由"金子"铸成，而且他的生理器官在形式上也如同黄金铸就。他丑恶的灵魂完全是由于对金子崇拜熏染而成的，在他的眼中一切都是"金子"的化身。"看见金子，占有金子，便是葛朗台的执着狂。"这是对葛朗台灵魂的准确定义。在这样灵魂的支配下，他对周围人的关系（父女、夫妻）都以"人生就是一件交易"为轴心，把对"金子"的追求作为至高无上的人生信仰。

葛朗台看女儿的眼光也以金子为标准。"他瞅着女儿，仿佛她是金铸的一般。"作者通过葛朗台的幻觉视像来刻画他的内心世界。葛朗台太太死后，欧也妮成为母亲财产的合法继承人，在欧也妮没有主动放弃财产继承权之前，女儿是一个"金钱"的拥有者，因而葛朗台不把女儿看作有血有肉的感情载体，只看作是一锭"金子"。葛朗台"几小时地望着她，眼睛的神气差不多是很慈祥了。"这"慈祥"是他对"金子"的崇拜、爱护，而非亲子感情的外在流露。葛朗台的想象力已超过了时空界限，"精骛八极，心游万仞"，在他的幻觉中，欧也妮已经是金光闪闪的"金元宝"。葛朗台幻象纷呈、心迷神醉，"常在女儿面前哆嗦"。这是由爱"金子"而心生惶恐，这是一种拜金而形成的恐惧症。正如崇拜神灵的人，既顶礼膜拜，又恐惧其威力。葛朗台灵魂的丑恶深入骨髓，已完全使他丧失了伦理道德，在他的心中只有赤裸裸的金钱关系。

---

① 郑逸农.析《守财奴》的漫画式夸张笔法[J].语文教学通讯，2000(24)：21-22.

再看葛朗台与女儿签协议时："眼光从文书转到女儿，从女儿转到文书，紧张得脑门上尽是汗，一刻不停地抹着。"当公证人向女儿说明真相后，他马上阻拦："别多嘴，克罗旭——一言为定。"

葛朗台弥留之际，他的因守财注意力过度集中而引起的变态心理更暴露无遗。他非常多疑，随时都担心人家偷了他的金子，他所有的生命都退守在眼睛里了，他能睁开眼的时候，眼光立刻转到满屋财宝的密室门上，不时惊慌地问："在那里吗？在那里吗？"这样还不放心，他要女儿把金路易铺在桌上，让他几小时地盯着，然后才满意地说："这样好教我心里暖和！"

本区的教士给他做临终法事，当法器出现的时候，他"似乎已经死去几小时的眼睛立刻复活了"——因为法器是金镀的、银镶的。神甫让他亲吻十字架上的基督圣像，他却想把镀金的十字架抓在手里，占为己有。他竟然至死都有这么强烈的贪婪欲望。也正因为贪婪送了他的命。可见他为财而活，为财而死，真是个地地道道的"守财奴"。

更精彩的还在后头呢！他断气之前还念念不忘固守了一辈子的财产，不忘叮嘱一句："把一切照顾得好好的，到那边来向我交账！"真令人瞠目结舌，惊奇不已。这就是巴尔扎克笔下的守财奴，这就是巴尔扎克惊人的艺术水平！

孟子曰："存乎人者，莫良于眸子。眸子不能掩其恶。胸中正，则眸子瞭焉；胸中不正，则眸子眊焉。听其言，观其眸子，人焉廋哉？"[①]如果孟老夫子能读到这样的作品，看到葛朗台，他一定会为自己的言论所折服。从葛朗台的"眼睛"里我们读出了什么是贪婪、吝啬；从葛朗台的"眼睛"里我们读出了什么是荒诞、可笑；从葛朗台的"眼睛"里我们读出了什么是可怜、可悲。

我想起了我所教的《守财奴》。我的学生说，那"守财奴"葛朗台其实是很可怜的，你看他多像一头骆驼，只知道一个劲地往自己的身上堆积东西，却从来也没有想过去休息一下，哪怕是短暂地停在路边，眺望一下远山的风景，做一点灵魂的逗留也是好的。可是，他不，他就是那么神情专注地积攒，不断地积攒，凶狠地积攒，残忍地积攒！

① 孟子.离娄上[M].方勇评注.北京：中华书局，2010.

参考文献

[1]曹勇军.语文,我和你们的故事[M].北京:商务印书馆,2015.

[2]陈爱国.古德曼阅读理论与模式介绍[J].外语与外语教学,1986:3.

[3]陈美兰.解读《白鹿原》的中心意象“白鹿”[J].语文三家村,2008(8):8.

[4]成尚荣.苏派的教学风格[J].江苏教育,2010(Z1):12-16.

[5]褚树荣,毛刚飞.跨界之美:跨媒介阅读与交流 新课标新语文新学习[M].上海:上海教育出版社,2018.

[6]崔允漷.如何开展指向学科核心素养的大单元设计[J].北京教育:普教版,2019(2):11-15.

[7]窦桂梅.影响孩子一生的主题阅读[M].南京:江苏文艺出版社,2016.

[8]顾城.顾城诗全编[M].上海:上海三联书店,1993.

[9]顾城.顾城文选:卷一[M].哈尔滨:北方文艺出版社,2005.

[10]胡适.胡适文存三集:卷二[M].北京:首都经济贸易大学出版社,2013.

[11]蒋勋.蒋勋说宋词[M].北京:中信出版社,2014.

[12]卡尔维诺.为什么读经典[M].南京:译林出版社,2012.

[13]梁衡.觅渡[M].北京:中国人民大学出版社,2014.

[14]林语堂.吾国与吾民[M].南京:江苏文艺出版社,2010.

[15]刘安.淮南子:卷十六[M].长沙:岳麓出版社,2015.

[16]刘华.究竟应当用什么去“迷”学生[J].中学语文教学,2003(8):23-24.

[17]刘熙载.艺概[M].上海:上海古籍出版社,1978.

[18]罗贯中.三国演义[M].北京:中华书局,2005.

[19]吕进.中国现代诗学[M].重庆:重庆出版社,1991.

[20]米兰·昆德拉.小说的艺术[M].上海:上海译文出版社,2004.

[21]潘新和.语文:表现与存在[M].福州:福建人民出版社,2004.

[22]潘知常.《红楼梦》为什么这样红:潘知常导读《红楼梦》[M].上海:学林出版社.2015:23.

[23]潘知常.中国美学精神[M].南京:江苏人民出版社,2017.

[24]皮亚杰.发生认识论原理[M].北京:商务印书馆,1985.

[25]申丹,王丽亚.西方叙事学:经典与后经典[M].北京:北京大学出版社,2017.

[26]孙绍振.审美阅读十五讲[M].北京:北京大学出版社,2013:116.

[27]汤润千.管蠡集[M].石家庄:河北人民出版社,2007.

[28]天下一家:人类命运共同体的家户起源[J].南国学术,2019(2):180-187.

[29]王宁,巢宗祺.普通高中语文课程标准解读 2017 年版[M].北京:高等教育出版社,2018.

[30]王怡芬,王慧茹,熊瑞英.文学光廊[M].台北:南一书局企业股份有限公司,2009.

[31]韦勒克·奥沃伦.文学理论[M].刘象愚,邢培明,陈圣生,等译.北京:三联书店,1984.

[32]吴晓东.梦中彩笔[M].北京:北京大学出版社,2018.

[33]吴欣歆.培养真正的阅读者[M].上海:上海教育出版社,2019.

[34]项目化学习设计:学习素养视角下的国际语本土实践[M].北京:教育科学出版社,2018.

[35]谢勉.花落无声:谢勉自述[M].郑州:河南文艺出版社,2016.

[36]熊芳芳.语文不过如此[M].北京:中国轻工业出版社,2014.

[37]许慎.说文解字注[M].段玉裁,注.上海:上海古籍出版社,1988.

[38]雅思贝尔斯.什么是教育[M].邹进,译.北京:生活·读书·新知三联书店,1991.

[39]叶圣陶.好读书而求甚解[M].北京:开明出版社,2016.

[40]游汝杰.中国文化语言学引论[M].北京:高等教育出版社,1993.

[41]于丹.于丹重温最美古诗词[M].北京:北京联合出版公司,2012.

[42]余虹.中国文论与西方诗学[M].北京:三联书店,1999.

[43]语文学习任务群的"是"与"非":北京师范大学王宁教授访谈[J].语文建设,2019(1):4-7.

[44]赞可夫.教学论与生活[M].北京：教育科学出版社，2001.

[45]张辉.如是我读[M].北京：商务印书馆，2015.

[46]张萍.孔雀东南飞诗学价值探究[J].语文建设，2014(4)：61-62.

[47]张萍.从顾城《远和近》谈现代诗歌魔力[J].中学语文，2016(12)：140-141.

[48]张萍.数字化背景下关于经典名著主题阅读视野的设计[J].课堂内外：教师版，2019(7)：42-45.

[49]张萍.止之于有穷 流之于无止——品读《李凭箜篌引》[J].中学语文，2020(9)：48-50.

[50]赵毅衡.诗神远游——中国如何改变了美国现代诗[M].上海：上海译文出版社，2003.

[51]郑逸农.析《守财奴》的漫画式夸张笔法[J].语文教学通讯，2000(24)：21-22.

[52]中华人民共和国教育部.普通高中语文课程标准(2017年版2020年修订)[S].北京：人民教育出版社，2020.

[53]中华人民共和国教育部.义务教育语文课程标准(2011年版)[S].北京：北京师范大学出版社，2012.

[54]朱光潜.诗论[M].北京：生活·读书·新知三联书店，1998.

后记　改变，从阅读开始

一、重叠几个时期的阅读感受

在诚品书店遇见乌特·佛瑞维特等著的《情感学习》(*Learning How to Feel*)，在翻阅时译序标题打动了我："阅读书籍，阅读情绪。"(Reading books, Reading emotion)情感是天生自有的，还是社会形塑的？在阅读中如何引导孩子们的认知感觉、学习情绪？这些问题值得去探讨。这本书的作者群强调"阅读"是复杂的过程，青少年在阅读和调适情绪技能上扮演着积极主动的角色。阅读威廉·戈尔丁的《蝇王》可以学到"羞耻"、"痛苦"与"同理心"(拉尔夫、杰克——人性与野性——善与恶)。在阅读约翰娜·斯比丽的《阿尔卑斯山的少女》时懂得了何谓"分离焦虑"(夏蒂——成长)。在阅读弗兰克·鲍姆的《绿野仙踪》时有了"勇敢"与"榜样"(多萝西——成长)。因此如何捕捉学生的"阅读情绪"，这是语文教育者应该关注的问题。

阅读是情感的、审美的、直觉的、感发的，甚至是情绪的。阅读直接作用于我们的心灵。阅读也是一种沟通，历史的残缺与完美，现实的动荡与平静，世界的无奈与精彩，生活的苦涩与醉人，无一不在阅读中相互融合又相互分离。

在本书中，我想留住什么？是留住一种气息，一种记忆，还是一种想象？

一个时代过去了，那么真切，又那么遥远。只是我有幸和那个时代相遇，历史还保持一种姿态，而我们都还保持着阅读的天真。我们既有着和历史同在的这种心情，还有着对未来的希冀和祈祷。一个时代的结束就是一种心情的结束，一种风格和方式的结束。我承认我是一个怀旧主义者，但我确实怀念那种精神，那种方式，那种心情。

本书所收录的课例历经十余年，某种意义上，它重叠了几个时期的阅读感受。我不知道这本书能否为世纪之后的同行留下特殊的印记，或是为"潮涨潮落"的阅读浪潮涂抹上应有的颜色。但支配我写作的，始终是藏匿于内心的阅读良知。当然，对于阅读的态度，随着时间的推移，可能会引起一些情感上的变化，这使得本书既带有最初的激动，又显出后来的冷静。

“阅读：食色行野”不过是本人教学时期的特殊话语，如果有人批评我的主张与观点，我既欣然接受，也泰然处之。

曾经有一位儿童作家这样说：“我们种一棵树的目的是什么？我们需要一张桌子，可以种一棵树。但是，如果种一棵树只是为了制作一张桌子，就忽视、蔑视了一棵树的价值。一棵树，当然可以是一张桌子。但是，它同时可以不使水土流失，而且是一道好风景。它是一片浓荫，可以让人遮阴避暑；可以让孩子玩耍；可以拴一根长长的线，让风筝在天上飞；可以让鸟鸣唱、筑巢；可以花团锦簇，果实累累；可以千秋傲立，成为沧海桑田的见证……这就是种一棵树的价值。”阅读就是种树，阅读的价值就是一棵树的价值。

最后，我想引用朱永新先生的一段描述：阅读，是一种主动的承继和发展的力量。阅读作为人类行为，它源自书籍却不限于书籍，也通过阅读绘画、雕刻、音乐，以及阅读不同的人生，进而改变我们自己，改变我们的生活，改变我们的社会，改变我们的世界。

未来，我依然坚守：改变，从阅读开始，为了前行之路的“食色行野”。

二、感谢，那些路上的遇见

当流光涤荡过我们的生命，总有一些或明或暗的片段翩跹徘徊，成为刻画这年轮的风景。逢着一段往事，一个人的名字，一种形式的寄托，都是有缘的。不期然间相逢，无语微笑，绽放出生命里早已刻画好的那一帧容颜……“阅读：食色行野”之于我，就是如此。

王立根先生是我的恩师。10余年的“阅读·阅行”，离不开先生的提携与赏识。恩师是我国著名的语文特级教师。我以为恩师是一位琴棋书画、喜怒哀乐集合的生动老顽童。2017年7月，先生携领语文界泰斗来到我的新学校，我在享受语文阅读盛会的同时，也重新审视了“阅读：食色行野”的内涵。在那时，恩师送给我他的新作《老根说字》，我打开扉页，里面附带恩师写给我的字，那是用小楷写在扇面上的字：

秋下荆门

李　白

霜落荆门江树空，布帆无恙挂秋风。

此行不为鲈鱼鲙，自爱名山入剡中。

我知道恩师记挂我,他用李白第一次出蜀远游的诗歌,表达对我的叮嘱。那时因为工作的调动,我离开了生我养我的故乡,到了一个陌生之境,听不懂当地的方言,又要开始不同角色的人生。我读懂了恩师寄寓在诗中的挂念与祝福:“行人安稳,布帆无恙。”我知道恩师懂我。恩师退休后,日日写字,天天作画,我以为这就是语文人的阅读人生。

鲍道宏先生是我的导师。10余年的“阅读·阅野”,离不开先生的栽培与厚爱。2016年,先生送我他的著作《教儿童学会阅读》,我从中学习了阅读的课程理论,明晰了阅读的课程意识,丰富了阅读的课程艺术,并由此开始了阅读的课程实践。先生是华东师范大学教育学博士,不仅学识渊博,而且平易朴实、善解人意。在学习期间,我们称先生是我们人生的规划师。先生带领我们走南闯北,领略名家大师的阅读要义,拓宽了我们的课程视野。最让我感佩的是他以兄长之情,关心着我的每一次蜕变。记得在写硕士论文时,我因找不到课程建构理论与框架,茫然不知所措,先生及时细心地提点了我,令我豁然开朗。也记得在这次书稿的写作过程中,我遇到了瓶颈,慌乱崩溃之际,先生及时打来电话,他拿起笔和纸,帮我梳理思绪,帮我厘清“阅读:食色行野”的主张与风格的概念界定,真是醍醐灌顶。“学高为师,身正为范”,人生得此良师,足矣。

黄玉峰先生是我实践课程的导师。2019年7月,在复旦大学学习期间,我有幸与黄玉峰老师面对面接触,至今感念于黄玉峰先生送给我他写的字:“游于艺。”字出于《论语·述而》。先生告诉我,这是他写得最妙的一幅,适合给我。我知道先生在此的潜台词:作为一名语文老师,必须精通自己的六“艺”。我想这也是先生的教育理想,愿我们都诗意地教语文。先生的“从游”阅读教学留给我极深的记忆。梅贻琦有个妙解,说所谓从游:“学校犹水也,师生犹鱼也,其行动犹游泳也,大鱼前导,小鱼尾随,是从游也。从游既久,其濡染观摩之效,自不求而至,不为而成。”把这延展在“阅读:食色行野”的路上,或有异曲同工之妙?区区之心,窃慕于此。

在“阅读·阅食”的谱上,感谢赖瑞云导师、林富明导师、陈日亮导师、黄家骅导师、林藩导师。他们不仅教会我写作的思维与方法,而且教给我一种治学的态度、一种求实的精神。或斟酌或叮咛,都与他们相关相系。

在“阅读·阅美”的路上,感谢俞发亮老师、邹春盛老师、杨书松老师、赵益阳老师。他们是我一路前行的良师益友。或困顿或收获,都与他们形影相随。

在“阅读·阅行”的途中,感谢福建省宁德市民族中学的郑一平校长,感谢厦门外国语学校石狮分校的肖骁校长。同为数学特级教师的他们，严密的思维，有逻辑的思考，永远是我治学的典范。或宽容或鼓励，都与他们息息相关。

在"阅读·阅野"的道间，感谢一起同班同伴同行10年的同学，或嬉笑怒骂，或促膝相谈，或真诚或热情，都与你们一起见证。

在"阅读·阅色"的园里，感谢我的学生们，感谢我的徒弟们，我的同事们。感谢你们码出的一字一句，感谢你们读过的一文一章。一花独放不是春，百花齐放春满园。因为有你们，在阅读中，我才可以寻找到自己，我才可以聆听到内心的声音。

我们相约：在"阅读：食色行野"的路上，携手前行！

张　萍

2021年9月